U0511161

黄云眉著作系列

史学杂稿续存

黄云眉　著

商务印书馆
创于1897　The Commercial Press

图书在版编目（CIP）数据

史学杂稿续存 / 黄云眉著. — 北京：商务印书馆，
2023
ISBN 978-7-100-15969-2

Ⅰ.①史… Ⅱ.①黄… Ⅲ.①史学－文集 Ⅳ. K03-53

中国版本图书馆CIP数据核字（2018）第054312号

史学杂稿续存

黄云眉　著

商 务 印 书 馆 出 版
（北京王府井大街36号　邮政编码 100710）
商 务 印 书 馆 发 行
三 河 市 尚 艺 印 装 有 限 公 司 印 刷
ISBN 978－7－100－15969－2

2023年1月第1版　　　开本 640×960　1/16
2023年1月第1次印刷　　印张 18

定价：90.00 元

出版说明

　　《史学杂稿续存》一书曾于 1980 年由齐鲁书社出版，商务印书馆此次再版以 1980 年版为底本，将其纳入"黄云眉著作集"。

　　为便于读者阅读和使用，此次再版主要做了以下工作：

　　一、原版为简体字直排，本次出版改为简体字横排。采用通用规范汉字，除确系错讹误字外，对原书中的通假字及人名、地名等专用名词，不予改动。

　　二、原书采用提行分段，改为现在通行分段形式。原注采用小字夹注，此次整理排入正文，采用楷体小字以示区分，注文自成单元。

　　三、依照现在通行标点符号用法，对原书标点符号进行统一处理。

　　四、原书所引文献未知其确定版本，且前人引书，或概括、省略，或改动部分文字，只要不失原意，则不予改动。但原书中的表述如有影响文意之处，则依据其引用文献的通行版本，以方括号（［　］）形式表示校正，不出注。

商务印书馆编辑部

引　言

一九五九年，余以《史学杂稿订存》一稿问世，谓必嗣此而续有请益者。至七一年《明史考证》完成后，亟图践斯诺言，然握管三载，耄将及之，儿女辈屡劝辍业，自惟是稿其量虽差过前稿，而构思摘辞，渐增六鹢之感，恒鲜迈往之气，则不宜强"无能为"以冒"矍铄"明矣。倘出版社同志暂不欲弃是稿于瓦砾，严予督阅，多赐针砭，不以老宽其取舍，企望企望！

一九七四年八月
黄云眉

目 录

齐楚吴三大地区方言考

北齐颜之推《家训·音辞》篇云:"夫九州之人,言语不同,生民以来,固常然矣。自《春秋》标齐言之传,《离骚》目楚词之经,此盖其较明之初也。后有扬雄著《方言》,其书大备。然皆考名物之同异,不显声读之是非也。"可知颜氏以前,皆已称《方言》为扬雄作矣。然《汉书·扬雄传》及《艺文志》,俱未及扬雄《方言》,则《方言》非雄作也。苏子瞻《答谢民师书》云:"扬雄好为艰深之词以文浅易之说,正言之,则人人知之矣。此正所谓雕虫篆刻者,其《太玄》《法言》皆是类也,而独悔于赋何哉?"则雄又何以不惮烦而必作与雕虫篆刻截然不同之《方言》乎!《方言》一书,当时甚有价值,惜已失作者之名,故俟再考。顾方言亦有古今之变,以古之方言验之于今,其不可解,与雕虫篆刻者等耳。故经传乃至《史》《汉》,以当时交通关系,不能不入以方言,势也;其当时以避艰深求简易,入以方言,而使后人读之转觉艰深者,亦势也。今但以齐楚吴三大地区之方言,见于经传训诂者,分录如下,并稍及他书有关者,俾知方言之效用,限于一时一地,而窒碍于异时异地,虽经传亦受其影响,此颜氏所以即一语助之微,南人读邪而北人读也,亦必揭出其误也。从事于著述、从事于语言文字之学者,其必于语言文字之统一,各注之意、加之力欤!

一、齐语

《易·渐》:"六四,鸿渐于木,或得其桷,无咎。"孔颖达正义:"桷,榱也。"《释文》:"《说文》云:秦曰榱,周谓之椽,齐鲁谓之桷。"按《说文》卷六上桷字云:"榱也。椽方曰桷。《春秋传》曰,刻桓宫之桷。"榱字云:"秦名为屋椽,周谓之榱,齐鲁谓之桷。"与《释文》不同。《说文解字系传通释》卷十一,臣锴按:"《春秋》刻桓宫桷,又在《左传》曰,齐子尾柚桷击扉三,庆封将死,犹援庙桷动于罋。至宋伐郑,则曰取桓宫之椽,归为庐门之椽。桓宫,郑庙也。以此知齐鲁谓之桷也。"

《诗·周南·汝坟》:"鲂鱼赪尾,王室如燬。"《传》:"燬,火也。"《释文》:"燬音毁,齐人谓火曰燬。郭璞又音货,《字书》作娓,音毁,《说文》同。一音火尾反。或云:楚人名曰燥,齐人曰燬,吴人曰娓,此方俗讹语也。"

《诗·豳·鸱鸮》:"彻彼桑土,绸缪牖户。"《传》:"桑土,桑根也。"《释文》:"《韩诗》作杜,义同。《方言》云:东齐谓根曰杜。"

《诗·小雅·正月》:"赫赫宗周,褒姒灭之。"《传》:"灭,灭也。"《释文》:"灭,呼悦反,齐人语也。"

《周礼·地官司徒》媒氏,郑氏注:"媒之言谋也,谋合异类和成者,今齐人名麴麸曰媒。"《周礼·地官司徒下》:"掌蜃,共白盛之蜃。"注:"盛犹成也。谓饰墙使白之蜃也。今东莱用蛤谓之义灰云。"

《周礼·春官宗伯》司尊彝,"郁齐献酌"。注:"献读为摩莎之莎,齐语声之误也。"又"凡酒脩酌"注:"脩读如涤濯之涤,涤酌以水和而泲之,今齐人命浩酒曰涤。"

《周礼·夏官司马下》圉师,"冬献马,射则充椹质"。注:"杜子春读椹为齐人言铁椹之椹。"

《周礼·秋官司寇下》蝈氏,"掌去鼃黾"。注:"齐鲁之间谓鼃为蝈。"

　　《考工记·总目》："凡察车之道，欲其朴属而微至，不朴属，无以为完久也，不微至，无以为戚速也。"注："齐人有名疾为戚者，《春秋传》曰，盖已操之为已戚矣。"

　　"轮已崇，则人不能登也，轮已庳，则于马终古登阤也。"注："齐人之言终古，犹言常也。"

　　《考工记·冶氏》，"重三锊"，注："玄谓许叔重《说文解字》云：锊，锾也。今东莱称或以大半两为钧，十钧为环，环重六两、大半两锾锊似同矣，则三锊为一斤四两。"

　　《考工记》："画缋之事山以章。"注："章读为獐，獐山物也，在衣，齐人谓麋为獐。"

　　《考工记·巟氏》："巟氏湅丝以涗水，沤其丝七日。"注："沤，渐也，楚人曰沤，齐人曰涹。"

　　《考工记下·梓人》："上两个与其身三，下两个半之。"注："玄谓个读若齐人搹幹之幹，上个下个，皆谓舌也。"

　　《考工记下·庐人》："是故句兵椑，刺兵搏。"注："齐人谓柯斧柄为椑。"

　　《考工记·弓人》："今夫茭解中有变焉。"注："玄谓茭读如齐人名手足擘为骹之骹。"

　　《仪礼·士冠礼》靺韐，郑氏注："靺韐，缊韨而幽衡，合韦为之，士染以茅蒐，因以名焉。今齐人名茜为靺韐。"

　　按：幽衡，《诗·小雅》"瞻彼洛矣，靺韐有奭"，《正义》引此注作"黝珩"。

　　《仪礼·聘礼》："十籔曰秉，四秉曰筥。"注："筥，穧名也，若今莱阳之间，刈稻聚把，有名为筥者。"

　　《仪礼·士丧礼》"葵菹芋"，注："齐人或名全菹为芋。"

　　《礼·檀弓》："檀弓曰：何居，我未之前闻也。"郑氏注："居读为姬姓之姬，齐鲁之间语助也。又《郊特牲》二日伐鼓何居？何居，怪之也。"

《礼·月令》："征鸟厉疾。"注："征鸟，题肩也。齐人谓之击征。"

《礼·礼器》："祭祀不祈不麾蚤。"注："麾之言快也。祭有时，不以先之为快也。齐人所善曰麾。"

《礼·郊特牲》："汁献涗于盏酒。"注："献读当为莎，齐语声之误也。"

《礼·内则》："左佩纷帨刀砺小觿金燧。"注："纷帨，拭物之佩巾也。今齐人有言纷者。"

《礼·内则》："堇荁枌榆免薧滫瀡以滑之。"注："秦人溲曰滫，齐人滑曰瀡也。"

《礼·内则》："敦牟卮匜。"注："牟读曰堥也。"《释文》："齐人呼土釜为牟。""舅姑若使介妇，母敢敌耦于冢妇"，注："虽有勤劳，不敢掉磬。"《释文》："隐义云：齐人以相绞讦为掉磬。崔云：北海人谓相激事为掉磬也。"

《礼·明堂位》："夏后氏以楬豆。"注："楬，无异物之饰也，齐人谓无发为秃楬。"

《礼·乐记》："胎生者不殰，而卵生者不殈。"注："殈，裂也。今齐人语有殈者。"孔颖达正义云："殈裂也者，卵体多裂，又齐语称裂为殈，故以殈为裂也。"

《礼·乐记》："治乱以相，讯疾以雅。"注："相即拊也，亦以节乐。拊者以韦为表，装之以糠，糠一名相，因以名焉。今齐人或谓糠为相。"

《礼·杂记》："委武玄缟而后蕤。"注："委武，冠卷也。秦人曰委，齐东曰武。"

《礼·丧服大记》："大夫士以咸。"注："咸读为缄，今齐人谓棺束为缄绳。"

《礼·中庸》："壹戎衣而有天下。"注："衣读如殷，声之误也。齐人言殷声如衣，虞夏商周氏者多矣。今姓有衣者，殷之胄与？壹戎殷者，壹用兵伐殷也。"

按：《吕览·慎大》："汤立为天子，夏民大说，亲郏如夏。"高氏集解："郏读如衣，今兖州人谓殷氏皆曰衣，言桀民亲殷如夏氏也。"亦齐人言殷声如衣之证。

《礼·缁衣》："资冬祁寒。"注："资当为至齐鲁之语声之误也。祁之言是也，齐西偏之语也。"

《公羊》隐二年，"始灭昉于此乎？"何休《解诂》："昉，適也。齐人语。"按：本称何休学，盖休谦辞，又称解诂，以《博物志》尝称何休注，下文亦从简称注。

五年，"公曷为远而观鱼，登来之也"。注："登读言得，得来之者，齐人语也。齐人名求得为得来，作登来者，其言大而急，由口授也。"

《公羊》桓二年，"宋督弑其君与夷及其大夫孔父，及者何？累也"。注："累，累从君而死，齐人语也。"

五年，"春正月甲戌己丑，陈侯鲍卒，曷为以二日卒之？怴也"。注："怴者狂也。齐人语。"

六年，"曷为慢之，化我也"。注："行过无礼谓之化。齐人语也。"

七年，"春二月己亥，焚咸丘。焚之者何？樵之也"。注："樵，薪也。以樵烧之，故谓之樵之。樵之，齐人语。"

《公羊》庄十二年，"宋万怒搏闵公，绝其脰"。注："脰，头也。齐人语。"

二十年，"大灾者何？大瘠也"。注："瘠，病也。齐人语也。"

二十四年，"夫人不偻，不可使入"。注："偻，疾也。齐人语。"

二十八年，"《春秋》伐者为客，伐者为主，故使卫主之也"。注："伐人者为客，读伐长言之，齐人语也。见伐者为主，读伐短言之，齐人语也。"

三十年，"子司马子曰：盖以操之为已蹙矣"。注："蹙，痛也，迫杀之甚痛。"

按：蹙亦作戚，齐人有名疾为戚者，可参阅《考工记》"不微至无以为戚速也"条。

三十一年，"临民之所漱浣也"。注："无垢加工曰漱，去垢曰浣，齐人语也。"

《公羊》僖十年，"晋之不言出入者踊，为文公讳也"。注："踊，豫也。齐人语，若关西言浑矣。"

十六年，"是月者何？仅逮是月也"。注："是月，边也。鲁人语也。"徐彦疏："案上十年传云，踊为文公讳，何氏云，踊，豫也，齐人语，若关西言浑矣。是以《春秋》之内，于此乎？悉解为齐人语，而此一文独为鲁人语者，以是经文孔子作之，孔子鲁人，故知鲁人语，彼皆是诸传文，乃胡母生、公羊氏皆为齐人，故解为齐人语。"

三十三年，"诈战不日"。注："诈，卒也。齐人语也。"

《公羊》文十三年，"往党，卫侯会公于沓，至得与晋侯盟，反党，郑伯会公于斐，故善之也"。注："党，所也。所犹时，齐人语也。"

按：刘熙《释名·释州国》云："上党，党所也。在山上，其所最高，故曰上也。"上党在晋，而亦以所为党，则不独齐人语矣。

十五年，"笮将而来也"。注："笮者竹箦，一名编舆，齐鲁以北名之曰笮。"

《公羊》宣六年，"有人荷畚自闺而出者"。注："畚草器，若今市所量谷者是也。齐人谓之钟。"

八年，"去其有声者，废其无声者"。注："废，置也。置者不去也。齐人语。"

十八年，"埠帷哭君成踊"。注："扫地曰埠。今齐俗名之云尔。"

《公羊》成二年，"踊于棓而窥客"。注："踊，上也。凡无高下有绝加蹑板曰棓，齐人语。"

《公羊》襄五年，"莒将灭之，故相与往殆乎晋也"。注："殆，疑，疑谶于晋。齐人语。"

《公羊》哀六年，"陈乞使人迎阳生于诸其家"。注："于诸，寘也。齐人语也。"

《穀梁》昭二十年秋，"盗杀卫侯之兄辄。辄者何也？曰：两足不能相过，齐谓之綦，楚谓之踂，卫谓之辄"。《释文》："齐谓之綦，刘兆云：綦，连并也。楚谓之踂，刘兆云：聚合不解也。卫谓之辄，本亦作䋜，刘兆云：如见絷纠也。"

《汉书·天文志一》曰："暈长为潦，短为旱，奢谓扶。"注："郑氏曰：扶当为蟠，齐鲁之间声如酺，酺扶声近蟠，止不行也。"

《汉书·蒯通传》："守儋石之禄者，阙卿相之位。"注："应劭曰：齐人名小甖为儋，受二斛。"

《汉书·李陵传》："随而媒蘖其短。"注："师古曰：齐人名麹饼曰媒。"

按：郑氏注《周礼》"媒氏"条，麹饼作麹麷。

《汉书·司马相如传》"双鸧下"，注："师古曰：鸧，鸹也。今关西呼为鸹鹿，山东通谓之鸧，鄙俗名为错落，错者亦言鸧声之急耳。"

《汉书·儒林王式传》："试诵声有法，疑者丘盖不言。"注："苏林曰：丘盖不言，不知之意也。如淳曰：齐俗以不知为丘。"

二、楚语

《易·剥》："剥床以足蔑，贞凶。"《释文》："蔑，莫结反，犹削也。楚俗有削蔑之音。"

《易·大壮》："大壮利贞。大者正也。正大而天地之情可见矣。"《释文》："郭璞云：今淮南人呼壮为伤。"

《论语·阳货》："其未得之，患得之。"何晏集解："患得之者，患不能得之。楚俗言。"

《左》宣四年，"楚人谓乳穀，谓虎於菟"。

《淮南·览冥》："勇武一人，为三军雄。"注："武，士也。江淮间谓士曰武。"

《淮南·精神》:"觉而若昧。"注:"昧,暗也,厌也。楚人谓厌为昧,喻无知也。"王引之云:"昧当为眛字之误。眛与厌同义,暗也。二字乃后人所加。"

《淮南·精神》:"当此之时,得茠越下,则脱然而喜矣。"注:"茠,阴也。三辅人谓休华树下为茠也。楚人树上大本小如车盖状为越言多荫也。"刘文典云:"谨案《北堂书钞》百五十八引许君注云:《楚语》谓两树交会其阴曰越。《玉篇》:楚谓两木交阴之下曰樾,即用此注也。越、樾古同字。"

《淮南·精神》:"知冬日之箑,夏日之裘,无用于己,则万物之变为尘埃矣。"注:"箑,扇也。楚人谓扇为箑。"

《淮南·齐俗》:"其兵戈铢而无刃。"注:"楚人谓刃顿为铢。"

《淮南·齐俗》:"必有菅屩跐蹻短褐不完者。"注:"楚人谓袍为短。"

《淮南·齐俗》:"为天下显武。"注:"楚人谓士为武。"

《淮南·道应》:"卢敖就而视之,方倦龟壳而食蛤蜊。"注:"楚人谓倨为倦。"

《淮南·道应》,"止梧治",注:"楚人谓恨不得为梧治也。"

《淮南·说林》:"曹氏之裂布,蛛者贵之。"注:"楚人名布为曹。今俗间以始织布系著其旁谓之曹布,烧以傅蛛蛛疮则愈,故蛛者贵之。"

《汉书·张良传》:"良尝从容步游下邳圯上。"注:"服虔曰:圯音颐。楚人谓桥曰圯。"

《汉书·张汤传》:"调茂陵尉治方中。"注:"苏林曰:天子即位豫作陵讳之,故言方中,或言斥土。师古曰:苏说非也。古谓掘地为阬曰方。今荆楚俗,土功筑作算程课者,犹以方计之,非谓避讳也。"

《汉书·萧望之传》:"会稽郑朋阴欲附望之,至朋楚士怨恨。"注:"张晏曰:朋,会稽人。会稽并属楚。苏林曰:楚人脆急也。"

《汉书·叙传》:"班氏之先,与楚同姓,令尹子文之后也。子文初生，弃于樻中，而虎乳之。楚人谓乳縠，谓虎於檡，故名縠於檡，字子文。楚人谓虎班，其子以为号。秦之灭楚，迁晋代之间，因氏焉。"

《汉书·叙传》："绾自同闬镇我北疆。"注："应劭曰：闬音扞。卢绾与高祖同里，楚名里门为闬。师古曰：《左氏传》云，高其闬闳，旧通俗语耳，非专楚也。"

《后汉书·马援传》："更为援制都布单衣。"注："《方言》曰：襌衣，江淮南楚之间谓之袶，关之东西谓之襌衣。"

《后汉书·崔骃传》："虹蜹之趣大沛。"注："蜹，小虫，蚊之类。蜹音芮。《说文》曰：秦谓之蜹，楚谓之蚊。"

《文选》左思《吴都赋》："东吴王孙，鞿然而哈。"刘渊林注："楚人谓相笑为哈。《楚辞》曰，众兆所哈。"

《吴都赋》："嗟难得而觊缕。"刘渊林注："《尔雅》曰：嗟，楚人发语端也。"

《吴都赋》："卉木跃蔓。"刘渊林注："卉，百草总名，楚人语也。"

《吴都赋》："江蓠之属。"刘渊林注："江蓠，香草也。《楚辞》曰，扈江蓠。"

《吴都赋》："离骚泳其宿莽。"刘渊林注："《尔雅》曰，卷施草拔其心不死，江淮间谓之宿莽，屈原嘉之以其志，故《离骚》云，夕览州之宿莽。"

《吴都赋》："扈带鲛函。"刘渊林注："《离骚》曰扈江蓠，楚人谓被为扈。"

《吴都赋》："封豨鯈。"李善注："《淮南子》申包胥曰，吴为封豨修蛇。《方言》曰，南楚人谓猪为豨。"

《世说·豪爽》："王大将军年少，旧有田舍名，语音亦楚。"

韩愈《石鼎联句诗序》："轩辕弥明在其侧，貌极丑，白须黑面，长颈而高结，喉中又作楚语，侯喜视之若无人。"

柳宗元《与萧翰林俛书》："楚越间声音特异，㕧舌啅噪，今听之怡然不怪，已与为类矣。"

《新唐书·王伾传》："王伾者，杭州人。略伾本阘茸，貌蒮陋，楚语，无它大志。"

三、吴语

《周礼·地官司徒》："国凶札则无关门之征犹几。"注："郑司农云：札谓疾疫死亡也。越人谓死为札。"

《史记·高祖纪》："左股有七十二黑子。"张守节正义："许，北人呼为黡子，吴楚谓之誌。誌，记也。"

《汉书·高帝纪》颜师古注同，惟北人作中国。

《汉书·武帝纪》："甲为下濑将军下苍梧。"注："臣瓒曰：濑，湍也。吴越谓之濑，中国谓之碛。伍子胥书有下濑船。师古曰：濑音赖。"

《汉书·地理志》："太伯初奔荆蛮，荆蛮归之，号曰句吴。"注："师古曰：句音钩，彝俗语之发声也。亦犹越为于越也。"

《汉书·项籍传》："乌江亭长权船待。"注："服虔曰：权音蚁。如淳曰：南方人谓整船向岸曰权。"

《汉书·夏侯婴传》："婴常收载行面雍树驰。"注："苏林曰：南方人谓抱小儿为雍树面者，以面首向临之也。"

《汉书·贾谊传》："国制抢攘。"注："晋灼曰：抢音伧。吴人骂楚人曰伧，伧攘，乱貌也。"

《汉书·灌夫传》："及窦婴失执，亦欲倚夫引绳排根，生平慕之后复弃者。"注："孟康曰：根者根格，引绳以弹排根格之也。师古曰：根音下恩反，格音下各反，今吴楚俗犹谓牵引前却为根格。"

《汉书·货殖传》："辟犹戎翟之与于越，不相入矣。"注："孟康曰：于越，南方越名也。师古曰：于，发语声也。戎蛮之语则然。于越犹句吴耳。"

《汉书·元后传》："楫棹越歌。"注："师古曰：楫为棹之短者也。

今吴越之人呼为桡，音饶。"

《后汉书·张衡传》："梁叟患夫黎丘兮，丁厥子而事刃。"注："杜预注《左传》曰：吴楚之间谓火灭为燫，音子廉反。"

《后汉书·皇甫嵩朱儁传赞》："俊捷陈颍，亦弆于越。"注："于，语辞，犹云句吴之类矣。"

《文选》左思《吴都赋》："长干延属。"刘渊林注："江东谓山冈间为干。"

《吴都赋》："桃笙象簟。"刘注："桃笙，桃枝簟也。吴人谓簟为笙。"

按：刘梦得诗："盛时一失难再得，桃笙葵扇安可常。"亦以簟为笙，说见朱翌《猗觉寮杂记》上。

《吴都赋》："藏鏉于人。"刘注："鏉，矛也。扬雄《方言》曰：吴越以矛为鏉。"

《吴都赋》："幸乎馆娃之宫。"刘注："吴俗谓好女为娃。扬雄《方言》曰：吴有馆娃宫。"

《世说新语·文学》："殷中军见佛经云：理亦应阿堵上。"

《世说新语·规箴》："夷甫晨起，见钱阂行，呼婢曰：举却阿堵物！"

《世说新语·巧艺》："传神写照，正在阿堵中。"

《世说新语·文学》："殷中军尝至刘尹所清言良久，殷理小屈，游辞不已，刘亦不复答。殷去后，乃云田舍儿强学人作尔馨语！"

《世说新语·品藻》："王丞相云：见谢仁祖，恒令人得上。与何次道语，唯举手指地曰，正自尔馨。"

《世说新语·文学》："明日，桓宣武语人曰：顾看两王掾，辄翣如生母狗馨！"

《世说新语·方正》："刘尹作色而起曰：使君如馨地，宁可斗战求胜！"

《世说新语·忿狷》："冷如鬼手馨，强来捉人臂！"

《南史·宋本纪》："太后怒与待者曰：将刀来破我腹，那得生宁馨儿！"

《世说新语·排调》："刘真长始见王丞相，时盛暑乏月，丞相以腹熨弹棋局曰乃渹！"注："吴人以冷为渹。""刘既出，人问见王公云何？刘曰：'未见他异，唯闻作吴语耳。'"注："《语林》曰：真长云丞相何奇，止能作吴语细唾也。"

《世说新语·雅量》："昨有一伧父来亭中。谓河南褚季野。"注："《晋阳秋》曰：吴人以中州人为伧。"

杜甫《遣兴》诗："贺公雅吴语，在位常清狂。"

李白《对酒》诗："葡萄美酒金叵罗，吴姬十五细马驮，青黛画眉红锦靴，道字不正娇唱歌。"

费衮《梁溪漫志》卷七："方言可以入诗，吴中以八月露下而雨，谓之愀露，九月霜降而云，谓之护霜。竹坡周少隐有句云：雨细方愀露，云疏欲护霜。方言又有勃姑鸦舅，槐花黄、举子忙，捉织鸣、懒妇惊之类，诗人皆用之。大抵多吴语也。"

朱翌《猗觉寮杂记》上："黄王不分，江南之音也，岭外尤甚。柳子厚《黄溪记》，神王姓，莽之世也。莽常曰：余黄虞之后也。黄与王声相通，以此考之，自唐以来已然矣。"

陆容《菽园杂记》卷四："今天下音韵之谬者，除闽粤不足较已，如吴语黄王不辩，北人每笑之，殊不知北人音韵不正者尤多云云。"

按：同书卷九，谓常熟吴音称何人为"遐箇"，与《诗·隰桑》"遐不谓矣"之"遐"同。

陶宗仪《辍耕录》卷十七："宋张文潜《明道杂志》云：经传中无婶、妗二字，婶字乃世母字二合呼，妗字乃舅母字二合呼也。二合如真言中合两字音为一。"

按：《菽园杂记》卷七谓"婶、妗"字即吴音。又谓前人谓语助"尔"即"而已"字反切，《楚辞》"些"即"娑诃"字反切，今以类推之，蜀人以笔为"不律"，吴人以孔为"窟陇"亦反切耳。

又按：同书卷十二谓："广西有庹姓音托，今吴中人伸两臂量物曰托。庹既与度似而又从尺，疑即此欤？"又谓："苏州人谓无智术者为呆，杭州为憨，憨读丁来切。"

钱大昕《十驾斋养新录》卷五："声相近而讹：吴中方言鬼如举，归如居，跪如巨，纬如喻，亏如去平声，逵如瞿，椅读于据切，小儿毁齿之毁如许。又如苏州之葑门，葑读如富。"

纳兰成德《渌水亭杂识》："姑苏台因山名，合作胥，今作苏者，盖吴音声重，凡胥须字皆转而为苏，故后人直曰姑苏。"

南北朝以前人名字通诂

尝读方希直先生《傅氏字说》云："古人之于名字，所以自别而称于人，不计其美恶也。商以前质略，盖有徒名而无字。周之文盛矣，周公孔子，文之所从出也，其加字名于子，宜有异焉，而乃禽鱼称之，斯二圣人岂不欲其子有美名称哉？而卒不然者，以人之美不在乎名字也。"窃惟春秋时，以虫鱼鸟兽，或以丑恶等字，或以隐疾名其子者多矣，非仅不计善恶，且往往舍美而取恶焉。谓春秋时人多淳朴，舍美取恶，是其愿望，则何以解于"春秋之中，弑君三十六，亡国五十二，诸侯奔走不得保其社稷者不可胜数"之乱象乎？司马相如名犬子，《史》《汉》传注并云父母爱之之称。白珽《湛渊静语》卷二，父名其子或字其子若孙为幼少或翁叟之类，皆欲其寿考延长之意。施闰章《矩斋杂记》以樊哙妻吕嬃之名嬃，犹男之名奴，祈其易养之意。此汉以后一般地主阶级之愿望，是否可概之春秋时之奴隶主阶级，及南北朝之豪门大族？抑有可概有不可概？其不可概者，当奴隶主阶级及豪门大族渐趋于没落之际，名字之舍美取恶，有表示自卑乞怜之意，亦所以为维持本阶级残喘之一术欤？余于此问题疑不能决，因就春秋以来南北朝以前人之名字，分类辑而诂之，以求读者指正，并助之辨析焉。

请先诂名凡分二十五类

一、以生时情况为名

《左传》隐公元年："初，郑武公娶于申，曰武姜，生庄公及公叔段。庄公寤生，惊姜氏，故名曰寤生，遂恶之。"

《汉书·长沙定王发传》："长沙定王发，母唐姬，故程姬侍者。景帝召程姬，程姬有所避，不愿进，注：师古曰：谓月事。而饰侍者唐儿使夜进，上醉不知，以为程姬而幸之，遂有身。已乃觉，非程姬也，及生子，因名曰发。"注："张晏曰：长沙王生，乃发寤己之谬幸唐姬。"

《汉书·叙传》："班氏之先，与楚同姓，令尹子文之后也。子文初生，弃于瞢中，而虎乳之。楚人谓乳穀，谓虎於檡，注：如淳曰：穀音构，牛羊乳汁曰构。师古曰：檡字或作菟。眉按：《左》宣四年，檡正作菟。故名穀於檡，字子文。楚人谓虎班，其子以为号。注：师古曰：子文之子斗班，亦为楚令尹。秦之灭楚迁晋代之间，因氏焉。"

应劭《风俗通义·逸文》："伯鱼之生，适有馈孔子鱼者，嘉以为瑞，故名鲤，字伯鱼。"《御览》九百三十五参《家语》。

《后汉书·袁闳传》："父贺，为彭城相。"注："《风俗通》曰：贺字元服。祖父京为侍中，安帝始加元服，百僚会贺临庄，垂出而孙适生，喜其嘉会，因名字焉。"

《南史·王镇恶传》："王镇恶，北海剧人也。祖猛。镇恶以五月生，家人以俗忌，欲令出继疏宗。猛曰：此非常儿。昔孟尝君恶月生而相齐，是儿亦将兴吾门矣，故名为镇恶。"

《南史·范晔传》："晔字蔚宗。母如厕产之，额为砖所伤，故以砖为小字。"

二、以生地名为名

《后汉书·赵岐传》:"赵岐字邠卿,京兆长陵人也。初名嘉,生于御史台,因字台卿。注:以其祖为御史,故生于台也。后避难故自改名字,示不忘本土也。"

《晋书·石崇传》:"崇字季伦,生于青州,故小名齐奴。"

《汉书·食货志》:"于是以东郭咸阳孔仅为大农丞。"注:"师古曰:二人也。姓东郭名咸阳,姓孔名仅。"

阎若璩《潜邱札记》:"按傅山先生少耽《左传》,著《左锦》一书,秘不示人。余初访之松庄,年将六十矣,问余古人命名应有义,但如文六年续鞠居,乃狐射姑之族,眉按:《左》文六年九月,贾季使续鞠居杀阳处父。注:鞠居,狐氏之族。鞠居二字何义?余曰:案成六年,齐师乃止,次于鞠居。杜氏止注鞠居卫地,惟刘昭引《陈留志》,于兖州封丘县下注云:有鞠亭,古鞠居,则知此盖以地命名者。"

按:以上二则,是直以地名为人名者。

三、以貌名之

《史记·孔子世家》:"生而首上圩顶,故因名曰丘云。"袁枚《随园随笔》卷二十六:"孔子名丘,以顶上圩故也。乃周密《癸辛杂志》云:孔子初名兵,后乃去下八字,不知所本何书?"

《史记·老庄申韩传》:"老子者姓李氏,名耳,字伯阳,谥曰聃。"注:"《索隐》:许慎云:聃,耳漫也,故名耳字聃,今作字伯阳,非正也。然老子号为伯阳父,此传不称。《正义》:聃,耳漫无轮也。《神仙传》云,外字曰聃,按:字,号也,疑老子耳漫无轮,故世号曰聃。"

按:亦有以颜色为名者:《左》昭十年:"公卜,使王黑以灵姑铽率吉,请断三尺焉而用之。"注:"王黑,齐大夫,灵姑铽,公旗名。"

四、以双声叠韵为名

钱大昕《十驾斋养新录》卷五："古人名多取双声叠韵，如《左传》宋公与夷、邾黎来、袁涛涂、续鞫居、提弥明、士弥牟、王孙弥牟、澹台灭明、王孙由于、寿於姚、萧翰胡、曹翰胡，《孟子》胶高、离娄，皆双声也。《书》皋陶，《左传》庞降下江反、台骀西、锄吾、公子围龟、斗韦龟、公子奚斯眉按：可参本书卷二"吴行人仪"条、晋奚齐、先且居、郑伯髡、斗穀於菟、乐祁黎、鄟聭、陈须无、滕子虞母、伶州鸠、叔孙州仇，皆叠韵也。秦始皇子扶苏叠韵，胡亥双声。汉人尚有鄂千秋、田千秋、严延年、杜延年等，东京沿王莽二名之禁，遂无此风矣。"

五、单名以偏旁为排行

顾炎武《日知录》卷二十三："单名以偏旁为排行，始见于刘琦、刘琮，此后应璩、应场、卫瓘、卫玠之流，踵之而出矣。"按：以偏旁为排行，其后亦不甚整饬，颜之推《颜氏家训·勉学》云："近世有人为子制名，兄弟皆山旁立字而有名峙者，兄弟皆手边立字而有名机者，兄弟皆水旁立字而有名凝者，名儒硕学，此例甚多。"

六、二名

邵博《闻见后录》卷八："王莽令中国不得有二名，又遣使讽单于为一名，东汉士大夫以操节相高，遇莽之事必唾也，乃终其世谨一名之律何也？"

朱翌《猗觉寮杂记》上："《汉·匈奴传》，莽奏令中国不得有二名，因使使者以讽单于，宜上书慕化为一名。按《公羊传》哀公十三年，晋魏多率师侵卫，此晋魏曼多也，曷为谓之晋魏多，讥二名，二名非礼也。《后汉书》无复名，然附传多有之，如孔僖二子长彦季彦是也。"

郭宗昌《金石史》上："新丰郭香察书西岳华山庙碑，略建于延熹，而谓以莽制，东京无二名，察书者，监书也。夫莽，汉贼也，当莽世已欲啖其肉，潴其宫不顾，安有世祖正位二百年，尚尊莽制不衰耶？按莽孙宗坐罪死，莽曰宗本名会宗，以制作去二名，今复名会宗，是当莽世亦自有二名也，况即往牒一按，二名不可胜纪，则瞽说无据可笑也。"

按：二名之说，《左氏》与《公羊》不同，顾炎武以《左》说为是，而以《公羊》为非。《日知录》卷二十三云："《礼记正义》：《公羊》说《春秋》讥二名，谓二字作名，若魏曼多也。《公羊传》：《春秋》以仲孙何忌为仲孙忌，魏曼多为魏多，皆谓讥二名而去之。《左氏》说二名者，楚公子弃疾弑其君，即位之后改名为居，是为二名。许慎谨案云：文武贤臣有散宜生苏忿生，则《公羊》之说非也。《白虎通》：古人之名，或兼或单，《春秋》讥二名，乃谓其无常者也。是用《左氏》说。今按古人两名见于经传者，不止楚平王，如晋文侯名仇，而书云父义和；楚灵王名围，而《春秋》书弑其君虔于乾谿；赵简子名鞅，而铁之战自称志父；南宫敬叔名说，一名縚，字容，又字括；蔡廉石棺铭自称处父；屈原名平，其作《离骚》也，名正则，字灵均；《贾谊传》梁王胜，注：李奇曰：《文三王传》言揖，此言胜为有两名。"

七、吉名

《汉书·西域传》："楚主持者冯嫽。"师古曰："音了，嫽者慧也。"

按：吉名甚多，此特举一少见之例。

《吴志·孙和何姬传》："权望见异之，命宦者召入，以赐子和，生男，权喜，名之曰彭祖，即皓也。"

按：彭祖乃古代传说之极寿考者，以彭祖名其子若孙，即白珽以翁叟名之之意，见引言，此亦吉名中少见之另一例。

八、以释氏或道家之言为名

《南史·齐江夏王锋传》："工书，为当时蕃王所推。南郡王昭业亦称工，谓武帝曰：臣书固应胜江夏王。帝答：阇黎第一，法身第二。法身，昭业小名；阇黎，锋小名也。"

《魏志·王昶传》："其为兄子及子作名字，皆依谦实以见其意：故兄子默字处静，沈字处道，其子浑字玄冲，深字道充。遂书戒之曰：略欲使汝曹立身行己，遵儒家之教，履道家之言，故以玄默充虚为名，欲汝顾名思义，不敢违越也。古者盘杅有铭，几杖有识，俯仰察焉，用无过行，况在己名，可不戒之哉！"

九、以名表达愿望

《后汉书·马援传》："四子廖防光客卿。客卿幼而岐嶷，外若讷而内沉敏，援甚奇之，以为将相器，故以客卿字焉。"注："张仪、虞卿，并为客卿，故取名焉。事见《史记》。"

《南史》卷二十六《袁昂传》："昂本名千里，齐永明中，武帝谓曰：昂昂千里之驹，在卿有之，今改卿名为昂，即字千里。"

十、以古人名为名

《南史·颜竣传》："先是竣未有子，而司马江夏王义恭诸子，为元凶所杀，至是各产男，上自为制名，义恭子为伯禽，以比鲁公伯禽，周公之子；名竣子为辟疆，以比汉侍中辟疆，张良之子也。"

按：刘湛常慕汲黯崔琰为人，名长子曰黯，次子曰琰，见同书湛传。

《日知录》卷二十三："《汉书·魏相传》中谒者赵尧举春，李舜举夏，儿汤举秋，贡禹举冬，不应一时四人，同以尧、舜、禹、汤为名，若有意撰而名之者。及读《急就章》，有云祖尧舜，乐禹汤，乃悟若此类，皆古人所假以名之也。或曰：高帝时实有赵尧，然非谒者。"

按：《魏相传》贡禹举冬下注："师古曰：高帝时自有一贡禹也。"赵翼《陔余丛考》卷四十二："世俗命名，多有取用古人名者，如何尚之名其子曰偃、曰求、曰点，此以古贤为名者也。略任昉四子，西华、南容、北叟、东里，则以东西南北切合古人名为名者也。下略。"

按：亦有以古人名为名字者：钱大昕《潜研堂集》卷七《答问四》云："春秋时又有假古人名为名字者：殷有比干，而楚公子比字子干，晋有阳处父，而鲁公敛阳字处父是也。其甚至有连古人姓为名字者：《颜氏家训·风操》云：昔司马长卿慕蔺相如，故名相如，顾元叹慕蔡邕，故名雍，而后汉有朱张字孙卿，许暹字颜回，梁世有庾晏婴、祖孙登，连古人姓为名字，亦鄙事也。余如王世贞所举吴孙权女鲁班、宋翟、马周等，亦皆掩古人姓名者，见《弇州山人稿·宛委余编七》。又《后汉书·独行向栩传》，有弟子名为颜渊、子贡、季路、冉有之辈，则卓诡不伦之徒妄加于弟子，非弟子自名者。"

十一、男人女名女人男名

《陔余丛考》卷四十二："古有男人而女名者：如帝有女娲氏，鲁隐公名息姑，《春秋传》有石曼姑，《孟子》所称冯妇，《庄子》所称偶女高，《战国策》所称女阿，《史记》恶来之子名女防。《荆轲传》徐夫人匕首，注：徐姓，夫人，名，男也。《汉书·郊祀志》有丁夫人、虞初等，以诅军为功，韦照亦曰丁姓，夫人，名，男也。《汉武内传》及《后汉书》鲁女生，长乐人，绝谷八十余年仙去。《三国志·陆抗传》有暨艳，眉按：冯妇之冯音皮水切，暨音吉，见陶宗仪《辍耕录》卷二十九。《晋书·载记》鸠摩罗什本名耆婆,《宋书》鲁爽小字女生,《梁书》马仙琕本名仙婢,《魏书》后魏昭成帝有子曰阏婆,永安中荆州被围,行台宗灵恩遣使宗女等,入城晓谕蛮首灵婆思,《后周书·蔡佑传》有夏州首望弥姐,略此皆男子也。又《癸辛杂识》,黄姑星即牵牛星,与织女相对,则黄姑亦不可谓之女星也。女人亦有男名者:黄帝娶西陵之女曰儽祖。绛侯为河内守,许负相之曰:君后三岁而侯。应劭注:负,河内温人老媪也,故高祖封为鸣雌亭侯。《汉书·外戚传》,薄姬少时,与管夫人赵子儿相爱,子儿亦女也。武帝皇后有卫子夫,子夫之姊,长曰君儒,次曰少儿。又霍光夫人嘱女医淳于衍毒许皇后,谓曰:少夫幸报我以事。少夫,衍字也。《文后传》:后名政君,妹名君力君弟。《杜钦传》:皇太后女弟司马君力。《西域传》:岑陬尚江都公主生一女,亦名少夫。又褚先生《日者传》:有妇人能相马者曰陈君夫。《后汉书》鲍宣妻桓氏,字少君。吴孙权长女名鲁班,适全琮,少女名小夫,适朱据。《南史》,宋武帝女会稽公主名兴弟,豫康公主名次男,山阴公主名荣男,孝武帝母路太后名惠男,陈武帝章皇后名要儿。《北史·列女传》,有郇县女子孙男玉,尝杀人报夫仇。略又南齐宫中有妇人韩兰英,有文词,自宋孝武时入宫,至齐武帝以为博士,教六宫书学,以其年老多识,宫中呼为韩公。则又女人而有男子之称矣。”

　　按:男人女名者,《晋书·苻坚载记》有商人丁妃,未及。

十二、以传说中捉鬼之钟馗为名

　　《陔余丛考》卷三十五:“顾宁人谓世所传钟馗,乃终葵之讹,其说本于杨用修、郎仁宝二人:仁宝《七修类稿》云:《宣和画谱·释道门》载六朝古碣得于墟墓间者,上有钟馗二字,则非唐人可知。《北史》魏尧暄本名钟葵,字辟邪,意葵字传讹,而捉鬼之说起于此也。用修《丹铅杂录》云:唐人戏作《钟馗传》,虚构其事,如毛颖、陶泓之类也。盖因尧钟葵字辟邪，遂附会画钟葵于门，以为辟邪之具。《周礼·考工记》大圭终葵首，注：齐人谓椎曰终葵，圭首六寸为椎，以下杀。《说文》：大圭长三尺，杼上终葵首，谓为椎于杼上，明无所屈也。而大圭之终葵，何以转化为人名之终葵？顾宁人引马融《广成颂》挥终葵，扬玉斧，谓古人以拟逐鬼，如大傩之执戈扬盾，此说近之。盖终葵本以逐鬼，后世以其有辟邪之用，遂取为人名，流传既久，则又忘其为辟邪之物，而意其为逐鬼之人，乃附会为真有是食鬼之姓钟名馗者耳。此系节录。后魏、北齐及周隋间，多有名钟葵者，魏献文帝时则有枹罕镇将杨钟葵；又张衮之孙白泽，本名钟葵，献文改名白泽；于劲亦字钟葵。孝文时有顿邱王李钟葵，北齐武成时有宦者宫钟葵，后主纬时有慕容钟葵奔于周云云。"

十三、以器物为名

《汉书·平帝纪》："元始二年诏曰：皇帝二名，通于器物，今更名合于古制，使太师光奉太牢告祠高庙。"注："孟康曰：平帝本名箕子，更名曰衎。箕，用器也，故云通于器物。"

《后汉书·张衡传》："或辇贿而违车兮。"注：车谓张车子也。

按：注录车子事，见《搜神记》，此略。

十四、以贱名子女

《左传》僖公十七年夏，"晋太子圉为质子于秦，秦归河东而妻之。惠公之在梁也，梁伯妻之。梁嬴孕至期，卜招父与其子卜之，其子曰，将生一男一女，招曰然，男为人臣，女为人妾，故名男曰圉，女曰妾"。

十五、名不避丑恶字

《汉书·周勃传》："得豨将宋最、雁门守圂。"注："师古曰：圂者，雁门守之名，音下顿反。"

沈作哲《寓简》卷二："《春秋》成公二十七年盟于宋卫，石恶在焉。《公羊》曰：恶人之徒在是矣。且石恶，名恶耳，其行则未见其恶也。今《公羊》以其名恶而遂诋为恶人可乎！"

《陔余丛考》卷四十二："《左传》鲁文公名其子曰恶，齐田子名其子曰乞。"

按：亦有以仇为名者，见《左》桓二年。

十六、名用僻字

《吴志·孙休传》："立子霬为太子。"注："《吴录》载休诏曰：人之有名，以相纪别，长为作字，惮其名耳。礼名子欲令难犯易避，五十称伯仲，古或一字，今人竞作好名好字，又令相配，所行不副，此瞽字伯明者也。孤常哂之！或师友父兄所作，或自己为师友尚可，父兄犹非，自为最不谦。孤今为四男作名字：太子名霬，霬音如湖水湾澳之湾，字莔，莔音如迄今之迄，次子名𩅦，𩅦音如兕觵之觵，字𩾌，𩾌音如玄礭首之礭；次子名壾，壾音如草莽之莽，眉按：严可均《三国文》引壾作㭕。字昷，昷音如举物之举；次子名宼，宼音如褒衣下宽大之褒，字燇，燇音如有所拥持之拥。此都不与世所用者同，故钞旧文会合作之。"

按：此可参阅王观国《学林》卷十"孙休四子名"条。

十七、以兽为名

《左传》宣四年："命楚子文曰斗榖於菟。"昭二十年："卫公孟絷狃齐豹。"又《春秋》昭二十四年春王三月丙戌:"公孙貜卒。"

《史记·魏豹传》:"魏豹者,故魏诸公子也。"

《魏志·公孙度传》:"度少时名豹。"

《后汉书·梁冀传》:"冀讽众人共荐其子胤为河南尹,一名胡狗。"

《陔余丛考》卷四十二:"《南史》张敬儿本名狗儿,其弟名猪儿,齐明帝改为敬儿恭儿。"

《潜研堂集》卷七《答问四释兽》云:"阙泄多狃,公山不狃字子泄,殆取诸此。"

桂馥《札朴》卷二《人名误字》云:"晋先縠当为縠,故字豰子。"

十八、以禽鱼为名

《史记·孔子世家》:"孔子生鲤字伯鱼。"参前生时情况条。

《春秋》襄二十七年:"卫杀其大夫宁西,卫侯之弟鱄出奔晋。"

《史记·吕后本纪》:"高祖微时妃也。"裴骃集解:"案《汉书音义》曰讳雉。"《封禅书》"野鸡夜雊",集解:"如淳曰:野鸡,雉也。吕后名雉,故曰野鸡。"

《史记·扁鹊传》:"姓秦氏,名越人。为医,或在齐,或在赵。在赵者名扁鹊。"眉按:扁,布典反,作步典非也。见段成式《酉阳杂俎·续集》卷四。

《后汉书·逸民传》:"梁鸿字伯鸾。"

十九、以虫为名

方孝孺《逊志斋集·王子文字解》:"虺,虫之厉者也,而仲虺为良臣;蠋,蠕动之微也,而王蠋为贞士。"

《史记·韩世家》:"太子婴死,公子咎、公子虮虱,争为太子。"

二十、以疾为名

《春秋》昭二十年："秋，盗杀卫侯之兄絷。"《左传》："卫公孟絷狎齐豹，夺之司寇与鄄，有役则反之，无则取之。"注："絷，足不良，故有役则以官邑还豹使行。"《穀梁传》："盗杀卫侯之兄辄。略辄者何也？两足不能相过，齐谓之綦，楚谓之踂，卫谓之辄。"《史记·郦生陆贾传》："郦食其子郦疥，数将兵，功未当侯，上以其父故，封疥为高梁侯。"

洪亮吉《更生斋文甲集》卷二：《春秋时以隐疾为名论》："春秋时以隐疾为名极多：《左传》：鲁成公名黑肱，晋成公名黑臀。《周语》：单襄公云：成公之生也，其母梦神规其臀以墨，曰使有晋国，故名之曰黑臀。是矣。又《传》文公十三年，邾子蘧蒢卒。《晋语》：蘧蒢不可使俯。韦昭注：蘧蒢直者谓疾。是邾文公亦当以疾名也。成公二年《传》，楚襄老之子黑要。十年《经》，卫侯之弟黑背。襄公二十二年《传》，郑公孙黑肱。二十七年《传》，楚公子黑肱。昭公三十一年，邾黑肱以滥来奔。并是矣。又或有肖己之形为名者：襄公二十二年郑游眅，《说文》：眅，多白眼也。《春秋传》曰郑游眅。二十六年宋太子痤，《说文》：痤，小肿也。二十八年齐庆奊，《说文》：奊，头衺骫奊态也。昭十六年郑子齹，《说文》：齹，齿差跌儿。《春秋传》曰郑有子佐齿，今本作齹，《说文》云齿参差也。义亦通。推之楚子名頵，郑伯名眳，当皆以形似名之。《说文》：頵，面目不正貌，眳，大目也。《史记·老子列传》名聃，《说文》：聃，耳漫也。张守节云：耳漫，无轮郭也。眉按：可参上"以貌名之"条。又《说文》耴字引《春秋传》云：秦公子耴，耴者，其耳垂也。其见于他书者，尚不止此。盖春秋时人尚淳朴，故生子，或即以隐疾及形似名之。后世文多于质，故每取嘉字及吉祥事为名。如战国时孙子之名膑，汉昌邑哀王之名髆，仅见于书传，不能多矣。"

《潜研堂集》卷九《答问六》："痈疽之名，亦见它书否？曰：《孔子世家》：卫灵公与夫人同车，宦者雍渠参乘出，使孔子为次乘。又《报任安书》云：卫灵公与雍渠同载，孔子适陈。雍渠，即《孟子》所称痈疽也。赵氏以为痈疽之医者，似是臆说。"

按：亦有以弃疾去病为名者：楚公子弃疾，见《左》昭十三年。郑穆公子去疾，见《左》宣四年。汉大将军霍去病，《史》《汉》并有传。

二十一、改名

《左传》宣四年："楚灭若敖氏，克黄自齐还，使复其所，改名曰生。"《后汉书·袁绍刘表传赞》："窥图讯鼎"，注："窥图，谓若刘歆图书改名秀。"

《魏志·王凌传》注引《魏书》："令狐愚，字公治，本名浚。黄初中为和戎护军，乌丸校尉田豫讨胡有功，小违节度，愚以法绳之。帝怒，械系愚，免官治罪。诏曰浚何愚！遂以名之。"

《南史·刘显传》："显本名颐，齐武帝子，以字难识，改名显。"

《宋书·吴喜传》："吴喜，吴兴临安人也。本名喜公，太宗减为喜。"

《魏书·杨播传》："顺弟津，字罗汉。本名延祚，高祖赐名焉。"

邵博《闻见后录》卷九："高祖令项籍旧臣皆名籍，独郑君者不奉诏，尽拜名籍者为大夫，而逐郑君。刘裕密书招司马休之府录事，韩延之不屈，以裕父名翘，字显宗，乃更字显宗，名子曰翘，以示不臣刘氏。"

《弇州山人稿·宛委余编六》："陆逊初名议，至为荆州牧，始名逊。袁粲初名愍孙，为侍中，始名粲。"

二十二、以名为姓

王应麟《姓氏急就篇》上："宗氏，周卿宗伯之后。宋文同文彦博，本敬字，避讳改为文。法氏，齐襄王法章之后。正氏，宋正考父之后。敬氏，出陈公子敬仲，完在齐，以谥为氏。童氏，颛顼子老童后为氏。孔氏，与宋同祖子姓。闵公生弗父何，曾孙正考父生孔父嘉，仲尼其后也。篃氏，周大夫史篃之后。尧氏，帝尧之后。夏氏，陈宣公子西字子夏，别其族为少西氏，生御叔，御叔生徵舒，始以王父字为夏氏。禹氏，夏禹之后。汤氏，成汤之后。武氏，《风俗通》云：宋武公之后，氏于谥。成氏，周文王子成叔之后。康氏，卫康叔之后。叔氏，鲁宣公弟叔肸，其后为叔氏。季氏，鲁桓公子友，《春秋》曰季子，其后为季氏。桓氏，出姜姓齐桓公后，桓公作伯，支庶用其谥，立族名氏。又出子姓宋桓公孙鳞曜，号桓子，因为氏。庄氏，楚庄王之后，氏于谥。兴氏，后魏慕容氏破后，忌而诛之，时有免者，不敢复姓，皆以兴为氏，后诏复旧姓。光氏，燕田光之后，秦末子孙避地以为氏。易氏，齐大夫易牙之后。婴氏，《风俗通》晋大夫季婴之后。乐氏，宋戴公子衍，字乐父，玄孙乐毅，□为乐氏。戴氏，宋戴公子文之后，以谥为氏。襄氏，鲁公子遂襄仲子孙，以谥为氏。贡氏，孔子弟子子贡，其后以字为氏。卿氏，《风俗通》云，赵桐虞卿之后。班氏，楚斗班之后。详《汉书·叙传》帅氏，本师氏，避晋景帝讳为帅氏。直氏，楚人直宫之后。伯氏，《风俗通》云，氏于字。舆氏，周大夫伯舆之后。段氏，郑武公子共叔段之后。《风俗通》云，段干木之后。嗣氏，《风俗通》云，卫嗣君后。羲氏，《风俗通》云，尧卿羲仲之后。骞氏，闵子骞之后。管氏，周文王子管叔之后。程氏，本重黎之后，周有程伯休父，因为氏。苏氏，己姓昆吾之后，苏忿生为周司寇，后为氏。朱氏，《急就篇注》，舜臣朱虎之后。计氏，越有计然，濮上人。《史记》：文子姓莘名妍，文子其字也，号曰计然。遗氏，鲁季氏家臣南遗之后。禄氏，纣子禄父之后。印氏，郑穆子宋子印，其孙印段以为氏，子印癸。宁氏，与秦同姓，秦襄公曾孙谥宁公，支庶因以为氏。颜氏，郑武公名夷父，字颜公。《公羊传》谓颜公其后称颜皋氏，皋陶之后。展氏，鲁孝公子，字子展孙，无骇以字为展氏。尚氏，吕望为周武王大师，号尚父，其后以为氏。伊氏，商伊挚伊陟，其后为氏。良氏，郑穆公子去疾，字子良，孙良霄以字为氏。平氏，齐晏平仲之后。由氏，秦相由余之后。靖氏，齐靖郭君之后，《风俗通》又云单靖公之后。园氏，《风俗通》云，氏于四皓有园公。满氏，陈胡公满之后。繇氏，咎繇之后。寿氏，吴王寿梦之后。冠氏，《风俗通》古贤者歇冠子之后。囊氏，楚公子贞，字子囊，其孙囊瓦。钧氏，《风俗通》云，楚大夫元钧之后。刁氏，齐竖刁之后。旗氏，齐卿子公孙□子施，字子旗之后。罕氏，郑穆公子字子罕，其孙罕虎以为氏。"

二十三、变姓名

《日知录》卷二十三："古人变姓名，多是避仇，然亦有无所为而变者：范蠡适齐为鸱夷子皮，之陶为朱公。第五伦客河东，自称王伯齐。梁鸿适齐，姓运期，名耀。"

二十四、割裂姓名

《养新录》卷十二："古人姓名割裂，汉魏以降，文尚骈俪，诗严声病，所引用古人姓名，任意割省，当时不以为非。如皇甫谧释劝。荣期以三乐感尼父，庾信诗，唯有丘明耻，无复荣期乐云云。"以下所举例颇多，略。

二十五、同名同字同姓

孙奕《示儿编》卷十四："曾参与鲁人同姓名，而得杀人之谤，《史记·甘茂传》。宰予与阚止同字子我，而得作乱之诬，《史记·仲尼弟子传》。则凡名号同者，可不参会而使之归一乎？尧时有羿，《淮南子》

云射十日。有穷后羿，《淮南子》云有穷之君。二人皆善射。舜有臣伯夷，《书》注云姜姓。孤竹君之子伯夷，《索隐》曰：姓墨胎，名允，字公信，伯，长也。夷，谥也。一则为名，一则为谥。周有季子宣公十年天王母弟、鲁公子友闵元年字季子、晋郤至成十七年字、吴季札襄三十一年、卫子路、战国苏秦《史记》字，皆为季子。齐有夷吾庄八年管仲，晋亦有之。[周有南宫括，《君奭》篇，文王臣。鲁亦有之] 仲尼弟子，即南宫绦，《宪问》篇作南宫适。管仲为敬仲，高傒襄二十九年、陈公子完庄二十二年，皆字敬仲。孔白《檀弓》、公西与《家语》、斗勃僖二十八年、驷带昭十八年，皆字子上。孔伋、原宪、燕伋、平当，皆字子思。孔蔑、冉季、公孙侨，皆字子产。澹台灭明、公孙挥、知罃，皆字子羽，巫马期、叔仲会，皆字子期。公孙兹、秦非，皆字子之。颜由、仲由，皆字季路。颛孙师、公孙黑肱襄十八年、叔孙辄哀八年、丰卷襄三十年、琴牢，皆字子张。纣有左师触龙《荀子·仪兵篇》，赵亦有左师触龙《战国策》。郑有子西公孙夏，楚有二子西大夫宜申、公子申。春秋时晋有赵括，六国时赵亦有赵括。春秋时晋有士燮，吴亦有士燮。春秋时鲁有两公子偃，一非成公庶子，一是也。郑有两公孙挥，皆字子羽，一非行人子羽，一是也。冉雍与汉陈寔，同字仲弓。端木赐与汉王尊、吾丘寿王，同字子贡。仲由与汉爰曾，同字子路。卜商与汉杜钦、杜邺、孔光，同字子夏。宓不齐、伏胜，皆字子贱。胜即济南伏生，出《后汉·伏湛传》。谷永、终军、扬雄，皆字子云。韦贤、汲黯、韩安国，皆字长孺。东方朔、隽不疑、于定国，皆字曼倩。司马相如、薛广德、施雠，皆字长卿。李陵、任安、丙吉，皆字少卿。车胤、王济，皆字武子。前汉枚乘、晋嵇康，皆字叔夜。按：枚乘字叔，无夜字。后汉边韶、魏毛玠，皆字孝先。汉、晋孔安国同姓名。汉、晋王良同姓名。前汉有两韩信，俱佐高祖，而一为韩王，一为齐王，又降为淮阴侯。前、后汉有两王吉，而在后汉者为酷吏。后汉有两王霸，而避王莽者为逸民。晋有三赵孟：赵朔之子曰武，谥文子，称赵孟；赵武之子曰成，赵成之子曰鞅，又名志父，谥简子，亦称赵孟；

赵鞅之子曰无恤，谥襄子，亦称赵孟。周有伯达，后汉有公孙伯达《渊明集》。汉、齐有三召平：《萧何传》，东陵侯曰召平；《项羽传》，广陵人亦曰召平；《齐悼惠王传》，齐相亦曰召平。赵有将曰扈辄《史记·李牧传》，汉张耳时别有扈辄。尹翁归前、郑翁归后、孔翁归梁，皆同名。司马食其卫、郦食其、审食其、赵食其并汉，皆同名。荀闿、蔡谐、诸葛恢，皆字道明晋。贾琮、班固，并字孟坚后汉。齐有孟尝君田文，后汉有孟尝君。此皆名同而实异。"

再进而诂字

一、甫父之称

孙奕《示儿编》卷二十三《字说》："甫者，男子之美称，古书多假借为父字，北人遂无一人呼为甫者，唯管仲、范增之号，须依字读耳。"

二、字只一言

洪迈《容斋五笔》卷一："古人字只一言：《檀弓》云：幼名冠字，五十以伯仲，周道也。古之人命字，一而已矣。初曰子，已而为仲为伯，又为叔为季，其老而尊者为甫，盖无以两言相连取义，若屈原《离骚经》名余曰正则兮，字余曰灵均。案《史记》原字平，所谓灵均者，释平之义以缘饰词章耳。下至西汉，与周相接，故一切皆然。除子房、子卿、子孟、子政、子孺、子长、子云、子兄、子真、子公、子阳、子宾、子幼之外，若仲孺、仲卿、仲子、长卿、少卿、孺卿、君卿、客卿、游卿、翁卿、圣卿、长君、少君、稚君、游君、次君、赣君、近君、曼君、王孙、翁孙、次公、少公、孟公、游公、仲公、长公、君公、少叔、翁叔、长叔、中叔、子叔、长倩、曼倩、次倩、稚倩、长孺、仲孺、幼孺、少孺、次孺、翁孺、君孺、长翁、弱翁、仲翁、少翁、君房、君宾、君倩、君敖、君兰、君长、君仲、君孟、少季、少子、少路、少游、稚宾、稚圭、稚游、稚君、巨先、巨君、长宾、(长)房、翁思、翁子、翁仲之类，其义只从一训，极为雅驯。至于妇人曰少夫、君侠、政君、君力、君弟、君之、阿君。单书一字者，若陈胜字涉，项籍字羽，彭越字仲，张欧、吴广、枚乘字叔，楚元王交、朱云字游，袁盎字丝，张释之字季，郑当时字庄，刘德字路，眭弘字孟。迨东汉以下，则不尽然。"

费衮《梁溪漫志》卷三："范淳父内翰之母，梦邓禹来而生淳父，故名祖禹，字梦得。温公与之帖云：按《邓仲华传》，仲华内文明，笃行淳备，欲更表德曰淳备，既协吉梦，又可止讹，且与令德相应，未审可否？次日复一帖云：昨夕再思淳备字太显而尽，不若单字淳，临时配以甫、子而称之，五十则称伯、仲，亦犹子路或称季路是也，如何如何？刘仲原父，贡父，钱穆父，皆只一字。或谓仲原父用程伯休父三字之法，非也。伯休父亦只一字耳。盖伯、仲与甫之类本语助，特后世以便于称谓，非以表其德也。凡今以伯、仲、甫、子之类为助者，皆取单字，盖亦古之遗意焉尔。"

按：马永卿《嬾真子录》卷四云："古字一字多矣，如爰丝、房乔、[颜]籀之类。三字无之。独本朝有刘伯贡父、刘中原父。"则以二刘之字为三字字矣。袁枚《随园随笔》卷二十六亦以二刘之字为三字字，而以程伯休父为四字字，皆可以费说解之。然如枚所举三字字，晋屈无为字无不为，张天锡字公纯嘏，四字字，《左传》楚有耿之不比，齐有石之纷如，战国有董之繁菁，又非费说所得限之矣。至若陆以湉《冷庐杂识》卷四所称《北史》三字字甚多，周文帝子十二人皆三字字，如孝武帝字陀罗尼，武帝字弥维突之类，义皆难晓，则当时外族语言之移译，非可同日论者。

三、名字相应

《礼·檀弓下》："子显以致命于穆公。"注："使者公子縶也。卢氏云：古者名字相配，显当作韅。"

《广雅疏证》："释诂，养之言阳阳也。《王风》君子阳阳，其乐只且。阳与养古同声，故孙阳字伯乐矣。"

钱大昕《潜研堂集》卷三《晦之字说》中云："古之为字，所以表德也。人之材质，刚柔静躁，不能无偏，善字者能救其偏而复于中。名之于字也亦然，有以相承为义者，由之字路，启之字开是也。有以相反为义者，哆之字敛，黑之字晰是也。"

同书卷七《答问四》："问古人名字必相应。《说文》所载，名偃字字子游，名施字子旗，名嘉字子孔，名碬字子石，名黬字子晰是也。《春秋传》如归生、归父之字子家，侧之字子反，喜之字子罕，旷之字子野，由之字子路，须之字子迟，虎之字子皮，蚠之字子尾，子蟜、围龟之字子灵，騑之字子驷，鲍、鳝之字子鱼，鲋之字子鲜，鲋之字叔鱼，夷之字子蛮、子貉，宋之字子公，齐之字叔侯，皆义相协。申，西方也，故字子西，大夏在西，故亦字子西。荆楚、舒在南，故字子南。若黑之字子晰，则又以相反为义也。王逸注《楚辞》云：楚人谓巫曰灵子，故申公巫臣字子灵，《说文》，蔑，劳目少精也，故䰽茂字然明。略问古人名克字子仪何也？曰：古文仪与义同。义，从我，我从午，午古杀字，故义取断制。《易》曰：德元为仁，利为义，利亦从刀，而以和为训，故云利物足以和义。《春秋传》，师克在和。故克之字曰仪父，曰子仪。"问郑公孙辄字子耳，何义？曰："辄当为耴。《说文》：耴耳垂也。引《春秋传》秦公子辄，其耳下垂，故以为名。今三传初无秦公子辄其人者，必郑公孙辄之讹。"

同书卷八《答问五》："问春秋有一人而二字者，叔向之为叔誉，亦其类欤？曰：《说文》肸响布也。古人名字相配，故名肸字叔响，响与向通，故或为向。其作誉者，当为响之讹。字形相涉，转写易淯，非有两字也。"

桂馥《札朴》卷七："颜子骄，《史记》孔子弟子颜高，字子骄，《索隐》引《家语》又名产。案郑子产名侨，是子骄当为子侨，侨，高也。"

四、字同其名

顾炎武《日知录》卷二十三："名字相同，起于晋宋之间。史之所载：晋安帝讳德宗，字德宗。宋恭帝讳德文，字德文。会稽王道子，字道子。殷仲文，字仲文。宋蔡兴宗，字兴宗。齐颜见远，字见远。梁王僧孺，字僧孺。刘孝绰，字孝绰。庾仲容，字仲容。江德藻，字德藻。任孝恭，字孝恭。师觉授，字觉授。北齐慕容绍宗，字绍宗。魏兰根，字兰根。后周王思政，字思政。辛庆之，字庆之。崔彦穆，字彦穆之类。"

五、以字为氏

《风俗通义逸文》："鱼氏，宋桓公子目夷，字子鱼，贤而有谋，子孙以氏为族。《广韵·九鱼》《通志·氏族略》。《通鉴注·晋纪》二十云：宋公子鱼之后，以王父字为氏。牙氏，周大司徒尹牙之后。《广韵·九麻》《通志·氏族略》。《左传》郑大夫皇颉、皇辰，宋有皇氏，世为上卿，本皇父充口之后，以字为氏。《通志·氏族略》。卿氏，赵相虞卿之后。《广韵·十二庚》。甥氏，晋大夫吕甥之后。衡氏，伊尹为汤阿衡，子孙以衡为氏。一云鲁公子衡之后，以王父字为氏。《通志·氏族略》《广韵·十二庚》。婴氏，晋大夫季婴之后。《广韵·十四清》。《通志》作赵婴齐。乘氏，楚大夫子乘之后，以王父字为氏。《通志·氏族略》。犨氏，晋大夫郤犨之后。《广韵·十八尤》。邱氏，鲁左邱明之后。《广韵·十八尤》。谋氏，周卿士祭公谋父之后。《广韵·十八尤》。堪氏，八元仲堪之后。《广韵·二十二单》。聃氏，周文王第十子聃李载之后。《通志·氏族略》。兼氏，卫公子兼之后。《通志·氏族略》。幾氏，宋大夫仲幾之后，以王父字为氏。《通志·氏族略》。旅氏，周大夫子旅之后。《通志·氏族略》。虎氏，汉有合浦太守虎旗，其先八元伯虎之后。《广韵·十姥》《容斋五笔》。衍氏，宋微仲衍之后。《通志·氏族略》。靖氏，单靖公之后，以谥为氏。《广韵·四十静》《通志·氏族略》。寿氏，吴王寿梦之后。《后汉书·方术传》注，《通志·氏族略》。耦氏，宋卿华耦之后。汉有侍中耦嘉。《广韵·四十五后》《通志·氏族略》。雍氏，文王子雍伯之后。《广韵·三用》。备氏，宋封人备之后。《广韵·六至》。懿氏，齐懿公之后。《通志·氏族略》。嗣氏，卫嗣君之后。《广韵·七志》。忌氏，周公忌父之后。《广韵·七志》《通志·氏族略》。厉氏，齐厉公之后。《通志·氏族略》。献氏，晋献公之后。《广韵·二十五愿》《通志·氏族略》。建氏，楚太子建之后。《通志·氏族略》。孝氏，齐孝公之后。《广韵·三十六效》。豹氏，八元叔豹之后。《通志·氏族略》。望氏，齐太公望之后。《通志·氏族略》。旷氏，师旷之后。《通志·氏族略》。敬氏，陈敬仲之后。《广韵·四十三映》，《通鉴注·隋纪六》。禄氏，纣子武庚，字禄父，其后以字为氏。《通志·氏族略》。获氏，宋大夫猛获之后。《通志·氏族略》。甲氏，太甲之后，一云郑大夫石甲之后。《通志·氏族略》。终古氏，终古，纣内史也，因氏焉。《通志·氏族略》。子仲氏，鲁宣公子仲之后。《通志·氏族略》。子献氏，齐大夫子献之后也。楚文王时，子献辽为大夫。《通志·氏族略》。"

六、古人不经见之名字

按：阮葵生《茶余客话》卷十二：《古人名字考》尝辑之，然大都不足信。惟《汉书·儒林传》载丁姓子孙者，从荣广受《穀梁》。师古曰：姓丁，名姓，字子孙，则确系不经见之名字，而其人实有。又郭宗昌《金石史》，后魏鲁郡太守张君颂，猛龙字神圆，按圆呼屑切，日出气也。其名字险怪不雅驯云云。然其人亦实有，当视其所据书何如耳。孙奕《示儿编》卷十四则举冯野王、习凿齿、刘牢之、刘黑闼、张开地《张良传》乃良大父也、东郭咸阳名咸阳，汉武帝时人，及窦婴字王孙、严彭祖字公子、朱买臣字翁子、赵充国字翁孙、徐稚字孺子、羊祜字叔子、陈宠字昭公、窦融字周公、袁安字邵公等名字，以为不类名字。可参阅。

南北朝以前冢墓考

《礼·檀弓上》：孔子云："古也墓而不坟。"此古，谓古殷时也。
然则墓而坟，其必在孔子后矣。今所见汉以前之古墓，殆多为后人
所造。《水经注》所载之古墓，未必皆当时所造之墓。又墓志类加谥
于墓中人，墓中人之不朽，不在墓，亦不在墓志之加谥，而墓中人
之随葬器物，可借以研究当时之社会生活及阶级关系者，墓志皆未
尝详之，此昔日墓志之类多可废，而今日考古发掘之所以不容已也。
又《礼·檀弓上》："殷人棺椁，周人墙置翣。"注："墙，柳衣也。
凡此言后王之制文。"《正义》云："凡此言后王之制文者，凡谓虞夏
殷周，有虞氏唯有瓦棺，夏后氏瓦棺之外加堲周，殷则梓棺替瓦棺，
又有木为椁替堲周。周人棺椁，又更于椁旁置柳置翣扇。是后王之
制，以渐加文也。"后王之制以渐加文，则周以来随葬器物，可借以
研究当时之社会生活及阶级关系者，其资料亦愈丰富，而汉晋实为
典型，此又今日考古发掘及诸学者所共同承认者。以故本篇先之以
《水经注》各卷所载之前代各墓，而后于史书所载，及尝寓目之各代
诗文集，亲见南北朝以前各墓而加之题咏者，皆加以摘录，乃知地
下所蕴蓄者诚无限。余所摘录仅一小部分，盼读者广加补正，为考
古发掘之一助。

一、《水经注》中之冢墓

郦道元《水经注》卷三：历长城东出于白翟之中。又有平水出西北平溪，东南入奢延水。奢延水又东，走马水注之。水出西南长城北阳周县故城南桥山。昔二世赐蒙恬死于此。王莽更名上陵畤。山上有黄帝冢故也。帝崩，帷弓剑存焉，故世称黄帝仙矣。卷四：河东郡南有历山，谓之历观，舜所耕处也。有舜井，妫、汭二水出焉，南曰妫水，北曰汭水。西迳历山下，上有舜庙。周处《风土记》曰："旧说舜葬上虞。"又《记》云："耕于历山，而始宁、剡二县界上，舜所耕田于山下，多柞树，吴越之间名柞为枥，故曰历山。"余按周处此志为不近情，传疑则可，证实非矣。安可假木异名，附山殊称，强引大舜，即比宁壤，更为失志记之本体，差实录之常经矣。历山妫汭言是，则安于彼乖矣。石崤山有二陵，南陵，夏后皋之墓也。北陵，文王所避风雨矣。

卷五：大河故渎，又东迳甘陵县故城南，《地理志》之所谓厝也。王莽改曰厝治者也。汉安帝父孝德皇，以太子被废为王薨于此，乃葬其地，尊陵曰甘陵，县亦取名焉。桓帝建和二年，改清河曰甘陵，是周之甘泉市地也。陵在渎北，丘坟高巨，虽中经发坏，犹若层陵矣。世谓之唐侯冢，城曰邑城，皆非也。

东阿县北门内西侧皋上有大井，其巨若轮，深六七丈。岁尝煮胶以贡天府。《本草》所谓阿胶也。故世俗有阿井之名。县出佳缯缣，故《史记》云，秦昭王服太阿之剑，阿缟之衣也。

东朝阳县漯水，又东迳汉征君伏生墓南，碑碣尚存，以明经为秦博士。秦坑儒士，伏生隐焉。汉兴，教于齐鲁之间，撰《五经》《尚书大传》。文帝安车征之，年老不行。乃使掌故欧阳生等受《尚书》于征君，号曰伏生者也。

富平县即厌次县，县西有东方朔冢，侧有祠，祠有神验。

卷六：汾水又南与石桐水合，即绵水也。水出界休之绵山，北流迳石桐寺，西即介子推之祠也。

界休县城东，有征士郭林宗墓碑，蔡伯喈谓卢子干、马日䃅曰："吾为天下碑文多矣，皆有惭容，惟郭有道无愧于色矣。"

卷七：济水故渎于温城西北，东南出迳温城北，又东迳虢公冢北。《皇览》曰：虢公冢在温县郭东齐水南大冢是也。

索水又东迳荥阳县故城南。汉王之困荥阳也，纪信曰：臣诈降楚王，宜间出。信乃乘王车出东门，称汉降楚，楚军称万岁，震动天地。王与数十骑出西门得免楚围。羽见信大怒，遂烹之。信冢在城西北三里，故蔡伯喈《述征赋》曰："过汉祖之所隘，吊纪信于荥阳。"

索水又东迳周苛冢北。汉祖之出荥阳也，令御史大夫周苛守之。项羽拔荥阳，获苛曰：吾以公为上将军，封三万户侯，能尽节乎？苛瞋目骂羽，羽怒烹之。

济水又东迳秦相魏冉冢南。冉，秦宣太后弟也。代客卿寿烛为相，封于穰，益封于陶，号曰穰侯，富于王室。范雎说秦，秦王悟其擅权，免相就封，出关，辎车千乘，卒于陶而因葬焉。世谓之安平陵。墓南崩碑尚存。

济水又东北迳定陶恭王陵南。汉哀帝父也。帝即位，母丁太后，建平二年崩。上曰："宜起陵于恭王之园。"送葬定陶，贵震山东。王莽秉政，贬号丁姬，开其椁户，火出炎四五丈，吏卒以水沃灭，乃得入。烧燔椁中器物，公卿遣子弟及诸生四彝十余万人，操持作具，助将作掘平共王母傅太后坟及丁姬冢，二旬皆平。莽又周棘其处，以为世戒云。时有群燕数千，衔土投于丁姬竁中。今其坟冢巍然尚秀，隅阿相承，列郭数周，面开重门。南门内夹道有崩碑二所，世尚谓之丁昭仪墓，又谓之长隧陵。盖所毁者，傅太后陵耳。丁姬坟墓，事与书违，不甚过毁，未必一如史说也。坟南，魏郡治也。世谓之左城，亦名之曰葬城，盖恭王之陵寝也。

卷八：《陈留风俗传》曰：长垣县有蘧伯乡，一名新乡，有蘧亭伯玉祠伯玉冢。曹大家《东征赋》曰："到长垣之境界兮，察农野之

居民，睹蒲城之丘墟兮，生荆棘之榛榛，蓬氏在城之东南兮，民亦嚮
其丘坟，惟令德之不朽兮，身既没而名存。”

《皇览》曰：蚩尤冢在东郡寿张县阚乡城中。冢高七尺，常十月祠
之。有赤气出如绛，民名为蚩尤旗。《十三州志》曰：寿张有蚩尤祠。

梁山之西南有吕仲悌墓。

济水又北迳微乡东。《春秋》庄公二十八年经，书“冬，筑郿”。
京相璠曰：《公羊传》谓之微。东平寿张县西北三十里有故微乡，鲁
邑也。杜预曰：有微子冢。

马颊水又东北流迳鱼山南，山即吾山也。汉武帝《瓠子歌》所谓
吾山平者也。山上有柳舒城，魏东阿王曹子建每登之，有终焉之志。
及其终也，葬山西。

谷城西北三里有项王羽之冢。半许毁坏不碣，尚存题云项王之
墓。《皇览》云：冢去县十五里，谬也。今彭城谷阳城西南又有项羽
冢，非也。余按史迁记鲁为楚守，汉王示羽首，鲁乃降，遂以鲁公礼
葬羽于谷城，宁得言彼也。

济水又东北华不注山，单椒秀泽，不连丘陵以自高，虎牙桀立，
孤峰特拔以刺天，青崖翠发，望同点黛。山下有华泉，故京相璠春秋
土地名曰：华泉，华不注山下泉水也。《春秋左传》成公二年，齐顷
公与晋郤克战于鞍，齐师败绩，逐之，三周华不注，逢丑父与公易
位，将及华泉，骖絓于木而止。丑父使公下如华泉取饮，齐侯以免。
韩厥献丑，郤子将戮之，呼曰："自今无有代其君任患者，有一于此，
将为戮矣。"郤子曰："人不难以死免其君，我戮之不祥，赦之以劝事
君者。"乃免之，即华水也。班固曰：千乘郡有乐安县。应劭曰：取
休令之名矣。汉武帝元朔五年，封李蔡为侯国，城西三里，有任光等
冢。光是宛县人，不得为博昌明矣。

黄水东南流，水南有汉荆州刺史李刚墓。刚字叔毅，山阳高平
人。熹平元年卒。见其碑，有石阙，祠堂、石室三间，椽架高丈余，
镂石作椽，瓦屋施平天造方井侧。按梁柱四壁，隐起雕刻，为君臣、

官属、龟龙、麟凤之文，飞禽走兽之像，作制工丽，不甚伤毁。《皇览》曰：山阳钜野县有肩髀冢。重聚大小，与阚冢等。传言蚩尤与黄帝战，克之于涿鹿之野，身体异处，故别葬焉。

戴延之《西征记》曰：焦氏山北数里，汉司隶校尉鲁峻穿山得白蛇、白兔，不葬，更葬山南，凿而得金，故曰金乡山。山形峻峭。冢前有石祠、石庙，四壁皆青，石隐起自书契以来忠臣、孝子、贞妇、孔子及弟子七十二人形象，象边皆刻石记之，文字分明。又有石床长八尺，磨莹鲜明，叩之声闻远近。时太尉从事中郎傅珍之、谘议参军周安穆，拆败石床，各取去，为鲁氏之后所讼，二人并免官。焦氏山东即金乡山人也。有冢谓之秦王陵。山上二百步得冢，口堑深十丈，而壁峻峭，广二丈，入行七十步得埏门，埏内二丈得外堂，堂之后又得内堂。观者皆执烛而行，虽无他雕镂，然活石甚精。或云是汉昌邑哀王冢，所未详也。东南有范巨卿冢。名件案名件，近刻作石柱犹存。巨卿名式，山阳之金乡人，汉荆州刺史。与汝南张劭长沙陈平子石交，号为死友矣。

刘成国《徐州地理志》云："今徐城外有徐君偃王父墓，昔延陵季子解剑于此，所谓不违心许也。"

卷九：获嘉县县故城西，有汉桂阳太守赵越墓。冢北有碑，越字彦善，县人也。累迁桂阳郡、五官将、尚书仆射，遭忧服阕，守河南尹。建宁中卒。碑东又有碑，碑北有石柱，石牛、羊、虎俱碎，沦毁莫记。

《郡国志》曰：朝歌县南有牧野，有殷大夫比干冢，前有石铭题隶云，殷大夫比干之墓。所记惟此。今已中折，不知谁所志也？太和中，高祖孝文皇帝南巡，亲幸其文而加吊焉。刊石树碑，列于墓隧矣。

安昌城，汉成帝河平四年，封丞相张禹为侯国，今城之东南有古冢，时人谓之张禹墓。余按《汉书》，禹河内轵人，徙家莲勺。鸿嘉元年，禹以老乞骸骨，自治冢茔，起祠堂于平陵之肥牛亭，近延陵奏请之，诏为徙亭。哀帝建平二年薨，遂葬于彼，此则非也。

淇水又东北迳帝喾冢西，世谓之顿丘台，非也。《皇览》曰：帝喾冢在东郡濮阳顿丘城南台阴野中者也。

又北迳南祀山东，历广阳里迳颛顼冢西，俗谓之殷王陵非也。《帝王世纪》曰：颛顼葬东郡顿丘城南，广阳里大冢者是也。

临清县清河之右，有李云墓。云字行祖，甘陵人，好学善阴阳，举孝廉，迁白马令。中常侍单超等立掖亭民女亳氏为后，后家封者四人，赏赐巨万。云上书移副三府曰："孔子云：帝者谛也，今尺一拜用，不经御省，是帝欲不谛乎！"帝怒，下狱杀之。后冀州刺史贾琮使行部，过祠云墓，刻石表之。今石柱尚存，俗犹谓之李氏石柱。

晋慕容隽，梦石虎啮其臂。寤而恶之，购求其尸而莫之知，后宫嬖妾言虎葬东门观下，于是掘焉。下度三泉得其棺，剖棺出尸，尸僵不腐，隽骂之曰："死胡！安敢梦生天子也！"使御史中尉阳约数其罪而鞭之，此盖虎始葬处也。

卷十：铜鞮水又东迳李熹墓。墓前有碑，碑石破碎，故李氏以太和元年立之。

赵建武十一年，造紫陌浮桥于水上，为佛图澄先造生墓于紫陌。建武十五年卒，十二月葬焉，即此处也。

青山，即汉文帝窦后父少翁冢也。少翁，是县观津县人。遭秦之乱，渔钓隐身，坠渊而死。景帝立，后遣使者填以葬父，起大坟于观津城东南，故民号青山也。

卷十一：范晔《汉书》云：中山简王焉之窆也，厚其葬，采涿郡山石以树坟茔。陵隧碑兽，并出此上。有所遗二石虎，后人因以名冈。

灵丘县，应劭曰：赵武灵葬其东南，故县氏之。县古属代，汉灵帝光和元年，中山相臧旻上请别属也。瓒注：《地理志》曰：灵丘之号，在武灵王之前矣。又按司马迁《史记》：赵敬侯九年，败齐于灵丘，则名不应武灵王事，如瓒注。

滱水又东迳京丘北，世之京陵。南对汉中山顷王陵。滱水又北对君子岸，岸上有哀王子宪王陵。滱水又东迳白土北，南即靖王子康王陵。三坟并列者是。

滱水又东迳汉哀王陵北，冢有二坟，故世谓之两女陵，非也。哀王是靖王之孙，康王之子也。

又东北川渠之左有张氏墓。冢有汉上谷太守议郎张平仲碑，光和中立。

卷十二：巨马水，其水自泽枝分，东迳涿县故城南，又东迳汉侍中卢植墓南。

卷十三：羊水又东注于如浑水。乱流迳方山南，岭上有文明太皇太后陵。陵之东北有高祖陵。二陵之南有永固堂，堂之四周隅雉列榭，阶、栏、槛及扉户、梁壁、椽瓦，悉文石也。檐前四柱，采洛阳之八风谷黑石为之。雕镂隐起，以金银间云矩有若锦焉。堂之内外四侧结两石跌，张青石屏风，以文石为缘，并隐起忠孝之容，题刻贞顺之名。庙前镌石为碑兽，碑石至佳，左右列柏，四周迷禽暗日，院外西侧有《思远灵图》，图之西有斋堂。南门表二石阙，阙下斩山累结御路，遥望灵泉宫池，皎若圆镜矣。《史记》曰，高帝先至平城，《史记音义》曰，在雁门，即此县平城县矣。王莽之平顺也。魏天兴二年迁都于此。太和十六年，破安昌诸殿，造太极殿东西堂及朝堂。夹建象魏。乾元中，阳端门、东西二掖门、云龙、神虎、中华诸门，皆饰以馆阁。东堂东接太和殿，殿之东阶，下有一碑，太和中立，石是洛阳八风谷之淄石也。太和殿之东，北接紫宫寺，南对承贤门，门南即皇信堂。堂之四周。图古圣、忠臣、烈士之容，刊题其侧，是辩□郎彭城张僧达、乐安蒋少游笔。

堂南对白台，台甚高广，台基四周列壁。阁道自内而升之，图篆秘籍，悉积其下。

台西即朱明阁，直侍之官出入所由也。

皇舅寺是太师昌黎王冯晋国所造，有五层浮图，其神图像，皆合青石为之，加以金银，火齐众彩之上，炜炜有精光。

永宁七级浮图，其制甚妙，工在（？）寡双。

宁先宫，献文帝之为太上皇所居故宫矣。宫之东次下有两石柱，是石虎邺城东门石桥柱也。按柱勒赵建武中造，以其石作工妙，徙之于此。余为尚书祠部，与宜都王穆罴同拜北郊，亲所接见。柱侧悉镂云矩，上作蟠螭，甚有形势，信为工巧，去此丹碑则运矣。

明堂上圆下方，四周十二堂九室，而不为重隅也。室外柱内绮井之下，施机轮，饰缥碧，仰象天之状，画北道之宿焉。盖天也，每月随斗所建之辰，转应天道，此之异古也。加灵台于其上下，则引水为辟雍，水侧结石为塘，事准古制。是太和中之所经建也。

火井

漯水又东迳燕王陵南，陵有伏道，西北出蓟城中。景明中造浮图建刹，穷泉掘得此道，王府所禁，莫有寻者。通城西北大陵而是二坟，基趾磐固，犹自高壮，竟不知何王陵也。

卷十五：洛水又东，枝渎左出焉。东出关绝惠水，又迳清女冢南。冢在北山上，《耆旧传》云：斯女清贞秀古，迹表来京矣。枝渎又东迳周山，上有周灵王冢。《皇览》曰：周灵王葬于河南城西南周山上，盖以王生而神，故谥曰灵，其冢，人祠之不绝。又东北迳三王陵东北出。三王，或言周景王、悼王、定王也。魏司徒公崔浩注《西征赋》云：定当为敬，子朝作难西周，政弱人荒，悼、敬二王与景王俱葬于此，故世以三王名陵。《帝王世纪》曰：景王葬于翟泉。今洛阳太仓中大冢是也。而复传言在此，所未详矣。又悼、敬二王，稽诸史传，复无葬处。今陵东有石碑，录赧王以上世王名号，考之碑记，周墓明矣。

罗水又西北迳袁公坞北。又西北迳潘岳父子墓，前有碑。岳父茈琅玡太守碑，石破落，文字缺败。岳碑题云：给事黄门侍郎潘君之碑。碑云君遇孙秀之难，阖门受祸，故门生感覆醢以增恸，乃树碑以纪事，太常潘尼之辞也。

谷城县北有替亭，瀍水出其北梓泽中。梓泽，地名也。泽北对原阜，即裴氏墓茔所在。碑阙存焉。

《周书》曰，我卜瀍水西，谓斯水也。东南流。水西南有帛仲理墓，墓前有碑，题云：真人帛君之表。仲理名护，益州巴郡人，晋永宁二年十一月立。

卷十六：谷水又东迳魏将作大匠母丘兴墓南，二碑存焉。俭父也。《管辂别传》曰：玄武藏头，青龙无足，白虎衔尸，朱雀悲哭，四危已备，法应灭族，果如其言。

河南县城东十五里有千金堨。

皇甫谧曰：悼王葬景王于翟泉。今洛阳太仓中大冢是也。《春秋》定公元年，晋魏献子合诸侯之大夫于翟泉，始盟城周。班固、服虔、皇甫谧咸言翟泉在洛阳东北，周之墓地。今按周威烈王葬洛阳城内东北隅，景王冢在洛阳太仓中，翟泉在两冢之间，侧广莫门，道东，建春门，路北，路即东宫街也。于洛阳为东北。后秦封吕不韦为洛阳十万户侯，大其城，并得景王冢矣。是其墓地也。

孙畅之尝见青州刺史傅弘仁说：临淄人发古冢，得桐棺，前和外隐为隶字，言齐太公六世孙胡公之棺也。惟字是古，余同今书，证知隶自出古，非始于秦。

七里涧有石梁，即旅人桥也。昔孙登不欲久居洛阳，知杨氏荣不保终，思欲遁迹林乡，隐沦妄死，杨骏埋之于此桥之东，骏后寻亡矣。

袁氏《王陆诗叙》：机初入洛，次河南之偃师，时忽结阴，望道左若民居者，因往逗宿，见一少年姿神端远，与机言玄，机服其能。将晓去，税驾逆旅，妪曰：君何宿而来？自东数十里无村落，止有山阳王家墓。机乃怪怅，还睇昨路，空野霾云，攒木蔽日，知所遇者审王弼也。

浊水至白渠，与泽泉合，俗谓之漆水，又谓之为漆沮。水绝白，渠东迳万年县故城北为栎阳渠。城即栎阳宫也。汉高帝葬皇考于是县，起坟陵，署邑号，改曰万年也。

漆水东流迳薄昭墓南，冢在北原上。

卷十七：陈仓县，县有陈仓山。《地理志》曰：有上公明星黄帝孙舜妻盲冢祠。

卷十八：中牢水，水南流迳胡城东，俗名也。盖秦惠公之故居，所谓祈年宫也。孝公又谓之橐泉宫。按《地理志》曰在雍。崔骃曰：穆公冢在橐泉宫祈年观下，《皇览》亦言是矣。刘向曰：穆公葬无丘垄处也。《史记》曰：穆公之卒，从死者百七十七人，良臣子车氏奄息、仲行、鍼虎亦在从死之中，秦人哀之，为赋《黄鸟》焉。余谓崔骃及《皇览》谬志也。惠公孝公，并是穆公之后，继世之君矣。子孙无由起宫于祖宗之坟陵矣。以是推之，知二证之非实也。

卷十九：就水，水出南山就谷，北径大陵西，世谓之老子陵。昔李耳为周柱史，以世衰入戎，于此有冢，事非经证。然庄周著书云，老聃死，秦失吊之，三号而出，是非不死之言。人禀五行之精气，阴阳有终变，亦无不化之理。以是推之，或复如传。古人许以传疑，故两存耳。

杜县杜伯冢，杜伯与其友左仵仕宣王，仵无罪见害，杜伯死之，终能报恨于宣王，故成公子安五言诗曰："谁谓鬼无知，杜伯射宣王。"

阿房宫，《史记》曰：秦始皇三十五年，以咸阳人多，先王之宫小，乃作朝宫于渭南，亦曰阿城也。始皇先作前殿阿房，可坐万人，下可建五丈旗。周驰为阁道，自殿直抵南山，表山巅为阙为复道。自阿房度渭，属之咸阳，象天极。阁道绝汉抵营室也。《关中记》曰：阿房殿在长安西南二十里，殿东西千步，南北三百步，庭中受十万人。建章宫，《三辅黄图》曰：建章宫汉武帝造，周二十余里，千门万户。其东凤阙，高七丈五尺，俗言贞女楼，非也。《汉武帝故事》云：阙高二十丈。《关中记》曰：建章宫圆阙，临北道，有金凤在阙上，高丈余，故号凤阙也。故繁钦《建章凤阙赋》曰："秦汉规模，廓然毁泯，惟建章凤阙，巍然独存，虽非象魏之制，亦一代之巨观也。"《傅子·宫室》曰："上于建章中作神明台、井幹楼，咸高五十余丈，皆作悬阁，辇道相属焉。"《三辅黄图》曰："神明台在建章宫中，上有九室，今人谓之九子台，即实非也。"《汉武帝故事》曰：建章宫北有太液池，池中有渐台三十丈。渐，浸也。为池水所渐。一说星名也。南有壁门三层，高三十余丈，中殿十二间，阶陛咸以玉为之。铸铜凤五丈，饰以黄金，楼屋上椽首，薄以玉璧，因曰璧玉门也。

渭桥，秦始皇作离宫于渭水南北，以象天汉。横桥南渡，以法牵牛。南有长乐宫，北有咸阳宫，欲通二宫之间，故造此桥。广六丈，南北三百八十步。六十八间，七百五十柱，百二十二梁。桥之南北有堤，激立石柱，柱南京兆主之，柱北冯翊主之。有令丞各领徒千五百人。桥之北首垒石水中，故谓之石柱桥也。

武库，樗里子葬于此。樗里子名疾，秦惠王异母弟也。滑稽多智，秦人号曰智囊。葬于昭王庙西渭南阴乡樗里，故俗谓之樗里子。云："我百岁后是有天子之宫夹我墓。"疾以昭王七年卒，葬于渭南章台东。至汉，长乐宫在其东，未央宫在其西，武库直其基。秦人谚曰：力则任鄙，智则樗里是也。

奉明县广城乡之廉明苑，史皇孙及王夫人葬于郭北，宣帝迁苑南，卜之为悼园，盖园民千六百家，立奉明县以奉二园。园在东都门，昌邑王贺自霸御法驾，郎中令袭遂骖乘至广明东都门是也。

汉太尉夏侯婴冢，葬日，枢马悲鸣，轻车罔进，下得石椁铭曰："于嗟滕公居此室。"故遂葬焉。冢在城东八里饮马桥南四里，故时人谓之马冢。

蓝田川，川有汉临江王荣冢。景帝以罪征之，将行，祖于江陵北门，车轴折，父老泣曰："吾王不反矣！"荣至，中尉郅都急切责王，王年少，恐而自杀。葬于是川。有燕数万衔土置冢上，百姓矜之。

霸水，又左合浐水历白鹿原东，即霸川之西故芷阳矣。《史记》秦襄王葬芷阳者是也。谓之霸上。汉文帝葬其上，谓之霸陵上。有四出道以泻水。在长安东南三十里。故王仲宣赋诗云："南登霸陵岸，回首望长安。"文帝尝欲从霸陵上西驰下峻坂，袁盎揽辔于此处。

元帝初元元年，葬宣帝杜陵。北去长安五十里。

昔文帝居霸陵，北临厕，指新丰路示慎夫人曰：此走邯郸道也。因使慎夫人鼓瑟，上自依瑟而歌，凄怆悲怀，顾谓群臣曰："以北山石为椁，用苎絮斫陈漆其间，岂可动哉！"释之曰："使其中有可欲，虽锢南山犹有隙；使无可欲，虽无石椁，又何戚焉？"文帝曰：善！拜廷尉。韦昭曰：高岸夹水为厕。今斯原夹二水也。

王莽地皇元年，博征天下工匠，坏撤西苑建章诸宫馆十余所，取材瓦以起九庙。算及吏民，以义入钱谷助成九庙。庙殿皆重屋。太初祖庙，东西南北，各四十丈，高十七丈。余庙半之。为铜薄栌，饰以金银雕文，穷极百工之巧。褫高增下，功费数百巨万。卒死者万数。

子楚陵，皇甫谧曰：秦庄王葬于芷阳之丽山，京兆东南霸陵山。刘向曰：庄王大其名立坟者也。《战国策》：庄王字异人，更名子楚，故世人犹以子楚为陵。

刘更始冢，更始二年，为赤眉所杀，故侍中刘恭夜往取而埋之。光武使司徒邓禹收葬于霸陵县。更始尚书仆射行大将军鲍永持节安集河东，闻更始死，归世祖，累迁司隶校尉，行县经更始墓，遂下拜哭，尽哀而去。帝问公卿，大中大夫张湛曰："仁不遗旧，忠不忘君，行之高者。"帝乃释。

梁严冢，成国渠左有安定梁严冢，碑碣尚存。

汉武帝茂陵，故槐里之茂乡也。应劭曰：帝自为陵，在长安西北八十余里。

陵之西而北。即李夫人冢。冢形三成，世谓之英陵。

夫人兄延年知音，尤善歌舞，常侍上起舞歌曰："北方有佳人，绝世而独立，一顾倾人城，再顾倾人国！宁不知倾城与倾国，佳人难再得！"上曰："世岂有此人乎？"平阳主曰：延年女弟。上召见之，妖丽善歌舞，得幸，早卒，上悯念之，以后礼葬，悲思不已，赋诗悼伤。

故渠成国渠又东迳姜原北，渠北有汉昭帝陵，东南去长安七十里。

故渠又东迳渭陵南，元帝永光四年，以渭城寿陵亭原上为初陵，诏不立县邑。又东迳哀帝义陵南，又东迳惠帝安陵南，又东迳长陵南，亦曰长山也。秦名天子冢曰山，汉曰陵，故通曰山陵矣。

故渠又东迳汉丞相周勃冢南，冢北有亚夫冢。故渠东南谓之周氏曲义，东南迳汉景帝阳陵南。

渭水又东迳霸城县北，与高陵分水，水南有定陶恭王庙，傅太后陵。元寿元年，傅后崩，合葬渭陵。潘岳《关中记》：汉帝后同茔，则为合葬，不共陵也。诸侯皆如之。恭王庙在霸城西北，庙西北即傅太后陵，不与元帝同茔，渭陵，非谓元帝陵也。盖在渭水之南，故曰渭陵也。陵与元帝齐者，谓同十二丈也。王莽奏毁傅太后冢，冢崩，压杀数百人。开棺，臭闻数里。公卿在位，皆阿莽旨，入钱帛，遣子弟及诸生四彝凡十余万人，操持作具，助将作掘傅后冢，二旬皆平。周棘其处，以为世戒。今其处积土犹高，世谓之增墀，又谓之增阜。俗亦谓之成帝初陵处，所未详也。

渭水又迳平阿侯王谭墓北，冢次有碑。

秦始皇大兴厚葬，营建冢圹于丽戎之山，一名蓝田，其阴多金，其阳多玉。始皇贪其美名，因而葬焉。斩山凿石，下锢三泉，以铜为椁，旁行四周回三十余里，上画天文星宿之象，下以水银为四渎百川五岳九州，具地理之势。宫观百官奇器珍宝，充满其中。令匠作机弩，有所穿近辄射之。以人鱼膏为灯烛，取其不灭者久之。后宫无子者，皆使殉葬，甚众。坟高五丈，周围五里余。作者七十万人，积年方成，而周章百万之师，已至其下，乃使章邯领作者以御难，弗能禁。项羽入关发之，以三十万人三十日运物不能穷。关东盗贼，销椁取铜。牧人寻羊烧之，火延九十日不能灭。

眉按：此可参阅王嘉《拾遗记》"淫渊浦"条。

卷二十一：铜阳县有葛陵城，城之东北有楚武冢，民谓之楚王琴。城北囗社里下土中得铜鼎铭云楚武王，是知武王隧也。

卷二十二：阳城县，县南箕山，其山有许由冢，尧所封也。故太史公曰："余登箕山，其上有许由墓焉。"

固始县蔡冈，冈上有平阳侯相蔡昭冢。昭字叔明，周后稷之胄。冢有石阙，阙前有二碑，碑字沦碎，不可复识，羊虎倾低，殆存而已。

汉弘农太守张伯雅墓，茔域四周，垒石为垣，隅阿相邻，列于绥水之阴。庚门表二石阙，夹对石兽于阙下。冢前有石庙，列植三碑，碑云德字伯雅，河南密人也。碑侧树两石人，有数石柱及诸石兽矣。旧引绥水南入茔域，而为池沼。沼在丑地，皆蟾蜍吐水，石隍承溜。池之南又建石楼石庙，前有翼列诸兽，但物时沦凋毁殆尽，夫富而非义，比之浮云，况复此乎！王孙皇甫士安，斯为达矣。

濮水东迳山北，《史记》魏襄王六年，败楚于陉山者也。山上有郑祭仲冢，冢西有子产墓，累石为方坟。坟东有庙，并东北向郑城。杜元凯言不妄。本际庙旧有一枯柏树，其尘根故株之上，多生稚柏成林，列秀青青，望之奇可嘉矣。

按《陈留风俗传》曰：陈留县裘氏乡有澹台子羽冢。又有子羽祠，民祈祷焉。京相璠曰：今泰山南武城县有澹台子羽冢，县人也。未知孰是？因其方志所叙，就记缠络焉。

卷二十三：涡水迳大扶城西，城之东北，悉诸袁旧墓，碑宇倾低，羊虎碎折，惟司徒滂，蜀郡太守腾，博平令光，碑字所存，惟此□余殆不可寻。

大棘，楚地，有楚太子建之坟，及伍员钓台，池沼具存。

又北涡水之侧，又有李母庙，庙在老子庙北。庙前有李母冢，冢东有碑，是永兴元年谯令长沙王阜所立。碑云卑小实中。边韶老子碑文云：老子，楚相县人也。相县虚荒，今属苦，故城犹存，在赖乡之东，涡水处其阳，疑即此城也。自是无郭以应之。

谯城，城南有曹嵩冢，冢北有碑，碑北有庙堂，余基尚存，柱础仍在。庙北有二石阙双峙，高一丈六尺，榱栌及柱皆雕镂，云矩上罘罳已碎。阙北有圭碑，题云：汉故中常侍长乐太仆特进费亭侯曹君之碑。延熹三年立。碑阴又刊诏策二。碑文同。夹碑东西列对两石马，马高八尺五寸，石作粗拙，不匹光武隧道所表象马也。有兄腾冢，冢东有碑，题云：汉颍川太守曹君墓。延熹九年卒，而不刊树碑岁月。坟北有其元子炽冢，冢东有碑，题云：汉故长水校尉曹君之碑。历大中大夫、司马长史、侍中，迁长水，年三十九卒。熹平六年造炽弟胤冢，冢东有碑，题云：汉谒者曹君之碑。熹平六年立。

涡水南有谯定王司马士会冢，冢前有碑，晋永嘉三年立。碑南二百许步，有两石柱，高丈余，半下为束作交文，作制极工，石榜云晋故使持节散骑常侍都督扬州江州诸军事安东大将军谯定王河内温司马公墓之神道。

涡水又东迳朱龟墓北，东南流，冢南枕道有碑，碑题云：汉故幽州刺史朱君之碑。龟字伯灵，光和六年卒官。故吏别驾从事史右北平无终年化，中平二年造。碑阴刊故吏姓名，悉蓟、涿及上谷、北平等人。

山桑县郭城东有文穆冢碑，三世二千石，穆郡户曹史，征试博士太常丞，以明气候擢拜侍中右中郎将，迁九江、彭城、陈留三郡，光和中卒。故吏涿郡太守彭城吕虔等立。

睢阳城南二里，有汉太傅掾桥载墓碑。载字元宾，梁国睢阳人也。睢阳公子熹平五年立。城东百步有石室，刊云汉鸿胪桥仁祠。城北五里有石虎、石柱，而无碑志，不知何时建也。

汲水又东迳大蒙城北，自古不闻有二蒙，疑即蒙亳也。所谓景亳为北亳矣。椒举云：商汤有景亳之命者也。阚骃曰：汤都也。亳本帝喾之墟，在《禹贡》豫州河、洛之间，今河南偃师城西二十里尸乡亭是也。皇甫谧以为考之事实，学者失之，如孟子之言汤居亳与葛为邻，是即亳与葛比也。汤地七十里，葛又伯耳。封域有限，而宁陵去偃师八百里，不得童子馈饷而为之耕。今梁国自有二亳，南亳在谷熟，北亳在蒙，非偃师也。古文《仲虺之诰》曰：葛伯仇饷，征自葛始。即孟子之言是也。崔骃曰：汤冢在济阴薄县北。《皇览》曰：薄城北郭东三里平地有汤冢，冢四方，方各十步，高七尺，上平也。汉哀帝建平元年，大司空史郗长卿按行水灾，因行汤冢在汉属扶风，今征之回渠亭有汤池、征陌是也。然不经见，难得而详。按《秦宁公本纪》云：二年伐汤，三年与亳战，亳王奔戎，遂灭汤。然则周桓王时，自有亳王号汤，为秦所灭，乃西戎之国葬于征者也。非殷汤矣。刘向言殷汤无葬处为疑。杜预曰：梁国蒙县北有薄伐城，城中有成汤冢，其西有箕子冢，今城内有故冢方坟，疑即杜元凯之所谓汤冢者也，而世谓之王子乔冢。

按：《汉书·地理志》河南郡偃师，注："臣瓒曰：汤居亳，今济阴县是也。今亳有汤冢，已氏有伊尹冢，皆相近也。师古曰：瓒说非也。又如皇甫谧所云汤都在谷熟，事并不经。刘向云：殷汤无葬处，安得汤冢乎？"刘说最是，师古信之宜也。

虞县城东有汉司徒盛允墓碑。允字伯世，梁国虞人也。其先奭氏，至汉中叶，避孝元皇帝讳，改姓曰盛，世济其美，以迄于公，察孝廉除郎，累迁司空、司徒。延熹中立墓。中有石庙，庙宇倾颓，基构可寻。

砀县砀山，山有梁孝王墓。其冢斩山作郭，穿石为藏。山上有梁孝王祠。

砀陂，陂水东注谓之谷陂水，东迳安山北，即砀北山也。有陈胜墓。秦乱，首兵伐秦，弗终厥谋，死葬于砀，谥曰隐王也。获水又东迳同孝山北，山阴有楚元王冢，上圆下方，累石为之。高十余丈，广百许步。经十余坟，悉结石也。

获水又东转，迳彭城北而东注泗水，北三里有石冢被开，传言楚元王之孙刘向冢，未详是否？城即殷大夫老彭之国也。

彭城之东北角，起层楼于其上，号曰彭祖楼。《地理志》曰：彭城县，古彭祖国也。《世本》曰：陆终之子，其三钱是谓彭祖彭祖城是也。下曰彭祖冢，彭祖长年八百，绵寿永世，于此有冢，盖亦元极之化矣。

卷二十四：晋梁王妃王氏陵表并列二碑，碑云：妃讳粲，字女仪，东莱曲城人也。齐北海府君之孙司空东武景侯之季女。咸熙元

年，嫔于司马氏。泰始二年，妃于国。太康五年薨。营陵于新蒙之
□。太康九年立。碑东即梁王之吹台也。基陛阶础尚在。余按《汉
书·梁孝王传》，称王以功亲为大国，筑东苑方三百里，广睢阳城
七十里。大治宫室。为复道，自宫连属于平台三十余里。复道自宫东
出杨之门。左阳门即睢阳东门也。连属于平台则近矣，属之城隅则
不能，是知平台不在城中也。梁王与邹、枚、司马相如之徒极游于其
上，故齐随郡王《山居序》所谓西园多士，平台盛宾，邹马之客咸
在，伐木之歌屡陈，是用追芳昔娱，神游千古，故亦一时之盛事。谢
氏《赋雪》亦曰：梁王不悦，游于兔园。今也歌堂沦宇，律管埋音，
孤基块立，无复曩日之望矣。

汉太尉桥玄墓冢，东有庙，即曹氏孟德亲酹处。操本微素，尝候
于玄，玄曰："天下将乱，能安之者，其在君乎！"操感知己，后经
玄墓，祭云："操以顽质，见纳君子，士死知己，怀此无忘。又承约
言，徂后之路，路由径由，不以斗酒只鸡，过相沃酹，车过三步，腹
痛勿怨，虽临时戏言，非至亲笃好，胡肯为此辞哉？凄怆致祭，以申
宿怀。"冢列数碑。

睢水东迳石马亭，亭西有汉故伏波将军马援墓。

相县城西有宋共公伯姬冢。

《帝王世纪》曰：尧葬于济阴成阳西北四十里，是为谷林。墨子
以为尧堂高三尺，土阶三等，北教八狄，道死，葬蛩山之阴。《山海
经》曰：尧葬狄山之阳，一名崇山。三说各殊，以为成阳近是尧冢
也。余按小成阳在成阳西北半里许，实中俗嗒以为囚尧城，士安
盖以是为尧冢也。

尧陵，按郭缘生《述征记》，自汉迄晋二千石及丞尉多刊石述叙。
尧即位至永嘉三年，二千七百二十有一载，记于尧妃祠，见汉建宁五
年五月咸阳令管遵所立碑：文云：尧陵北仲山甫墓南二冢间，有伍员
祠。又言尧陵在城成阳县南九里。中山夫人尧妃祠在城南二里。东南
六里，尧母庆都冢。尧陵北二里，有仲山甫墓，考地验状，咸为疏

僻，盖闻疑书疑耳。

奉高县县北有吴季札子墓，在汶水南曲中。季札之聘上国也，丧子于嬴博之间，即此处也。

卷二十五：余按《国语》，宣公夏滥于泗渊，里革断罟弃之。韦昭云：泗在鲁城北。《史记》《冢记》、王隐《地道记》，咸言葬孔子于鲁城北泗水上。今泗水南有夫子冢。谯周云：孔子死后，鲁人就冢次而居者百有余家，命曰孔里。《皇览》曰：弟子各以四方奇木来植，故多诸异树，不生棘木刺草。今则无复遗条矣。

《地理志》曰：薛县夏□正奚仲之国也。《竹书纪年》：梁惠成王三十一年，邳迁于薛，改名。徐州城南山，有奚仲冢。《晋太康地纪》曰：奚仲冢在城南二十五里山上，百姓谓之神灵也。齐封田文于此，号孟尝君，有惠喻。今郭侧犹有文冢，结石为郭，作制严固。莹丽可寻，行人往还，莫不迳观以为异见矣。

外黄县，今城东阓上，犹有宋华元祠，祠之不辍。城北有华元冢。

己氏县，县有伊尹冢。崔骃曰：殷帝沃丁之时，伊尹卒，葬于薄。《皇览》曰：伊尹冢，在济阴已氏平利乡。皇甫谧曰：伊尹年百余岁而卒，大雾三日，沃丁葬以天子之礼，亲自临丧，以报大德焉。

泗水又南迳宋大夫桓魋冢西，山枕泗水，西上尽石，凿而为冢，今人谓之石郭者也。郭有二重，石作工巧，夫子以为不如死之速朽也。

泗水又东迳龚胜墓南，墓碣尚存。

又迳亚父冢东，《皇览》曰：亚父冢在庐江县郭东居巢亭中有亚父井。

相县，城之西北有汉太尉陈球墓，墓前有三碑，是弟子管宁、华歆等所造。

卷二十六：巨洋又东北迳晋龙骧将军幽州刺史辟闾浑墓东，而东北流，墓侧有一坟，甚高大，时人咸谓之为马陵，而不知谁之丘垄也。

淄水又东迳四豪冢北，水南山下有四冢，方墓圆坟，咸高七尺，东西直列，是田氏四王冢也。

淄水又东北迳荡阴里西，水东有冢一，基三。坟东西八十步，是列士公孙接、田开疆、古冶子之坟也。晏子恶其勇而无礼，投桃以毙之，死葬阳里，即此也。

《从征记》曰：女水西有桓公冢，甚高大。墓方七十余丈，高四丈。圆坟围二十余丈，高七丈余。一墓方七丈二坟。晏谟曰：依《陵记》非葬礼，如承世故与其母同墓而异坟，伏琛所未详也。冢东山下女水，原有桓公祠。侍其衡奏魏武王所立，曰：近日路次齐郊，瞻望桓公坟垄，在南山之阿，请为立祠为块然之主。郭缘生《述征记》曰：齐桓公冢在齐城南二十里，因山为坟。大冢东有女水，或云齐桓公女冢在其上，故以名水也。

愚山东有愚公冢。

漕水，水南山西有王歜墓。昔乐毅伐齐，贤而封之歜，不受，自缢而死。

晏婴冢，《左传》：晏子之宅近市，景公欲易之，而婴勿更，为诫曰："吾生则近市，死岂易志！"乃葬故宅后，人名之曰清节里。

汶水又东北迳管宁冢东，故晏谟言柴阜山西南，有魏独行君子管宁墓。墓前有碑。又东北迳柴阜山北，山之东有征士邴原冢，碑志存焉。汶水又东北迳汉青州刺史孙嵩墓西，有碑碣。

安丘城对牟山，山之西南有孙宾硕兄弟墓，碑志并在也。

潍水，水西有厉阜，阜上有汉司农卿郑康成冢，石碑犹存。潍水东迳逢萌墓，萌都昌县人也。少有大节，耻给事县亭，遂浮海至辽东，复还，在不其山隐学。明帝安东征萌，以伴狂免。

卷二十七：诸葛亮之死也，葬于其山。定君山因即地势，不起坟垄，惟深松茂柏，攒蔚川阜，莫知墓茔所在。

汉水又东迳长柳渡。长柳，村名也。有汉太尉李固墓。碑铭尚存，文字剥落，不可复识。

婿水又东迳七女冢，冢夹水罗布如七星，高十余丈，周回数亩。元嘉六年，大水破坟，坟崩，出铜不可称计，得一砖刻云：项氏伯无子，七女造墎。世人疑是项伯冢。

卷二十八：阴县，县东有冢。县令济南刘熹字德怡，魏时宰县，雅好博古，教学立碑，载生徒百有余人不终业而夭者，因葬其地，号曰生坟。

襄阳县刘表墓，太康中，为人所发见。表夫妻，其尸俨然，颜色不异，犹如平生。墓中香气，远闻三四里中，经月不歇。今坟冢及祠堂，犹高显整顿。

襄阳侯习郁鱼池，郁依范蠡养鱼法作大陂，陂长六十步，广四十步。池中起钓台，池北亭，郁墓所在也。列植松篁于池侧。沔水上，郁所居也，又作石洑，逗引大池水于宅北作小鱼池，池长七十步，广二十步。西枕大道，东北二边，限以高堤，楸竹夹植，莲芰覆水，是游宴之名处也。山季伦之镇襄阳，每临此池，未尝不大醉而还，恒言此是我高阳池。故时人为之歌曰："山公出何去，往至高阳池，日暮倒载归，酩酊无所知。"

沔水西又有孝子墓。河南秦氏。

其南有蔡瑁冢，冢前刻石为大鹿状甚大，头高九尺，制作甚工。

汉高帝十一年，封黄极忠为侯国。县邵县南有黄家墓，墓前有双石阙，雕制甚工，俗谓之黄公阙。黄公名尚，为汉司徒。

汉南阳太守秦颉墓，墓前有二碑。颉都人也，以江夏都尉出为南阳太守，迳宜城中，见一家东向，颉住车视之，曰此居处，可作冢。后卒于南阳，丧还，至昔住车处，车不肯进，故吏为市此宅葬之。孤坟尚整。

卷二十九：毗陵县城北有扬州刺史刘繇墓，沦于江，江即北江也。

赍城县，县有车骑将军冯绲桂阳太守李温冢。

水西湍水有汉太尉长史邑人冠军县张敏碑，碑之西有魏征南军司张詹墓，墓有碑，碑背刊云："白楸之棺，易朽之裳，铜器不入，丹器不藏，嗟矣后人，幸勿我伤！"自后古迹旧冢，莫不夷毁，而是墓至元嘉初尚不见发。六年大水，蛮饥，始被发掘。说者言：初开，金银铜铁之器，朱漆雕刻之饰烂然。有二朱漆棺，棺前垂竹帘，隐以金钉。墓不甚高，而内极宽大。虚设白楸之言，空负黄金之实，虽意锢南山，宁同寿乎！

粉水旁有文将军冢。墓坟前有石虎、石柱，甚修丽。间丘羡之为南阳，葬妇墓侧，将平其域。夕忽梦文谏止，羡之不从。后羡之为□佺期所害，论者以为文将军之崇也。

卷三十：涣水又东迳襄邑县故城南，故宋之承匡襄牛之地。宋襄公之所葬，故号襄陵矣。

淮阴县，昔韩信去下乡而钓于此处也。城东有两冢，西者即漂母冢也。周回数百步，高十余丈。昔漂母食信于淮阴，信王下邳，盖投金增陵以报母矣。东一陵，即信母冢也。

卷三十一：彭城迳其西北汉安邑长尹俭墓东，冢西有石庙，庙前有两石阙，阙东有碑，阙南有二狮子相对，南有石碣二枚，石柱西南有两石羊，中平四年立。

洼水，水南有汉中常侍长乐大仆吉成侯州苞冢，冢前有碑。基西枕冈城开四门，门有两石兽，坟倾墓毁，碑兽沦移。人有掘出一兽，犹全不破，甚高壮，头去地减一丈许，作制甚工。左膊卜刻作辟邪字。门表堑上起石桥，历时不毁。其碑云：六帝四后，是谘是诹，盖仕自安帝，没于桓后，于时阉阉擅权。五侯暴世，割剥公私，以事生死。夫封者表有德，碑者颂有功，自非此徒，何用许为。石室千春，不若速朽，苞墓万古，祇彰消辱。呜呼，愚亦甚矣。

淯水又迳西鄂县南，水北有张平子墓，墓之东侧坟，有平子碑，文字悉是古文，篆额是崔瑗之辞。盛弘之、郭仲产并云夏侯孝若为郡，薄其文，复刊碑阴为铭。然碑阴二铭，乃是崔子玉及陈翕耳，而非孝若。悉是隶字。二首并存，尝无毁坏。又言墓次有二碑，今惟见一碑，或是余夏景驿途，疲而莫究矣。水南道侧有二石楼，相去六七丈，双峙齐竦，高可丈七八。柱圆，围二丈有余。石质青绿，光可以鉴。其上栾栌承栱，雕檐四注，穷巧绮刻，妙绝人工。题言蜀郡太守姓王字子雅，南阳西鄂人，有三女无男，而家累千金。父没当葬，女自相谓曰："先君生我姊妹，无男兄弟，今当安神玄宅，翳灵后土，冥冥绝后，何以彰吾君之德！"各出钱五百万，一女筑墓，二女建楼，以表孝思。铭云墓楼东平林下近坟墓而不能测其处所矣。

预山，山南有魏车骑将军黄权夫妻二冢，地道潜通。其冢前有四碑，其二，魏明帝立，二是其子及臣吏所树者也。

涓水又西南迳晋蜀郡太守邓义山墓南。

卷三十二：淠水又西北迳六安县故城西，县故皋陶国也。夏禹封其少子奉其祀。今县都陂中有大冢，民传曰公琴者，即皋陶冢也。楚人谓冢为琴矣。

沮水又南迳楚昭王墓，东对麦城，故王仲宣之赋登楼云，西即昭丘是也。

夏水又迳交趾太守胡宠墓北，汉太傅广身陪陵，而此墓侧有广碑，故世谓广冢非也。其文言是蔡伯喈之辞。历范西戎墓南，王隐《晋书·地道记》曰：陶朱冢在华容县，树碑云是越之范蠡。《晋太康地记》、盛弘之《荆州记》、刘澄之《记》并言在县之西南。郭仲产言在县十里。检其碑题云故西戎令范君之墓。碑文缺落，不详其人，称蠡是其先也。碑是永嘉二年立。观其所述，最为究悉，以亲迳其地，故违众说，从而正之。

卷三十三：江水自武阳东至彭亡聚，此地有彭冢，言彭祖冢焉。

江水又东如落牛滩迳故陵北，江侧有六大坟，庾仲雍曰：楚都丹阳所葬，亦犹枳之霸陵矣，故以故陵为名也。

卷三十四：彝道县，县北有女观山，古老传言：昔有思妇，夫官于蜀，屡愆秋期，登此山绝望忧感而死，山木枯瘁，鞠为童枯，乡人哀之，因名此山为女观焉。葬之山顶，今孤坟尚存矣。

　　鄀城，城中有赵台卿冢，岐平生自所营也。冢图宾主之容，用存情好，叙其宿尚矣。

　　卷三十五：江夏旧治安陆城中，有刘琦墓及庙。

　　卷三十七：临沅县，县南有晋征士汉寿人袭玄之墓铭。裴渊《广州记》曰：城北有尉佗墓，墓后有大冈，谓之马鞍冈。秦时占气者，言南方有天子气，始皇发民凿破此冈，地中出血。今凿处犹存，以状取目，故冈受厥称焉。王氏《交广春秋》曰：越王赵陀，生有奉制称藩之节，死有秘奥神密之墓。佗之葬也，因山为坟，其珑茔可谓奢大。葬积珍玩，吴时遣使发掘其墓，求索棺柩，凿山破石，费日损力，卒无所获。佗虽奢僭，慎终其身，乃令后人不知其处，有似松乔迁景，牧竖固无所残矣。

　　卷三十八：九疑山，大舜窆其阳，商均葬其阴。山南有舜庙，前有石碑，文字缺落，不可复识。自庙仰山极高，直上可百余里，古老相传言，未有登其峰者。山之东北泠道县界，又有舜庙，县南有舜碑，碑是零陵太守徐俭立。太史公曰：舜葬九疑，实惟零陵。郡取名焉，王莽之九疑郡也。

　　岣嵝山下有舜庙，南有祝融冢。楚灵王之世，山崩，毁其坟，得《营丘九头图》。

　　晋怀帝以永嘉元年分荆州、湘中诸郡立湘州治，此城之内郡廨。西有陶侃庙，云旧是贾谊宅。城之西北有故市，北对临湘县之新治。县治西北有北津城。县北有吴芮冢，广踬六十八丈，登临寓目，为廛郭之佳憩也。郭颁《世语》云：魏黄初末，吴人发芮冢，取木于县，立孙坚庙，见芮尸容貌衣服并如故。吴平后，与发冢人于寿春见南蛮校尉吴纲曰：君形貌何类长沙王吴芮乎？但君微短耳。纲瞿然曰：是先祖也。自芮卒至冢发四百年，至见纲，又四十余年矣。

　　卷三十九：郴县县南有义帝冢，内有石虎，因呼为白虎郡。

　　赣水又历白社西有徐孺子墓。吴嘉禾中，太守长沙徐熙于墓隧种松，太守南阳谢景于墓侧立碑。永安中，太守梁郡夏侯嵩于碑旁立思贤亭，松大合抱，亭世修治，至今谓之聘君亭也。

赣水又北迳龙沙西，沙甚洁白，高峻而陂有龙形，连亘五里中，旧俗九月九日升高处也。昔有人于此沙得故冢刻砖，题云西去江七里半，筮言其吉，卜言其凶，而今此冢垂没于水，所谓筮短龟长也。

卷四十：浙江又东迳寿昌县南，自建德至此八十里中，有二濑，濑皆峻险，行旅所难。县南有孝子夏先墓，先少丧二亲，负土成墓，数年不胜哀卒。

浙江又东北迳富春县南，江南有山，孙武皇之先所葬也。汉末，墓上有光如云气属天。浙江又东北迳亭山西，山上有孙权父冢。

浙江迳余杭县左合余干大溪，江北即临安县界。水北对郭文宅，宅傍山面溪，宅东有郭文墓。晋建武元年骠骑王导迎文置之西园，文逃此而终，临安令改葬之。

《异苑》曰：东阳颜乌，以淳孝著闻，后有群乌助衔土块为坟，乌口皆伤，一境以为颜乌至孝，故至慈乌，欲令孝声远闻，又名其县曰乌伤矣。

谷水东迳独松故冢下，冢为水毁其砖文，筮言吉，龟言凶，百年堕水中，今则同龟繇矣。

昔子胥亮于吴而浮尸于江，吴人怜之，立祠于江山，名曰胥山。《吴录》云：胥山在太湖边，去江不百里，故曰江上。文种诚于越而伏剑于山阴，越人哀之，葬于重山。文种既葬一年，子胥从海上负种俱去，游夫江海，故潮水之前扬波者伍子胥，后重水者大夫种，是以枚乘曰：涛无记矣。然海水上潮，江水逆流，似神而非，于是处焉。

浙江又迳越王允常冢北，冢在木客村。奢彦云：勾践使工人伐荣楣欲以献吴，久不得归，工人忧思作《木客吟》，后人因以地名。勾践都琅邪，欲移允常冢，冢中生分，风飞沙射，人人不得近。勾践谓不欲，遂止。

会稽之山，山上有禹冢。昔大禹即位十年，东巡狩，崩于会稽，因而葬之。

浙江又东北迳重山西，大夫文种之所葬也。

浦阳江，江有琵琶圻，圻有古冢，堕水甓有隐起字云：筮吉龟凶，八百年落江中。谢灵运取甓诣京，咸传观焉。乃如龟繇，故知冢已八百年矣。

县上虞县东北上亦有孝子杨威母墓。

二、疑为后人所造之冢墓

高丽李齐贤有《关龙逄墓》诗，见《益斋乱稿》卷二。

孙星衍《岱南阁集》卷一，有《汤陵考》，同集卷二，有《太甲陵考》。

范成大《石湖居士诗集》卷十二，伊尹墓在空桑北一里，有砖塸刻云：汤相伊公之墓。相传墓左右生棘，皆直如矢。诗云："三尺黄垆直棘边，此心终古享皇天。汉书猥述流传妄，剖击嗟无咎单篇。"

孟郊《东野集》卷十《吊比干墓》："殷辛帝天下，厌为天下尊。乾纲既一断，贤愚无一门。佞是福身本，忠是丧己源。饿虎不食子，人无骨肉恩。日影不入地，下埋冤死魂。有骨不为土，应作直木根。今来过此乡，下马吊此坟。静念君臣间，有道谁敢论。"

《邵雍集》外诗《过比干墓》："精诚皦于日，发出为忠辞。方寸已尽破，独夫犹不知。高坟临大道，老木无柔枝。千古存遗像，翻为诳子嗤。"

王十朋《梅溪先生文集》前集卷十《比干诗》："谏君不听盍亡身，岂忍求生却害仁，不向天庭剖心死，安知心异世间人。"

《唐顺之文集》卷一《汲县谒比干墓》："下马登丘垅，丛林曲隧通。碑因元魏树，地是有周封。酒散荒城上，人行秀麦中。故宫无可问，徒此对松风。"

　　赵秉文《闲闲老人滏水文集》卷四《夷齐墓》："让伐理难全，求仁岂怨天。乾坤吾道独，宇宙此山传。不肯食周粟，犹应饮舜泉，冥鸿饥欲死，落日唳昏烟。"

　　王恽《秋涧先生大全文集》卷十二《夷齐墓》："墓远东邻雪，还遮北伐颍。与天重立极，叩马死成仁。落日悲歌壮，东风紫蕨青。一饥虽可疗，终愧是商臣。"

三、史书所载及各代诗文集题咏所加者之冢墓

　　《三辅黄图》：秦始皇葬骊山，六年之间为项王所发。牧儿堕羊冢中，然火求羊，烧其椁藏。《艺文类聚》引如此。

　　成帝延陵在扶风，去长安六十二里。王莽时，遣使坏渭陵延陵园门罘罳，曰：毋使民复思也。又以墨色洿其周桓。

　　《三辅黄图》：苍龙白虎，朱雀玄武。天之四灵，以正四方。王者制宫阙殿阁取法焉。

　　眉按：一九四七年，西康芦山，发现汉代石棺，前和刻铭："故上计史王晖伯照，以建安十六年，岁在辛卯九月下旬卒，其十七年六月甲戌葬。呜呼哀哉！"两墙浮雕，左苍龙，右白虎。后和浮雕玄武。墓门浮雕朱雀。见是年八月二十二日《中央日报·文物周刊》杨宽文。又按《后汉书·冯衍传》：《显志赋》云："览天地之幽奥兮，统万物之维纲，究阴阳之变化兮，昭五德之精光。跃青龙于沧海兮，豢白虎于金山，凿岩石而为室兮，托高阳以养仙。神雀翔于鸿崖兮，玄武潜于婴冥，伏朱楼而四望兮，采三秀之华英。"注云："天有二十八宿，成龙虎龟凤之形。在地为四灵，东方为青龙，西方为白虎，南方为朱雀，北方为龟蛇。豢，养也。金山，西方之精也。神雀谓凤也。玄武谓龟蛇，位在北方，故曰玄，身有鳞甲，故曰武。婴冥犹晦昧，所谓幽都也。衍既反故宇，欲凿岩石为室，托高明之处以养神仙；又假言龙虎之畴，在于四面为其威援也。"然则汉代之宫阙冢墓，必雕画以四灵，亦倚为

威援之意乎！

张澍《三辅旧事》：

秦始皇葬骊山，起高陵五十丈，下以水银为泉，以明珠为月，中多文贝。《太平御览》。

洛女冢有洛陂，俗号曰洛女陂。《太平寰宇记》。

滕文公墓在饮马桥东大道南，俗谓之马冢。《史记索隐》。

澍按：《初学记》引云：汉丞相夏侯婴墓，在饮马桥东大道南，今俗人谓之马冢也。《水经注》：汉太尉夏侯婴葬日，枢马悲鸣，轻车罔进，下得石椁，铭云：于嗟滕公居此室。故遂葬焉。

尖冢是子楚母冢。宋敏求《长安志》。

澍按：子楚母即夏太后。《史记·吕不韦传》，夏太后别葬杜东，《正义》曰：夏太后陵在万季县东南二十五里。宋氏以旧事说为非。

《三辅故事》：

汉丞相夏侯婴墓，在饮马桥东大道南，今俗之谓之马冢也。《初学记》《北堂书钞》。

澍按：《博物志》云：公卿送至婴葬至东都门外，马不行，掊地悲鸣，得石椁，有铭曰："佳城郁郁，二千年，见白石，于嗟滕公居此室。"乃葬之。

始皇后葬用大蚕二十箔。《太平御览》。

秦始皇葬骊山，明月珠为日月，水银为江海，金银为凫鹤，又刻玉石为松柏。《北堂书钞》。

澍按：一引江作大，鹤作雁。

秦始皇葬骊山，起陵，高五十丈。下涸三泉，周回七百步。以明珠为日月，人鱼膏为脂烛，金银为凫雁。金蚕三十箔，四门施微，奢侈太过。六年之间，为项籍所发。牧羊儿堕羊冢中，然火求羊，烧其郭藏。《太平御览》、宋敏求《长安志》。

澍按：《初学记》引陵作坟，涸作周，步作丈，明下有日字，脂作镫，句下有"水银为大海"五字，未引金蚕以下数句。

杨震改葬华阴潼亭，先葬十余日，有大鸟高丈余，集震丧前悲鸣，葬毕始飞去。时人刻石像鸟，位于墓膌。《北堂书钞》。

澍按：一引末有云，与苻秦王猛墓相近。非《故事》本文，今芟去。

六合县青龙乡薛家集居民陆德瑞，于菜园中掘出一座似古王公府第之古墓。头道门砖上，横刻"我主万岁"及元康六年八月等字，见一九四六年十月二十三日《东南日报》。

江西清江牛头山大姑山，发现汉晋古墓，其砖有夔龙双钱云形鱼形等花绞，及"初平""宁康二年九月五日桂氏墓""崔四郎妻聂四娘墓"等字。初平，汉献帝年号，宁康，晋孝武帝年号，发现人饶惠元，见一九四六年十二月九日《益世报》，四七年一月六日《东南日报》。

又发现"元康九年己未岁……"及"永和十二年丙辰岁九月二十日"之墓砖，砖侧有"九日□□典府令黄氏墓"字号。二砖：一为"永和十二年曾氏立"，一为"升平元年丁巳岁……"，元康，晋惠帝号，永和升平，皆晋穆帝年号。发现人同。见一九四八年一月二十四日《申报》，同年四月二十八日《中央日报·文物周刊》。

汲县旧冢藏书：

杜预《左传后序》：太康元年三月，吴寇始平，余自江陵还襄阳，解甲休兵。乃申抒旧意，修成《春秋释例》及《经传集解》。始讫，会汲郡汲县有发其界内旧冢者，大得古书，皆简编科斗文字。发冢者不以为意，往往散乱。科斗文书久废，推寻不能尽通。始者藏在秘府，余晚得见之。所记大凡七十五卷，多杂碎怪妄，不可训知。《周易》及《纪年》最为分了。《周易》上下篇，与今正同。别有阴阳说，而无《彖》《象》《文言》《系辞》，疑于时仲尼造之于鲁，尚未播之于远国也。其《纪年编》，起自殷夏周，皆三代王事，无诸国别也。唯特记晋国。起自殇叔，次文侯、昭侯，以至曲沃庄伯。庄伯之十一年十一月，鲁隐公之元年正月也。皆用夏正建寅之月为岁首。编年相次，晋国灭，独记魏事，下至魏哀王之二十一年，盖魏国之史记也。推校哀王二十一年，大岁在壬戌，略上去孔丘卒百八十一岁，下去今太康三年五百八十一岁。哀王于史记，襄王之子，惠王之孙也。惠王三十六年卒而襄王立，立二十六年卒而哀王立。古书《纪年篇》，惠王三十六年改元，从一年始至十六年而称惠成王，卒，即惠王也。疑《史记》误分惠成之世，以为后王年也。哀王二十三年乃卒，故特不称谥，谓之今王。其著书文意，大似《春秋经》。推此，足见古者国史策书之常也。

眉按：此可参阅一九四八年六月十四日南京《中央日报·文史》岑仲勉《汲冢书出土之年》一文。

《晋书·武帝纪》：咸宁五年十月，"汲郡人不准，掘魏襄王冢，得竹简小篆古书十余万言，藏于秘府"。卷五十一《束晳传》，初太康二年，汲郡人不准盗发魏襄王墓，或言安釐王冢，得竹书数十车。其《纪年》十三篇，记夏以来至周幽王为犬戎所灭，以事接三家分仍述魏事至安釐王之二十年，盖魏国之史书，大略与《春秋》皆多相应。其中经传大异；则云夏年多殷，益干启位，启杀之；太甲杀伊尹；文丁杀季历；自周受命至穆王百年，非穆王寿百岁也；幽王既亡，有共伯和者摄行天子事，非二相共和也。其《易经》二篇，与《周易》上下经同。《易繇阴阳卦》二篇，与《周易》略同，《繇辞》则异。《卦下易经》一篇，似《说卦》而异。《公孙段》二篇，公孙段与邵陟论《易》。《国语》三篇，言楚晋事。《名》三篇，似《礼记》，又似《尔雅》《论语》。《师春》一篇，书《左传》诸卜筮，师春似是造书者姓名也。《琐语》十一篇，诸国卜梦妖怪相书也。《梁丘藏》一篇，先叙魏之世数，次言丘藏金玉事。《缴书》二篇，论弋射法。《生封》一篇，帝王所封。《大历》二篇，邹子谈天类也。《穆天子传》五篇，言周穆王游行四海，见帝台西王母。《图诗》一篇，画赞之属也。又杂书十九篇，《周食田法》，《周书》，《论楚事》，《周穆王美人盛姬死事》，大凡七十五篇，七篇简书折坏，不识名题。冢中又得铜剑一枚，长二尺五寸，漆书皆科斗字。初发冢者，烧策照取宝物，及官收之，多烬简断札，文既残缺，不复诠次，武帝以其书付秘书，校辍次第，寻考指归，而以今文写之。暂在著作，得观竹书，随义分释，皆有义证。

眉按：此可参阅王观国《学林》卷二"汲冢书"条。

《隋书·经籍志二》：《纪年》十二卷，《汲冢书》并《竹书同异》一卷。《周书》十卷，《汲冢书》，似仲尼删书之余。《古文琐语》四卷，《汲冢书》。《穆天子传》六卷。《汲冢书》，郭璞注。

《旧唐书·经籍志》第二十六《经籍上》：《纪年》十四卷《汲冢书》，《周书》八卷孔晁注，《古文琐语》四卷，《穆天子传》六卷郭璞撰。

《新唐书·艺文志》乙部史录：《纪年》十四卷《汲冢书》，《古文琐语》四卷，《汲冢周书》十卷，子贡《越绝书》十六卷，孔晁注《周书》八卷，郭璞《穆天子传》六卷。

王恽《大全集》卷四《汲冢怀古》：

丁亥岁三月十八日，观稼西畴，遂由伍城抵安釐王陵下，归作是诗者，盖自江左平后，竹书多传于世，余忧好奇攻异者读之，恐有致远汩泥之弊，故不得不辩云。

澜迤伍城郡，背水犹阵图，魏陵废已久，磅礴如覆盂。草树惨不青，穿穴狐狸墟，我来登其颠，怀古心踌躇！忆当战国际，安釐亦狂且，泽麋被皋比，坐为秦人驱。败亡自此始，保邦何乃疏，不知身后藏，安用书十车。上窥似与商，下逮苍周书，零乱竹简光，诡说何纷拿！征南辨已详，多出行怪徒，稽古不适正，死为毛颖诬。其中乜当辨，阿衡被夷诛，孔子修六经，亦已防奸污。大书一德后，薨葬开亳都，在易最奇法，安取理所无。兹焉万世程，洋洋真圣谟，何烦事幽暌。致远泥所趋，长歌望陵去，乐过风乎雩。

乐史《太平寰宇记》卷一百一十三：长沙县吴王庙，汉吴芮墓，在县北四里，诸葛诞长史吴纲，时有人见吴纲云：君酷似吴芮，但微短。纲惊曰：君何由知之？客曰：黄初二年至长沙，见人发芮冢，内多玉器，芮僵尸容貌俨然如生，衣服不朽。纲曰：是吾十一世祖。所见玉器，今复何在？云在孙坚庙中。陶侃墓在县南二十里。晋永兴二年，帝遣使掘断侃冢冈。双女墓即汉长沙王葬程唐二姬之冢，坟高七丈，在县侧十里，号曰双女坟。吴纲事已见《水经注》卷三十八，惟先祖作十一世祖。

同书卷一百一十六：永州零陵县龙伯高冢，在州西，隔湘水一里，即县西北二里。按《地理志》云：泉陵之西，有龙伯高冢。昔马援戒其子曰："龙伯高敦厚周慎，口无择言，吾敬重之，欲汝曹效之。"龙伯高时为零陵太守，没后葬此。冢存。

葛洪《西京杂记》第三：

杨贵字王孙，京兆人也。生时厚自奉养，死卒裸葬于终南山。其子孙掘土凿石深七尺而下，尸上覆盖之以石，欲俭而反奢也。

余少时闻平陵曹敞在吴章门下，往往好斥人过，以为轻薄，世人皆以为然。章后为王莽所杀，人无有敢收葬者，弟子皆更易姓名以从他师。敞时为司徒掾，独称吴章弟子，收葬其尸，方知亮直者不见容于冗辈中矣。平陵人生为立碑于吴章墓侧，在龙首山南幕岭上。

五柞宫，其宫西有青梧观，观前有三梧桐树，树下有石麒麟二枚，刊其胁为文字，是秦始皇郦山墓上物也。头高一丈三尺。东边者前左脚折，折处有赤如血，父老谓其有神，皆含血属筋焉。

何武葬北邙山薄龙坂王嘉冢东北一里。

杜子夏葬长安北四里。临终作文曰："魏郡杜邺，立志忠款，犬马未陈，奄先草露，骨肉归于后土，气魂无所不之，何必故丘然后即化？封于长安北郭，此焉宴息。"及死，命刊石埋于墓侧。墓前种松柏树五株，至今茂盛。

《西京杂记》第六：

广川王去疾，好来无赖少年，游猎毕弋无度，国内冢藏，一一发掘。余所知爱猛，说其大父为广川王中尉，每谏王不听，病免归家。说王所发掘冢墓，不可胜数，其奇异者百数焉。为余说十许事云，今录魏襄王等冢如左：

魏襄王冢，皆以文石为椁，高八尺许，广狭容四十人，以手扪郭，滑液如新。中有石床石屏风，婉然周正，不见棺枢明器踪迹，但床上有玉唾壶一枚，铜剑二枚，金玉杂具，皆如新物，王取服之。

哀王冢，以铁灌其上，穿凿三日乃开，有黄气如雾，触人鼻目皆辛苦，不可入，以兵守之七日乃歇。初至一户，无扃钥，石床方四尺，床上有石几，左右各三石人立侍，皆武冠带剑。复入一户，石扉有关钥，叩开，见棺枢黑光照人，刀斫不入，烧锯截之，乃漆杂兕革为棺，厚数寸，累积十余重，力不能开，乃止。复入一户，亦石扉，开钥，得石床，方七尺，石屏风，铜帐钩一具，或在床上，或在地下，似是帐糜朽而铜钩堕落。床上石枕一枚，尘埃胐胐，甚高，似是衣服。床左右石妇人各二十，悉皆立侍，或有执巾柎镜镊之觞，或有执盘奉食之形。无余异物，但有铁镜数百枚。

魏王子且渠冢，甚浅狭，无棺枢，但有石床，广六尺，长一丈，石屏风，床下悉是云母。床上两尸，一男一女，皆年二十许，俱东首裸卧，无衣衾，肌肤颜色如生人，鬓发齿爪亦如生人。王畏惧之，不敢侵近，还拥闭如旧焉。

袁盎冢，以瓦为棺椁，器物都无，唯有铜镜一枚。

晋灵公冢甚瑰壮，四周皆以石为獂犬。捧烛石人，男女四十余，皆立侍。棺器无复形兆，尸犹不坏，孔窍中皆有金玉。其余器物，皆朽烂不可别，唯玉蟾蜍一枚，大如拳，腹空，容五合水，光润如新。王取以盛书滴。

幽王冢，甚高壮，羡门既开，皆是石垩，拨丈余深，乃得云母，深尺余，见百余尸纵横相枕藉，皆不朽，唯一男子，余皆女子，或坐或卧，亦犹有立者，衣服形色，不异生人。

栾书冢，棺枢明器，朽烂无余。有一白狐，见人惊走，左右遂击之，不能得，伤其左脚。有夕，王梦一丈夫须眉尽白，来谓王曰："何故伤吾左脚？"乃以杖叩王左脚，王觉脚肿痛，生疮，至死不差。

李齐贤《益斋乱稿》卷二《郑庄公墓》："先王树懿亲，故使庇本根。京叔固违道，郑庄亦少恩。遂令群公子，继乱残斯民。革面事三主，鄙哉蔡封人！"

岑参《嘉州集·骊姬墓》："骊姬北原上，闭骨已千秋。浍水日东注，恶名终不流。献公恣耽惑，视子如仇雠。此事成蔓草，我来逢古丘。蛾眉山月落，蝉鬓野云愁。欲吊二公子，横汾无轻舟。"

洪亮吉《卷施阁诗》卷一《滋阳谒柳下惠墓》："断水潾潾树色昏，行人驻马谒空村。孤鳏我下无家泪，三黜谁招去国魂。偶食庙牲齐下邑，愁逢海鸟鲁东门。伤心死士偏寥落，晓日樵苏上冢屯。"

苏轼诗《秦穆公墓》："橐泉在城东，墓在城中无百步，乃知昔未有此城，秦人以泉识公墓。昔公生不诛孟明，岂有死之日而忍用其良，乃知三子殉公墓，亦如齐之二子从田横。古人感一饭，尚能杀其身，今人不复见此等，乃以所见疑古人。古人不可望，今人益可伤！"

眉按：《秦本纪》三十九年缪公卒，葬雍。《集解》："骃案《皇览》曰：秦缪公冢在橐泉宫祈年观下。"又《秦本纪》：武王四年八月死。《集解》："裴骃案：《皇览》曰：秦武王冢在扶风安陵县西北，毕陌中大冢是也。人以为周文王冢，非也。周文王冢在杜中。"《正义》："《括地志》云：秦悼武王陵在雍州咸阳县西北十五里也。"

桂馥《札朴》卷九："今沂州有左丘明墓，误也。《魏书·地形志》：东平郡富城有左丘明冢。"

贾岛《长江集》卷十《经苏秦墓》："沙埋古篆折碑文，六国兴亡事系君。今日凄凉无处说，乱山秋尽有寒云。"

《刘梦得文集·外集》卷七《题淳于髡墓》："生为齐赘婿，死作楚先贤。应以客卿葬，故临官道边。寓言本多兴，放意能合权。我有一石酒，置君坟树前。"

王士祯《渔洋山人精华录》卷一《颜斶墓》："末世寡尚志，薄俗希乘轩。岂不贵缥帛，形后神不全。吾高颜夫子，抗节藐齐宣。钟簴宁足论，殿上呼王前。晚食与安步，讵以荣利迁。监门良自贱，趋士理应贤。俯仰二千载，吊古悲荒阡。墟墓绝樵采，清风激颓顽。古道邈难作，悲哉东逝川！"

范成大《石湖居士诗集》卷十二《蔺相如墓》在邯郸县南赵故城之西："王节经行虏障深，马头酾酒奠疏林。兹行璧重身如叶，天日应临慕蔺心。"

眉按：《渔洋山人精华录》卷十亦有诗云："智勇存危赵，相如第一人，特书上击缶，间道璧亡秦，故国山河改，孤坟草木春，鲁连终蹈海，千古共悲辛！"

苏轼诗《朱亥墓》自注俗谓屠儿墓："昔日朱公子，雄豪不可追。今来游故国，大家屈称儿。平日轻公相，千金弃若遗。梁人不好事，名字寄当时。鲁史盗齐豹，求名谁复知。慎无怨世俗，犹不遭仲尼。"

眉按：穆修亦有诗，略。

白珽《湛园遗稿》卷中《吴季子墓》："圣人如日月，下照无党私。藏珠与韫玉，所得自华滋。恭维吴季子，凤禀明睿姿。近取子臧节，远昭泰伯基。两以大国让，廉风起蛮彝。观乐义已烛，挂剑心如饴。时方尚诈力，子独恪且祗。时方事寇攘，子独甘弃遗。孔子不到吴，闻风重赍咨。佳城介申浦，采地亦在兹。特书寄余哀，岂不遏迩思！惋惋龙蛇蠹，皎皎星日垂。万世怀道义，取舍实系之。寄言邦之人，无但岘首悲。"

眉按：孙星衍《平津馆文稿》卷下，有《孔子题吴季子墓字考》一文可参阅。

高启《大全集》卷十五《阖闾墓》："水银为海接黄泉，一穴曾劳万卒穿。谩说深机防盗贼，难令朽骨化神仙。空山虎去秋风后，废榭乌啼夜月边。地下应知无敌国，何须深葬剑三千！"

眉按：《渔洋山人精华录》卷五亦有《阖庐墓》诗："剑池春日水清虚，石壁临风吊阖庐。于越行成谁狡狯，夫椒往事重欷歔。飘零王气传金虎，寂寞空山葬玉鱼。太息恩仇竟何在？荒台青草认姑胥。"

高启《大全集》卷五《干将墓》："干将善铸剑，剑成终杀身。吴伯亦遂亡，神物岂不神。始知服诸侯，威武不及仁。徒劳冶金铁，精光动星辰。莫邪应同埋，荒草千古青。青蛇冢间出，犹欲恐耕人。"

按：干将莫邪事，见《吴越春秋·阖闾内传第四》。

杨维祯《古乐府》卷四《要离冢》："金昌亭下路，春草没荒土。云是要离冢，令人生古愁！侏儿三尺干，不佩双吴钩。中包猛士胆，白日照高秋。忍死屠骨肉，视身若蜉蝣。荆轲不一恨，庆忌成身谋。如何五噫客，死与尔同仇。"

眉按：高启《大全集》卷十六亦有《要离墓》诗云："弱夫杀壮士，谁敢婴余怒。今日古城边，耕人肆侵墓。"

按：要离事，亦见《吴越春秋·阖闾内传第四》。

王禹偁《小畜集》卷六《古诗·吴王墓》："惜者吴王墓，秦帝尝开破。应笑埋金玉，十年贾余祸。不待虎迹销，已闻鲍车过。又是骊山头，炎炎三月火。"

洪亮吉《更生斋诗》卷四《消寒》第八集：孙兵备星衍，邀同人泛舟至永昌镇访孙武大冢，率成四首，其最后一首云："荒坟极十顷，上有柏树根。高碑止留趺，文字已不存。茫茫今古殊，地尚名孙墩。百步绝采樵，没世若有神。千年倘思乡，魂登望齐门。"

《渔洋山人精华录》卷七《楚怀王墓二首》："当年遗恨割商於，故国秋风总废墟。望里丹阳坏土在，寒潮犹似哭三闾。""百里洲前望楚江，斜风吹雨暗篷窗。可怜云梦三千里，弱缴谁加乌六双。"

王维《过秦皇墓》有诗云："古墓成苍岭，幽宫象紫台。星辰七曜隔，河汉九泉开。有海人宁渡，无春雁不回。更闻松筠切，疑是大夫哀。"时年仅十五。又许浑《丁卯集》卷上《途经秦始皇墓》云："龙蟠虎踞树层层，势入浮云亦是崩。一种青山秋草里，路人唯拜汉文陵。"

司马光《田横墓》诗："昔时南面并称孤，今日还为绛灌徒。忍死祇能添屈辱，偷生不足爱须臾。一朝从殉倾群客，千古生风激懦夫。直使强颜臣汉帝，韩彭未必免同诛。"

眉按：韩愈有《祭田横墓》文。又墓在偃师尸乡洛阳东三十里。

洪亮吉《卷诗阁诗》卷一《东阿谒西楚霸王墓》："松柏曾无半亩

宫，蒿莱时起愤王风。学书我亦惭无就，刎剑君应恨未穷。十载通侯酬项伯，千秋大义戮丁公。犹余一事逃清议，卖友谁诛吕马童。"

苏轼诗虞姬墓："帐下佳人拭泪痕，门前壮士气如云。仓皇不负君王意，独有虞姬与郑君。"

眉按：范成大《石湖居士诗集》卷十二亦有诗云："刘项家人总可怜，英雄无策庇婵娟。戚姬葬处君知否，不及虞兮有墓田。"

王恽《秋涧先生大全集》卷四亦有诗云："重瞳鲜情人，钟爱独虞美。五年有天下，宠幸想无拟。一朝走阴陵，楚歌闻四起。君王大事去，饮诀共歔欷。感君伉俪恩，死不为汉鬼。一丘凤阳东，粉黛见石纪。空余山头草，才歌叶披靡。定应月夜魂，长绕乌江水。"并注："虞姬墓在灵璧县东三十里虹县道南阴陵山北。旧有庙在山上，今废。"又恽同集卷十，有《过宋义墓诗序》云：予往年东走魏，过楚上将军宋义墓，欲作诗为吊而未暇，今日与诸生讲读，至义之本末前后，诸任略不见论说，因赋此篇以发前贤之所未发者。诗略。卷三十一《题范亚父增墓》："剑舞鸿门失此机，重瞳成败可前知。猜嫌只待捐金后，决意东归去已迟。"并注："在徐州城南台头寺下大冢。"而虞集《道园学古录》卷一《盗发亚父冢》诗云："盗发亚父冢，宝剑实累之。冢开宝气尽，狱吏书盗辞。盗言唯见宝，宁知亚父谁？项王不相信，弟子遂舆尸。黄肠下深锢，千岁复何为。大河绕城东，落日在城西。过客立城下，踟蹰望安期。"并注："彭城有盗识宝气，于亚父冢上，发之得一剑云。"

李齐贤《益斋乱稿·淮阴漂母墓》："重士怜穷义自深，岂将一饭望千金。归来却责南昌长，未必王孙识母心。""妇人犹解识英雄，一见殷勤慰困穷。自弃爪牙资敌国，项王无赖目重瞳。"

李白《过四皓墓》："我行至商洛，幽独访神仙。园绮复安在，云萝尚宛然。荒凉千古迹，芜没四坟连。伊昔钟金鼎，何年闭玉泉。陇寒惟有月，松古渐无烟。木魅风号去，山精雨啸旋。紫芝高咏罢，青史旧名传。今日并如此，哀哉信可怜！"

《范成大诗集》卷十二，扁鹊墓在汤阴伏道路旁，相传墓上土可疗病，祷而求之，或得小圆如丹药。诗云："活人绝技古今无，名下从教世俗趋。坟土尚堪充药饵，莫嗔医者例多卢。"

吴伟业《梅村家藏集》卷六《过朱买臣墓》：在嘉兴东塔雷音阁后，即广福讲院。"翁子穷经自不贫，会稽连守拜为真。是非难免三长史，富贵徒夸一妇人。小吏张汤看踞傲，故交庄助叹沉沦。行年五十功名晚，何似空山长负薪。"

杜甫《咏怀古迹五首》之一："群山万壑赴荆门，生长明妃尚有村。一去紫台连朔漠，独留青冢向黄昏。画图省识春风面，环佩空归月夜魂。千载琵琶作胡语，分明怨恨曲中论。"

吴兴释皎然《昭君》："自倚婵娟望主恩，谁知美恶忽相翻，黄金不买汉宫貌，青冢空埋胡地魂。"

白居易《长庆集》卷二《青冢》："上有饥鹰号，下有枯蓬走，茫茫边雪里，一掬沙培塿。传是昭君墓，埋闭蛾眉久，凝脂化为泥，铅黛复何有？唯有阴怨气，时生坟左右，郁郁如若雾，不随骨销朽。妇人无他才，荣枯系妍否，何乃明妃命，独悬画工手？丹青一诖误，白黑相纷纠，遂使君眼中，西施作嫫母。同侪倾宠幸，异类为配偶，祸福安可知，美颜不如丑。何言一时事，可戒千载后，特报后来姝，不须依眉首。无辞插荆钗，嫁作贫家妇，不见青冢上，行人为浇酒。"

《李商隐诗集》卷六《王昭君》："毛延寿画欲通神，忍为黄金不为人。马上琵琶行万里，汉宫长有隔生春。"

王应奎《柳南续笔》卷一：王昭君青冢，在归化城塞上，遍地白草，惟冢上不生，故名青冢，非谓冢上草独青也。冢边有石狮一，石虎二，石虎碑上刻青冢二字。

张敦颐《六朝事迹编类》卷下《坟陵门第十三》：大司徒甄邯墓，《图经》云：在县北七里后湖之侧。按《南史》宋张永尝开真武湖，遇古冢，冢上得一铜斗，有柄，文帝以访朝士，何承天曰："此斗，王莽三公亡皆赐之，一在冢外，一在冢内。时三台居江左者，惟甄邯，此必邯之墓。"及启冢，又得一斗，复有一石铭云：大司徒甄邯之墓。今未详所在。

沈括《梦溪笔谈》卷十九：济州金乡县发一古冢，乃汉大司徒朱鲔墓，石壁皆刻人物祭器乐架之类。人之衣冠多品，有如今之幞头者，巾额皆方，悉如今制，但无脚耳。妇人亦有如今之垂肩冠者，如近年所服角冠，两翼抱面，下垂及肩，略无小异。人情不相远，千余年前冠服，已尝如此。其祭器亦有类今之食器者。

陆龟蒙《甫里先生文集》卷十七有《祭梁鸿墓文》，序言："梁伯鸾墓在吴西门金昌亭下几一里。余过之，作文而吊，以酒为奠"云。

《札朴》卷九《范式冢碑》："济宁州近得范式碑额，又得残碑一段，有阴。历城郭敏磐曾得旧拓本，无阴。"按《魏书·地形志》："高平郡金乡县有范卿冢碑，高平，即汉之山阳郡。神龟元年，分高平，置任城郡。"

赵秉文《闲闲老人滏水文集》卷七《过杨太尉坟》："道旁古冢入荒榛，下马摩挲汉八分，谁谓皇天无老眼，邰令大鸟泣孤坟。独携一盏霜风酒，共酹三峰日暮云。李杜就诛钩党起，可能天下独伤君。"又卷九云："直道从来自不容，断碑千载尚尘封，潼关关下坟三尺，清节高于太华峰。"

《渔洋山人精华录》卷二《拜杨伯起墓道》："悠悠关内路，驱马桃林塞，归鸟岳祠边，长河远天外，大鸟下潼亭，落羽今犹在，夕日荐苹蘩，愁心逐征旆。"同书卷十，有《郭有道墓》诗。

刘克庄《后村先生大全集》卷一《徐孺子墓》："今晓安坟意，梅仙旧廨旁。醢成龙不至，罗设凤高翔，党锢人俱烬，先生骨尚香。小诗拈未出，何以侑椒浆。"

《渔洋先生精华录》卷九《陈思王墓下作》："昔诵君王赋，微波感洛神，今过埋玉地，重忆建安人。名岂齐公干，谗宁杀灌均，可怜才八斗，终古绝音尘。"同书卷二《定军山诸葛公墓下作》："高密起南阳，文终从去声高祖，暴系本见疑，数岨亦非武。堂堂诸葛公，鱼水托心膂，二表匹谟训，一德追伊吕。视操但如鬼，畏蜀还如虎，嗟彼巾帼徒，与公岂侪伍。紫色复蛙声，低隙各为主，火井方三炎，赤伏更平声典午。志士耻帝秦，祭器犹存鲁，阴平一失险，面缚忘奔莒。知公抱遗憾，龙卧成千古，峨峨定军山，悠悠沔阳浒。郁郁冬青林，哀哀号杜宇，耕余拾败镞，月黑闻军鼓。谯侯宁足诛，激昂泪如雨！"

按：《华阳国志》卷二，蜀丞相诸葛亮葬定军山。

李调元《童山诗集》卷四《费祎墓》："奉使伊谁不辱君，惟君无负股肱臣，鹿车载驾真名士，虎帐弹棋信可人，一自北邙同寂寞，至今西土遂沉沦。当时望气何人识，千载同声只郭循。"

《温庭筠诗集》卷四《过陈琳墓》："曾于青史见遗文，今日飘蓬过古坟。词客有灵应识我，霸才无主始怜君。石麟埋没藏春草，铜雀荒凉对暮云。莫怪临风倍惆怅，欲将书剑学从军。"

李调元《童山诗集》卷三：鲁肃墓在镇江城东。"奋武遗墟卧石麟，江东霸业已沉湮。晚年空笑求三郡，早岁曾经指一囷。山色凝愁连北固，水声流恨入西邻。借荆能落曹公笔，切勿轻看冢内人。"

眉按：《吴志》本传："后备诣京见权，求都督荆州，惟肃劝权借之，以拒曹公。公闻权以土地业备，方作书，落笔于地。"

张敦颐《六朝事迹编类》卷下《坟陵门第十三》：吴甘宁墓，伏滔记：吴将甘宁墓在直渎之下，俗云墓有王气，孙皓恶之，凿其后为直渎。温庭筠《过吴主陵》诗，其略云："虚闻直渎三十里，青盖何曾到洛阳。"盖讥之也。

王恽《秋涧先生大全集》卷三十四《黄巾墓》："汹汹黄妖口一呼，棘矜元是力耕夫。人心莫作平常□，易动难安最可虞。"

李贺《王浚墓下作》："人间无阿童，犹唱水中龙。白草侵烟死，秋梨绕地红。古书平黑石，神剑断青铜。耕势鱼龙起，坟科马鬣封。菊花垂湿露，棘迳卧乾蓬。松柏愁香涩，南原几夜风。"

《梅尧臣集》卷四十《闵冢》："盗发广陵冢，及扉开石枢。中环走彻道，高阔可通车。五尺铜铸人，执兵冠服朱。壁石刻位号，列侍幽宫隅。殿将将军属，侍郎常侍俱。启棺见其尸，鬓斑颜未渝。白璧十双藉，云母一尺铺。黄金塞耳鼻，千岁不腐枯。生为贵与富，死与人未殊。后世逢恭祸，虽久将焉如？尧舜及周孔，岂不固形躯！"

张敦颐同前书，山简墓，《建康实录》：晋永嘉六年，征南将军、荆州刺史山简卒，归葬建康真武庙南，覆舟山之阳。《舆地志》云：山简墓在乐游苑内。

刘敞《公是集》卷五《毕吏部冢》：在太一宫侧。"蓬蒿道旁冢，云是晋时贤。名声与林谷，共尽一千年。惟昔纵达观，死生同蜕蝉。安知泉下魄，非复瓮间眠。"

张敦颐同前书，晋温峤墓，《建康实录》：晋温峤初葬豫章，朝廷追思之，乃为造大墓，迁葬元明陵北幕府山之阳。按《晋书》，峤拜骠骑将军、开府仪同三司、散骑常侍，封始安郡公。初葬豫章，后朝廷追峤勋德，将为造大墓于元明二帝陵之北。陶侃上表愿停移葬，诏从之。其后峤妻何氏卒，子放之，便载丧还，诏葬建平陵北，即是峤妻何氏墓，非峤墓也。

《黄潛文集》卷一《卞忠贞公墓》："江左失其御，强臣玩天诛。欢娱一似乖，狂猘无趑趄。黄屋播草野，彤庭交剑殳。事枢始谁秉，捧手如奔狐。伟兹百世士，死与二子俱。孤哀耿未沫，足以孚豚鱼。义旗果东指，白日开天衢。孰最拨乱功，之人或其徒。伊昔大雅废，清言鄙文儒。禾黍已横委，衣冠尚舒徐。屹然见砥柱，独障狂澜趋。高风邈难攀，捐生乃区区。青简焕遗烈，苍榛闷幽墟。日夕悲吹多，天高年运徂。世方用帆鲅，犹将愧玄虚。江涛渺在望，雪涕空涟如！"

高启《大全集》卷六《卞将军墓》："胡马饮洛川，皇舆寓江左。宰辅失良图，国门屡与祸。恶木不可植，猛兽终难驯。冠军历阳来，白日飞黄尘。兵叩西陵关，火焚大桁口。虎旅方败奔，六宫竟谁守。卞公仗戎钺，勇气超常伦。立朝素正色，临难仍捐身。落日百战余，裹创领残卒。父子誓除凶，一朝共沦殁。当年尚浮虚，风俗变缙绅。谁知效节者，不在清谈人。石头义旗来，天狼夜流血。册赠极哀荣，千秋表忠烈。六朝卿相家，无数青山根。至今行人过，但拜将军坟。马鬣封未平，龙泉气犹发。惆怅望松楸，一杯奠寒月。"

《渔洋山人精华录》卷一《卞忠贞公墓下作》："松柏何萧萧，云是卞公墓。背踞冶城颠，前临大桁路。缅昔永嘉时，流人竞南渡。举国扇清言，作达相矜慕。惟公执鄙吝，岩岩畏峰距。一朝荒伦来，旌飞历阳树。取节惭王公，种薤笑诸庾。堂堂卞将军，授命青溪渡。父子忠孝俱，大节光国步。快意温平南，屡及雷池戍。一战剪长鲸，钟簴仍如故。握爪识忠贞，死绥表风素。英爽载云旗，陟降神灵雨。咫尺袁司徒，异代同金铸。"

吴莱《渊颖吴先生文集》卷三《景阳宫》：登初阳台，谒抱朴子墓："人生扰扰间，颇觉天地窄。我忆抱朴子，高台睨空碧。初阳出山上，照破万古石。丹光动鼎铛，雾气浮冠舄。遗书上下卷，道妙或黄白。略神仙果何人，海岳长戏剧。世传老聃死，吾谓方朔谪。虚坟谁所为，怪树独悲激。满前湖与山，秋色落几席。因兹些尔魂，目送云边翮。"

《三国·吴志》卷三：癸未，孙休薨，时年三十，谥曰景皇帝。注："葛洪《抱朴子》曰：吴景帝时，戍将于广陵，掘诸冢取版以治城，所坏甚多。复发一大冢，内有重阁，户扇皆枢转可开闭。四周为徼道通车，其高可以乘马。又铸铜为人数十枚，长五尺，皆大冠朱衣，执剑列侍。灵座皆刻铜人，背后石壁言殿中将军，或言侍郎常侍，似工公之冢。破其棺，棺中有人，发已班白，衣冠鲜明，而体如生人。棺中云母厚尺许，以白玉璧三十枚藉尸。兵人辈共举出死人以倚冢壁。有一玉，长一尺许，形似冬瓜，从死人怀中透出堕地。两耳及鼻孔中皆有黄金如枣许大。此则骸骨有假物而不朽之效也。"

按：检《抱朴子》无之，其文辞亦不类。

刘克庄《后村先生大全集》卷一《郭璞墓》："先生精数学，卜穴未应疏。因捋虎须死，还寻鱼腹居。如何师鬼谷，却去友灵胥。此理凭谁诘，人方宝葬书。"

王恽《秋涧先生大全集》卷二十《过郭璞墓》：墓在金山西北大江中流乱石间，有丛薄鸦鹊栖集，望之如苍雪者，盖鸟矢也。"青囊书秘造精深，葬法人传冠古今。一死祇缘撩虎尾，孤坟何故葬江心？师从鬼谷宜多怪，山涌胥涛不寸侵。世传江虽大涨，水不及墓。我特回舟酹公去，翻翻寒鹊落苍岑。一作舟过乱滩无所见，寒鸦苍雪满崎嵚。"

张敦颐同前书，郭璞墓，真武湖中有大墩，里俗相传曰郭璞墓。按晋王敦加荆州牧，敦将举兵，使璞筮，璞曰无成。敦怒，收璞斩之。当时或归葬于此。

高启《大全集》卷九《石崇墓》："蚪顺欲怒珊瑚折，步障围春锦云热。真珠换妾胜惊鸿，笑踏香尘如踏空。酒阑金谷莺花醉，家逐楼前舞裙坠。财多买得东市愁，罗绮散尽余荒丘。犹怜白首同归者，坐伴游魂枫树下。"

《世说新语·赏誉》：桓温行经王敦墓边，望之云：可儿！可儿！刘孝标注："孙绰与庾亮笺曰：王敦可人之目，数十年间也。"

《文选》卷二十三《谢灵运庐陵王墓下作》："晓日发云阳，落日次朱方。含凄泛广川，洒泪眺连冈。眷言怀君子，沉痛结中肠。道消结愤懑，运开申悲凉。神期恒若存，德音初不忘。徂谢已永久，松柏森已行。延州协心许，楚老昔兰芳。解剑竟何及，抚坟徒自伤！平生疑若人，通蔽互相妨。理感深情恸，定非识所将。脆促良可哀，夭枉特兼常。一随往化灭，安用空名扬。举声泣己洒五臣作沥，长叹不成章。"

王十朋《梅溪先生文集》前集卷六《戴颙墓》："旷野冢累累，子孙犹不知。千年戴颙墓，三字道旁碑。"

张敦颐同前书，宋谢涛墓，按土山净名寺所得古碑云："宋散骑常侍谢涛，元嘉十七年葬于扬州丹阳郡建康县东乡土山囗里。"

宋谢涛夫人王氏墓：夫人琅玡王氏，大明七年，合祔于土山囗里谢涛之墓，有古碑可考。夫人之祖曰献之，父曰静之。

齐献武公墓，在栖霞寺侧，有碑额云："齐故侍中尚书令丞相巴东献公之墓。"

齐明僧绍墓，隶摄山栖霞寺前。明隐君僧绍，旧居摄山，后葬此，今去城四十五里。

梁吴平忠侯墓，《南史》：梁吴平忠侯萧景，字子照，谥曰忠。墓在花林之北。有石麒麟二，石柱一，题云："梁故侍中中抚将军开府仪同三司吴平忠侯萧公之神道。"今去城三十五里。

梁始兴王墓，《南史》：梁始兴王萧憺，谥曰忠武。墓在清风乡黄城村，有石麒麟四，及神道碑云："梁故侍中司徒骠骑将军始兴忠武之碑。"今去城三十七里。

梁安成王墓，《南史》：梁安成王萧秀，字彦远，谥曰康。墓在甘家巷，有石麒麟二，石柱一，及神道碑二，题云："梁故散骑常侍司空安成王之神道。"《南史》称佐吏夏侯亶等表立碑志。王僧孺、陆倕、刘孝绰、裴子野各制其文，欲择而用之，咸称实录，遂四碑并建。今所存者二，其一已磨灭，其一字一画犹可读，乃彭城刘孝绰文也。去城三十八里。

梁临川王墓，《南史》：梁临川王萧宏，字宣达，谥曰靖惠。墓在北城乡右。石柱碑二，题云："梁故史黄钺侍中大将军扬州牧临川靖惠王之神道。"去城三十里。

梁建安侯墓，《南史》：梁建安侯萧正立，谥曰敏。墓在淳化镇西宋野石柱塘。有石柱二，题云："梁故侍中左卫将军建安敏侯之神道。"去城三十五里。

左伯桃墓，《烈士传》曰：左伯桃羊角哀，燕人也。二人为友，同时游学，闻楚王待士，乃同入楚，至梁山，值雨雪，粮少，伯桃乃并粮与角哀，令往事楚，自入于空树中饿死。角哀至楚为上大夫，乃告楚王备礼葬左伯桃于此。唐大历六年，鲁公颜真卿经此，以诗吊之，书于莆塘。在溧水县南四十三里。

双女墓，宣城郡开化县马阳乡张氏二女，少亲笔砚，长负才情，不意为父母匹于盐商小竖，以此愤恚而终。天宝六年，同葬于此。在溧水县南一百一十里。

南唐张懿公墓，公名君咏，字德之，有神道碑，题云："大唐顺天翊运功臣特进守太子太傅上柱国清河郡开国张懿公神道。"去府城十里。

南唐李顺公墓，公名金全，字德镠，有神道碑，题云："唐故开府仪同三司检校太尉兼侍中赠中书令李顺公神道。"在城西金陵乡七里铺。

南唐高越墓，摄山栖霞寺旧门外北山之麓，有石题云："侍郎高府君墓。"去县四十五里。

高启《大全集》卷十六《顾野王墓》："南朝旧碑倒，墓近樵苏道。应与读书堆，离离总秋草。"刘克庄《后村大全集》卷一："台上柏萧萧，空堂闭寂寥，芳魂三尺土，往事几回潮。堕翠寻难见，埋红恨未消，犹胜江令在，白首入隋朝。"

《权德舆集》有《苏小小墓诗》："万古荒坟在，悠然我独寻。寂寥红粉尽，冥寞黄泉深。蔓草映寒水，空郊暖夕阴。风流有佳句，吟眺一伤心！"

眉按：《温庭筠诗集》卷二有《苏小小歌》，可参阅。

《李商隐诗集》卷五有《和人题真娘墓诗》，真娘吴中乐妓，墓在虎丘山下寺中。

眉按：沈亚之《沈下贤文集》卷一，亦有《虎丘山真娘墓诗》。

高启《大全集》卷十三《酹真娘墓诗》云："金钗葬小坟，杨柳寺前村。已断花间信，空归月下魂。山莺留曲韵，草露带啼痕。车马逢寒食，还来酹酒樽。"

陈文述《碧城仙馆诗钞》卷二则有《真娘墓二绝》云："香冢蘼芜绿，春阴暗雨丝。罗裙都化蝶，犹上合欢枝。""西陵香碧车，南国红心草。侬亦有乡亲，钱塘苏小小。"

解放前公私图籍之聚散概况

节录近人洪焕椿《记乾隆时浙江进呈秘籍之七大藏书家》文：

浙江自赵宋以来，为全国人文所荟萃，逮至有清，流风益广。乾隆开四库馆，征书宇内，各行省进呈者，即以两浙为最夥。据涵秋阁钞本《进呈书目》统计，浙江自乾隆三十七年秋至三十九年夏，公私进书凡十二次，为书四千六百零一部，卒为《四库》著录者九百零九部，存目者二千三百五十七部。其中以私人藏家进呈者，有孙仰曾、吴玉墀、鲍士恭、汪汝瑮、汪启淑、范懋柱、朱彝尊、郑大节八家，都二千六百五十八部，《四库》著录者五百三十四部，附入存目者一千一百十三部，占全书进呈数之大半，而桐乡陆费墀、余姚邵晋涵在京就近进呈者，尚不计焉。爰就笔者平日披览所及，略识七大藏书家之源流，以供献于留意地方文献者。今但节录七藏书家藏书及散佚之大概云。

郿县范氏天一阁

范氏天一阁之藏书，肇自明范钦东明，东明殁后，子冲大澄续有增藏，聚书四千余种，凡三万三千余卷。阮元《天一阁书目序》云："司马指范钦殁后，封闭甚严，继乃子孙相约为例：凡阁厨锁钥分房掌之，禁以书下阁梯。非各房子孙齐至不开锁。子孙无故开门入阁者，罚不与祭三次。私领亲友入阁及擅开厨者，罚不与祭一年。擅将书借出者，罚不与祭三年，因而典鬻者，逐不与祭。其例严密如此。"至清初，余姚黄宗羲始以其甥友仲之导引，登临阁门，为之录目，昆山徐乾学闻而借钞，世乃知有《天一阁书目》。乾隆四库开馆，东明五世孙懋柱进呈图书六百零二部，后经《四库》著录者九十五部，存目者三百七十八部。阮元督学浙江，登阁观书，命范氏后裔光甸分厨编录，旋于嘉庆十三年刻成《书目》十卷，为书四千零九十四部，五万三千七百九十九卷，是为《阁目》行世之始。中经变乱，扃钥解弛，阁书渐次流失。光绪间，薛福成备兵东浙，任归安钱学稼重编书目，于十五年刻成《天一阁见存书目》四卷，著录图籍二千零五十六部，旧椠已稀，全者仅一千二百七十部。民国以来，范氏子孙式微，阁书为巨盗所窃，散失尤夥。十九年，宁波市长杨子毅重编《阁目》一册印行，得书九百六十二部，七千九百九十一册。二十二年，海宁赵万里，约鄞县文献委员会主事者冯孟颛诸氏登阁观书，以旬日之力，为重编《阁目》。综计见存者二千五百余部，九千零八十册，而阮、薛二目失载者约十之一焉。

眉按：一九三〇年余服教甬上，亦与杨氏等同登该阁观书，有文诗各一首记之。文已失，诗录之如下："忆昔先梨洲，始探兹阁秘。芬苾六万卷，触眼皆精粹。今吾来登阁，风流顿已坠。破厨等荒园，萧骚余晚翠。两浙人文盛，缥缃群焉萃。乾隆开库馆，七家争荦致：粲粲汪吴架（谓钱塘汪氏振绮堂，汪氏开万楼，吴氏瓶花斋），郁郁孙鲍笥（谓仁和孙氏寿松堂，鲍氏知不足斋）。竹垞旧讲官，搜采亦不匮（竹垞有南书房旧讲官藏书印。其藏书处，为潜采堂、曝书亭）。雕镌校宋元，彼此或轩轾。但论庋藏久，兹阁诚无二。缅维贤父兄，心力于此瘁。绳绳数百年，宝之亦已至！分房掌户牡，启闭垂严示。遗裔虽兢兢，乔木秋委地。将书换升斗，终胜虫鼠馁。而况盛名下，珍物自生祟。里中有巨窃，姓薛名继位。栖阁七日夜，所去十五四。颇闻海上传，诸老实授意。藉手于穿窬，毋乃君子弃！吾谓好图籍，不宜私厥嗣。念彼仰面者，千载期同嗜。先正殊未达，误并遗产嗣。遂令古光辉，空为一姓闳。池水浮苍烟，步出司马第。愿言告贤尹，勿徒续编次。阮薛两订目，何与存亡事？及时护断残，拂拭成公器。英华良多谢，幽赏犹足寄。以此惠士林，兼得绝觊觎。君看静嘉库（日本岩奇氏所置），即因皕宋置（皕宋楼为归安陆氏藏书处）。让书到海外，是则可深愧！"

　　眉又按：《东南日报》一九四七年四月九日《文史》，有宋炎《四明天一阁藏书之今昔》一文，可参阅。

　　秀水朱氏潜采堂

　　朱彝尊字锡鬯，号竹垞，生于崇祯二年。少肆力古学，博览群书，著《经义考》三百卷，最为该博。康熙二十七年，举鸿博，授检讨，与修《明史》，体例多从其议。后入直内廷，引疾罢归。家有曝书亭、潜采堂，藏书八万卷。《曝书亭集·鹊华山人诗序》中云："予中年好钞书，通籍以后，见史馆所储，京师学士大夫所藏弆必借录之。有小史能识四体书，日课以传写，坐是为院长所弹去，而私心不悔也。"又《书椟铭》篇云："归田之后，家无恒产，聚书三十椟，自谓老矣，而铭之曰：夺侬七品官，写我万卷书。"钱林《文献征存录》云："竹垞嗜好聚书，束修之入，悉以买书。尝借钞范氏天一阁、禾中曹氏倦圃、温陵黄氏千顷堂秘本。通籍后，又借钞宛平孙氏、无锡秦氏、昆山徐氏、晋江黄氏、钱塘龚氏各家之书。"竹垞曾手定曝书亭藏书目录，中有《竹垞行笈书目》一卷，以"心事数茎白发，生涯一片青山，空林有雪相待，古道无人独还"二十四字编目，不分四部，殆行笈之记号也。康熙四十八年卒，年八十一。竹垞遗孙二：长桐孙，次稻孙。《蒲褐山房诗话》：谓稻孙晚年贫不能支，曝书亭藏书八万卷，多有散佚。乾隆四库征书，竹垞后裔进呈秘籍六十九种，卒著录五种，存目二十八种。

钱塘汪氏振绮堂

汪宪字千陂，号鱼亭，生于康熙六十年。乾隆十年进士。官刑部陕西员外郎。性耽蓄书，颜其堂曰振绮。凡遇书求售者，不惜丰价以购，点注丹黄，竟日不倦。同时藏家，多彼此易借钞校，有《振绮堂书目》。著作有《列女传》及《说文系传考异》四卷，附录一卷。乾隆三十七年，诏求遗书，子汝瑮，以家藏二百十九部进呈，卒著录三十三部，存目一百二十三部。次子璐，乾隆丙午举人，尝选家藏各书题记，为《振绮堂藏书题记》四卷，未刊，手稿本今存二卷，归杭州叶葵初藏。璐子诚，乾隆甲寅举人，刑部主事。以先世藏书浩瀚而未有目，乃取所藏书编为《振绮堂书目》五卷。目中详考作者，注明版本，所收书凡三千三百余部，都六万五千余卷。诚子远孙，嘉庆举人，官内阁中书。构别业曰借闲小筑。喜读先世藏书，有《汉书地理志校本》二卷、《借闲随笔》《经典释文补续略例》《国语发正》等著述。汪氏累世所藏，至咸丰庚辛时始散。仁和朱文藻尝为振绮堂缉《书录》十册，原稿未刊，今残存六册，起地志至集部。稿中有涂改者，为振绮堂主人手批。末有光绪十二年振绮堂后人汪唯曾跋。稿本亦归叶葵初藏。汪氏后裔有名康年者，与梁启超同时，尝辑刊《振绮堂丛书》二集。

眉按：《东南日报》一九四七年十二月三十一日《文史》有宋炎文，可参阅。

钱塘吴氏瓶花斋

吴焯字尺凫，别号绣谷。工词，所藏书多宋元旧椠与故家善本，尝仿晁、陈二氏例著《薰习录》，即纪所藏之秘册也。叙原委，与《读书敏求记》相若。尺凫与仁和赵昱同时，昱有小山堂，插架亦富，每得异书，彼此钞存。互相校勘，识其卷首。于是瓶花斋之名，遐闻天下。子诚所居杭州之九曲巷口，适与汪氏振绮堂衡宇相对。诚弟玉墀字兰陵，乾隆四库开馆，兰陵进呈秘籍三百零五种。后《四库》著录五十二部，列入存目者一百十二部。尺凫亡后，典籍多归德清许氏鉴止水斋，余则归钱塘汪氏振绮堂及广陵马氏。

仁和孙氏寿松堂

孙宗谦字栗忱，号隐谷。庭有乔松，因构堂曰寿松。藏书万余卷，日以枕葄为乐。子仰曾，胚胎家学，赓续余绪，宋椠元雕，充牣几架，鼎彝碑版，罗列文厨。梁山舟王梦楼相与题评考跋。乾隆三十八年，应诏进书二百三十一部，卒著录二十六部，存目一百零八部。家有《寿松堂书目》四卷，经乱失去。至清末，孙氏后裔有名峻者，字极于，号康侯。康侯生，寿松堂之珍藏，已化为灰烬。然康侯幼时，即喜簿录之学，父执丁丙见而奇之曰："此子未成童即喜簿录，异日其助余欤？"后果助丁氏辑《武林掌故丛编》，撰《善本书室藏书志》《武林坊巷志》诸书。其著作已刊者，有《文澜阁志》二卷，附录二卷，《慧云寺志》七卷。未刊者，有《虎跑寺志》八卷，及诗文集各如干种。未成者，有《六和塔志稿》《天竺续志备稿》等。子君木、君恒，举所遗书三千余卷及遗稿，归之浙江图书馆。

仁和鲍氏知不足斋

知不足斋，为清鲍廷博藏书之所。廷博字以文，号渌饮，诸生。其父嗜读书，多购旧椠，爱取《戴记》学然后知不足之义，颜其室曰知不足斋。至以文，储藏益富。乾隆四库征书，以文命子士恭进其家藏书六百二十六部，为当时海内私家献书之最多者。卒著录二百五十部，存目一百二十九种。以文又曾校刊所藏珍本数百种，为《知不足斋丛书》三十集。时称善本。知不足斋所藏宋元刊本，以文每与人博易或投赠，多有散出，尤以归黄氏士礼居、汪氏艺芸精舍者为多。乾隆五十六年冬火灾，藏书亦销毁，及道咸间，则钞校诸本，亦归仁和劳氏、归安丁氏，及吴兴陆氏十万卷楼矣。

钱塘汪氏开万楼

汪启淑字秀峰，歙县人，官工部水司郎。寓杭郡小粉场。开万楼藏书百厨，乾隆三十一年诏访遗书，秀峰进呈善本五百二十四部，后《四库》著录五十九部，存目二百零一部。秀峰少工吟咏，当董浦归田后，与厉樊榭诸家结社南屏，秀峰以终贾之年，骋妍抽秘，进与诸老宿抗行。生平著述，有《飞鸿堂印人传》八卷，《续印人传》八卷，《水曹清暇录》十六卷等。其所藏，以宋版《三朝北盟会编》及《文苑英华》为最。经乱，书籍四散。女玉英，亦工诗。

右文载《文汇报》一九四六年十月十五日《史地》。
又节录洪氏《文澜阁〈四库全书〉之今昔》云：

《四库全书》馆成立于乾隆三十八年二月，至四十七年正月，第一部书缮写告竣，构文渊阁藏之。文溯、文源、文津三阁，至四十九年止次第告成，是谓内廷四阁。寻以江浙为人文渊薮，其间好古力学之士，愿读中秘者必众，又于四十七年七月，诏命《四库全书》馆续缮三分，分藏扬州大观堂之文汇阁，镇江金山寺之文宗阁，及杭州孤山圣因寺之文澜阁，俾江南学者得就近观览或传写。江南三阁，今存者惟文澜阁本而已。江南三阁，除扬州、镇江各就原有大观堂与金山寺贮藏《古今图书集成》之余格安置库书外，杭州则于玉兰堂东迤旧置《古今图书》之藏经阁后兴筑。其地在孤山之阳，阁凡五间三层，第一层中贮铜板《古今图书集成》五千零二十册，后及两旁藏经部。第二层藏史部。第三层藏子部及集部。凡书三万五千九百九十册。《总目》及《考证》二百廿七册尚不在内。一百零三架。架各六屉，屉各四橱，橱各三函，每函用香楠木匣收储，计六千一百九十一匣。匣内衬以香楠夹板，便于抽纳。素绫牙签。册中并夹冰麋脑二包以辟蠹。咸丰十一年秋七月，太平军再陷杭州，阁遭兵燹，库书散出。幸赖钱塘丁松生丙与其兄申潜拾残编，携藏海上。十三年二月二十四日，省垣克服，松生昆季自沪归，继续收获各书，共得八千六百八十九册。以阁已半圮，不遑修复，乃建议暂储府学尊经阁，库书遂于六月入阁，自同治五年至十年间，丁氏昆季复出资购求阁书之散落城乡者，得三百余种，同治十三年又续得两册，连前所藏凡九千零六十二册，然较原帙仅四之一而已。光绪八年五月，丁氏更出其珍秘，设局于东城讲舍，陆续补钞阁书。后从范氏天一阁、卢氏抱经堂、汪氏振绮堂、孙氏寿松堂诸藏家，案籍征求，以为底本。至十四年补钞告竣。计配钞残编或补钞全帙者都两千八百种，合前共得三万四千七百六十九册。全书虽泰半补全，然所阙尚不在鲜。二十年，阁书庋架改易木厨，且易楠木匣为银杏夹板。民国元年，孤山浙江图书馆新址落成，移库书实其中。由是《四库全书》与文澜阁之关系乃绝。以后历经补钞，至民国十五年，藏书增为三万六千二百七十八册，盖至此文澜阁之《四库全书》，除略有缺卷外，大致得复旧观矣。抗战以前，文澜阁本藏浙江省立图书馆孤山分馆内，凡占三间，庋九十四厨。最后一厨，除藏《目录》《考证》外，又储嘉庆以后续颁之书，书均用银杏夹板。昔之楠木匣，今已不得复见矣。阁书原本书纸，皆朱标红格，每半叶八行，行二十一字。补钞本书皮率为纸质黏钉为不压线之包背装。其光泽坚致之绢面原钞本，乱后孑遗者亦间有之。抗战初启，前馆长陈叔谅氏为谋库书之安全，二十六年冬，即装箱运建德兰溪，辗转至贵阳，设专员保管之。三十三年间，复转运至重庆，组织文澜阁《四库全书》保管委员会主其事。迨去秋抗战胜利，浙江省立图书馆于今年夏间将库书运回杭垣，安置于孤山该馆原藏库书之处。此吾国学术文化史上之空前巨帙，今仍得与湖山共相辉映，江南文化，巍然留此鲁殿灵光，岂非大幸耶！

右文载《东南日报》一九四六年十月十七日《文史》。

　沈阳文溯阁之藏书

《新闻报》一九四六年七月十日沈阳航讯："清乾隆时所修之《四库全书》，除文津、文渊存北平，文澜存杭州，文溯阁所存之一部，于民国十四年运回沈阳。该阁庋藏，伪满时代拨交伪国立奉天图书馆保存，现已由国立沈阳图书馆接受。全书一如其余三阁，经史子集，分绿红蓝黄四色。封面装钉，抄录工作，不及大内二份精美。共三万六千余册，分装三千六百函，计三千四百五十七种，七万零十卷，二百三十余万页。该阁另藏殿板大字《古今图书集成》一部，系于康熙年精印，仅印六十四部，迄今全国所存，尚不足十部云。"

其他私家藏书，除海源阁外，可称述者，则有以下之各家：

　钱塘丁氏八千卷楼

浙中旧多藏书家，四库征书，杭之进书者，有知不足斋、开万楼、瓶花斋、振绮堂、寿松堂五家，后诸家或易世而中落，或遭劫而亡失，故家乔木，日以陵夷，而遗文随之剥落，惟钱塘丁氏八千卷楼最后崛起，其所蒐集，视诸家尤富。丁氏先世本富藏书，松生丙祖掌六已有八千卷楼，竹舟申松生兄弟，继其父祖之业，颇有增益，不幸皆亡于太平兵燹。迨事平，二先生既奋身抄补文澜阁《四库书》，复虑诸家所蓄，荡焉泯焉，文献无征，乃朝夕访求。凡齐楚燕赵吴越秦晋之间，闻有善本，期必得而后已。内而秘殿所储，外而岛彝所蓄，力之所及，鲜不征求，历三十余年，几及万种。而江浙间所有善本名钞，又陆续会于湖州陆氏丽宋楼、钱塘丁氏之善本书室矣。丁氏于太平军后，复增建书楼，重为题名，有嘉惠八千卷楼之别，更有善本书室、小八千卷楼之名。袁昶称缥缃图籍甲一省，自天一阁、澹生堂、拜经楼、鉴止斋、振绮堂，皆莫逮嘉惠堂牙签锦贉之富。而所储善本，或宋元明刊本，或精钞孤行本，或经某旧家珍藏，或经某名儒校勘，整比排列，难更仆数。后浙省奏开书局，多藉丁家藏本备校勘。其于乡贤遗著，网罗究心尤笃。松生藏书既富，所得必详加考核，晚年写成《善本书室藏书志》，缪荃孙称其上窥《提要》，足为秘笈，三八千卷楼之藏书具在焉。其子和甫寻又撰《八千卷楼书目》二十卷，成于光绪二十五年。至民国十二年，始由松生孙为之付梓，则松生已逝，书亦易主矣。八千卷楼之书，排列次第，悉遵《四库简明目录》，都三千五百种，内待补者一百余部。复以《图书集成》《全唐文》附其后。凡《四库》之附存者，已得一千五百余种，分藏楼之两厢。至后八千卷楼所藏，除《四库》未著录者八千余种外，如制艺释道藏，下暨传奇小说悉附藏之。计前后二楼，为厨凡一百六十，分类藏庋。嗣后续有所得，亦准此编入。世称藏书之善，多侈宋元，丁书则天水之本，已及四十种，况其书之珍贵，尚有《四库》修书底本，如李杞《周易详解》十六卷，俞汝言《春秋平议》十二卷，《张状元孟子传》二十九卷等十六种。此外名人稿本，如厉樊榭《东城杂记》《武林石刻记》之类。名臣大儒校勘家收藏之珍籍，尤指不胜指，而均艺林之环宝也。光绪季年，丁氏后裔因经商亏折，

不克保其藏书，维时端方方督两江，以缪荃孙等之怂恿，斥公帑
收购八千卷楼藏书，都二千五百四十八种，五万九千八百八十
卷，储之金陵，而置馆于盋山，所谓江南图书馆者，实为今江苏
省立图书馆也。丁氏历年辛勤所得，虽不克保于桑梓，尚得庋藏
邻省，供都下人士之观摩焉。

右节录近人宋炎文。原文载《东南日报》一九四七年五月十四日
《文史》。

　　瑞安孙氏玉海楼

　　挽近浙水东西，有三大藏书家焉，即四明范氏天一阁，南
浔刘氏嘉业堂，与瑞安孙氏玉海楼。以地处海澨，交通阻梗，知
者较少，而世之谈两浙藏书掌故者，遂谓温州文献萧条，不足与
列郡方驾，良足慨也！按玉海楼创于清儒孙衣言琴西太仆，迨今
垂七十余年，太仆子诒让征君，尽发楼中所藏，潜心著述，遂为
皖派朴学之最后大师。太仆初官翰林，以禄薄不能尽如所欲购
书，同治戊辰，复为监司金陵，时当东南丧乱之余，故家遗书，
往往散出，而海舶东来，且有中土所未见者，征君以著述故，又
恣意购求，十余年间，致书八九万卷。慕宋时深宁王应麟生平博
极群书，著书至六百余卷，其最巨者为《玉海》二百卷，玉海云
者，言其为世宝贵，而又无所不备也。乃取深宁所以名书者名为
玉海楼。复于宅边金带桥北别建大楼，南北相向各五楹，专为
藏书读书之所，而以所刊《永嘉丛书》四千余版，列置楼下，以
便摹印。楼中书籍，尽照《四库全书》之例，各按经史子集，纂
成书目，每书之册数卷数，刊刻年月，钞本曾经何人收藏？何人
批阅批校？有何题跋印章？皆一一载明。太仆并亲订藏书规约
十六条。其约之严，有同四明天一阁，故能保存久远。然乡里后
生，有读书之志，而能无缪其约，皆可以入其庐，读其书，盖太

仆已谓天下之宝，我固不欲为一家之储也。太仆生平殚心文献，每观往哲遗书，必广讨旁搜，不遗余力。征君承父志，成《温州经籍志》，乃有博访奇觚之约，约后附刊当时收藏书目著于录者百八十部。而近来孟晋先生名延钊，诒让子又尽发玉海楼庋箧，见有关桑梓文籍，别为目录，成《瑞安孙氏玉海楼藏温州乡先哲遗书目录》，凡得四百六十部，辄依类增编，略加校注，盖其书采获于作约之后，或一书数本，而原目仅列其一者，于此阙弗具焉。据孟晋先生自跋，谓以先世所蓄为限，比岁自置之乡先哲遗著尚不收云。可见其繁富矣。就中特可观者：有明刊本三十二种，明写本二种，钞本二百十种，稿本十种，传钞稿一种，日本刊本一种。以部类分：凡经部二十八种，史部五十二种，子部五十种，集部二百二十一种。大率多经先贤批校。至此目特色，除集部特富善本，写本之夥颐，尤属稀有。如明万历乙巳永嘉王光蕴等修《温州府志》原刊本共十六卷六册，康熙《瑞县志》十卷四册，北平图书馆仅存残本，而楼中所庋竟完善无恙。至于明永嘉张孚敬《文忠公集》，及宋叶适《习学记言》二善本，亦属罕见。略要之此四百六十种之中，有向未剞劂者，有雕镌已久印本渐稀者，有曾经太仆、征君手校为世人所未睹者，有经名家收藏印章尚新者，若斯之伦，宜甄辑而共谋所以广其传，讵宜长扃于玉海楼之秘笈耶！

右亦节录宋氏文。原文载《东南日报》一九四七年五月二十八日《文史》。

山阴祁氏淡生堂

明季浙东藏书家，以范氏天一阁、祁氏淡生堂为巨擘。天一阁为明兵部侍郎范钦所筑，黄南雷、全谢山皆有《藏书记》备载甚详。至今三百余年，虽历经六厄，犹屹然雄峙于浙东。淡生堂则山阴祁氏藏书之库也。祁氏自承爜精于汲古，其所钞书，多世人所未见，校勘精核。子忠敏公彪佳亦喜聚书，尝以朱红小榻数十张，顿放缥碧诸函，牙签如玉，风过有声铿然。全谢山《句余土音》集有《西江书屋》一诗云："浙东藏书家，首推天一阁。其后淡生堂，牙签最审榷。于今有鹳浦，善在精且博。我观古著录，诸家亦梦错。藏书不择书，糠秕混精凿。藏书不读书，庋置怜寂寞。读之或不善，丧志空作恶。南溪真书仓，万选钱在索。收拾南雷书，门墙幸有托。反疑过高妙，一切弃糟粕。我生苦谫闻，渔猎久荒落。何时得假馆，疑义相弹搏。直溯西江波，以济枯鱼涸。"盖即述淡生堂藏书之转徙情况。按承爜万历甲辰进士，历官江西参政，晚号旷翁。著有《淡生堂集》及《牧津》四十卷。子忠敏公彪佳，天启壬戌进士，官巡抚应天都御史，谢病归。乙酉闰月，投园池死。《明史》及王氏《稿》皆有传，然互有详略。《毛西河集》有别传，亦间与史异。后道光间，顺德梁廷楠、武陵龚沅，就王思任《年谱》原本复为补编，即今所传之《祁忠敏公年谱》，此谱与《祁忠敏公日记》合为一编，有绍兴县修志委员会校勘本。忠敏公遗书已刊者，有《西台疏草》《按吴疏草》《按吴政略》《遗嘱》等，惟今存者甚少，几同孤本。忠敏公长子名理孙，次子名班孙，世称祁五、祁六两公子。两公子以故国之乔木自任，啸聚死友，与布衣魏耕称莫逆，又发淡生堂王遁剑术之书以示之，意将有所为也。壬寅，或告变于浙府，刊章四道捕魏耕，并缚两公子去，淡生堂书遂星散。淡生堂藏书，承爜尝编有《书目》十四卷。此目今存者，有《绍兴先正遗书》会稽徐氏刊本。承爜编目竟，又作《淡生堂藏书约》以示子孙。略曰："今与尔辈约：及吾之身则月益之，及尔辈之身则岁益之。子孙能读者，则以一人尽居之。不能读者，则以众人递居之。入架者不复出，蠹啮者必速补。子孙取读者，就堂检阅，阅竟即入架，不得入私室。亲友借观者，有副本则以应，无副本则以辞。

正本不得出密园外。书目视所益多寡，大较近以五年，远以十年一编次。勿分析，勿覆瓿，勿归商贾手，如此而已。"其谆谆告诫子孙，可谓至矣。此约初刻入吴兴鲍氏《知不足斋丛书》。约简而明，足为藏书者法。又有《藏书铭》一，其文曰："淡生堂中储经籍，主人手校无朝夕。读之欣然忘饮食，典衣市书恒不给。后人但念阿翁癖，子孙益之永勿失！"淡生堂之书，历经三世，皆历有增益。后遭丧乱，其家悉载之至云门化鹿寺，南雷检点三昼夜，载十捆而去，其奇零者，归于石门吕庄生。然南雷书，一水一火，其存者归于鹁浦郑氏，而石门则摧毁殆尽。钱太吉《杂记》称："黄叶村庄，石门吴孟举藏书处。全谢山谓祁氏旷园之书，精华归于南雷，奇零归于石门，即指孟举也。"按石门指吕庄生留良，非孟举，详谢山《小山堂祁氏遗书记》。孟举有《黄叶村庄诗文集》。孟举之书，又留良所取奇零之余耳。仁和赵昱著《爱日堂集》，弟信，有《秀砚斋吟稿》。兄弟聚书，得江南储藏诸家甚多，独于祁氏淡生堂诸本，则别贮而藏之，以不忘母氏之遗也。盖昱母朱氏，山阴襄毅公女孙，祁氏之所出。祁公子东迁，夫人取朱氏女孙育之以遗日，即昱母也。

右亦节录宋氏文。原文载《东南日报》一九四七年十一月十九日《文史》。

　　藏书为日本购去之归安陆氏皕宋楼

　　自明季以来，古籍散失不少。太平军时，江南文物，散失尤多。归安陆心源，及时收集善本，建楼藏之，号皕宋楼，谓有二百种宋本也。心源殁后，其子树藩以商业亏折，鬻书偿债，于光绪丁未，由日本岩崎氏出日金十一万八千元购去。据日本岛田翰《静嘉堂文库略史》云：有北宋刊本十六部，六百九十二册，宋刊本一百十一部，二千三百十七册，元刊本一百三十四部，二千一百五十二册，共五千一百六十一册。傅沅叔《静嘉堂文库观书记》，谓傅氏至日本，观文库所藏皕宋楼书时，特提出一百余种加以品评，参之《仪顾堂题跋》，与《皕宋楼藏书志》，知陆氏秘籍内最佳之书，有下列一百十一部：宋本《尚书注疏》二十卷，宋刊大字本《诗集传》二十卷。宋蜀大字本《周礼》二卷。宋刊监本《周礼》二卷。宋刊监本《纂图互注礼记》二十卷，《礼记举要图》一卷。宋蜀大字本《春秋经传集解》三十卷。宋刊本《春秋经传集解》三十卷。明活字本《春秋繁露》十七卷。宋刊《论语集注》十卷，《孟子集注》七卷，《大学章句》一卷，《或问》一卷，《中庸章句》一卷，《或问》一卷。元刊《四书纂疏》二十六卷。宋刊《尔雅单疏》十卷。北宋刊本《说文解字》十五卷。冯已苍钞本《汗简》七卷。北宋刊本《广韵》五卷。元至正刊本《广韵》五卷。宋刊《礼部韵略》五卷。宋刊残本《史记》九十九卷。宋淳熙刊本《史记》九十九卷。宋绍兴刊本《汉书》八卷，《后汉书》六十卷。宋庆元重刊本《汉书》一百二十卷。宋嘉定刊残本《后汉书》七十三卷。宋刊《三国志》六十五卷。宋咸平国子监刻本《吴志》二十卷。宋刊《晋书》一百三十卷。宋刊《陈书》三十六卷。宋刊残本《北史》八十一卷。北宋嘉祐刊本《唐书》二百五十五卷。宋刊《唐书》二百五十卷。元刊《宋史》四百九十六卷。北宋刊残本《资治通鉴》二百二十四卷。宋刊残本《资治通鉴》一百四十九卷。元刊《资治通鉴》二百九十四卷。宋刊《通鉴释文》三十卷。宋刊《续资治通鉴长编节要》一百八卷。宋刊《皇朝编年纲目备要》二十五卷，《补刊编年备要》五卷。元刊《汲冢周书》十卷。宋刊《东都事略》一百三十卷。汲古阁影宋天圣本《国语》二十一卷。宋刊《国语》二十一卷，《补音》三卷。宋婺州刊残本《陆宣公奏议》二卷。宋刊孤本《石林奏议》十五卷。元刊《晏子春秋》八卷。宋刊《名臣纪述老苏先生事实》一卷。宋刊《欧公本末》四卷。宋刊孤本《历代故事》十二卷。宋刊残本《严州重修图经》三卷。宋刊《咸淳临安志》九十五卷。宋刊《咸淳毗陵志》三十卷。元精刻本《东京梦华录》十卷。影宋钞本《营造法式》三十四卷。汲古阁宋本《永嘉先生三国六朝五代纪年总辨》二十八卷,《目录》四卷。宋刊《武经七书》二十五卷。北宋刊本《外台秘要方》四十卷。宋刊《伤寒总病论》六卷,附《音训》一卷,《修治药法》一卷。北宋刊本《史载之方》二卷。宋刊《金壶记》三卷。宋刊《书小史》十卷。金刊《张子和医书》十二卷。元刊大字本《白虎通德论》十卷。元刊《困学纪闻》二十卷。宋刊《梦溪笔谈》二十六卷。元至正刊本《冷斋夜话》十卷。宋刊《百川学海》百种。元刊《艺文类聚》一百卷。北宋刊本《白氏六帖类聚》三十卷。宋刊残本《白孔六帖》三十八卷。宋刊残本《太平御览》三百六十六卷。北宋刊残本《册府元龟》四百七十一卷。宋刊《重修事物纪原》二十六卷,《目录》二卷。宋巾箱本《新编通用启札截江纲》七十四卷。宋刊残本《锦绣万花谷》一卷。宋刊《挥麈录》四卷,《后录》二卷,《三录》三卷。宋刊元印本《夷坚甲志》二十卷,《乙志》二十卷,《丙志》二十卷,《丁志》二十卷。明洪武刊本《古清凉传》二卷,《广清凉传》二卷,《续清凉传》二卷。宋麻沙本《历代编年释氏通鉴》十二卷。北宋蜀刊本《李太白文集》三十卷。宋刊《李翰林集》三十卷。影宋钞本《杜工部集》二十卷。宋刊大字残本《集注杜诗》六卷。北宋刊本《王右丞文集》十卷。北宋刊残本《昌黎先生集》十卷。宋刊本《朱文公校昌黎先生文集》四十卷,《外集》十卷,《集传》一卷,《遗文》一卷。宋刊残本《唐柳先生文集》一册。宋刊《元氏长庆集》三卷。影宋钞本《孟东野诗集》十卷。宋刊《浣花集》十卷。宋刊残本《王黄州小畜外集》七卷。宋刊《古灵先生文集》二十五卷,《年谱》一卷,《附录》一卷。宋刊《钱塘韦先生集》十六卷。宋刊本《山谷先生大全诗注》二十卷。元刊本《韦斋集》十二卷，附《玉澜集》一卷。宋刊残本《周益文忠公集》六十九卷。宋刊《勉斋先生黄文肃公集》四十卷，《附录》一卷。宋刊《刘后村集》五十卷。宋刊《石林乙稿》一卷。宋刊《指南录》四卷。元刊《筠溪牧潜集》一卷。元刊《桧亭稿》九卷。元刊《顺斋先生闲居丛稿》二十六卷。元刊《鹤年诗集》三卷。《元刊梧溪集》七卷。明洪武刊孤本《九灵山房集》三十卷。宋赣州刊本《文选》六十卷。元刊《文选李善注》六十卷。宋刊残本《王荆公唐百家诗选》十一卷。宋刊大字本《三苏文粹》七十卷。宋刊《迂斋先生标注崇古文诀》二十卷。宋刊残本《名公书判清明集》，不分卷。宋刊《后山居士诗话》一卷。宋末闽刻《东莱先生分门诗律武库前集》十五卷，《后集》十五卷。其中尤难得者，如《尔雅单疏》，加蒋氏密韵楼一部，刘氏食旧德斋半部，不过二部半。北宋本《说文解字》，即商务《续古逸丛书》影印之底本。宋刊残本《史记》，第一种为孤本，第二种为钱曾王求而不得者，后归黄尧圃，再归陆氏。《三国志》世鲜宋刊，惟陆氏有之。宋咸平国子监刻本《吴志》，亦属孤本。《北史》世多元刊，而陆氏独有宋刊。北宋残本《资治通鉴》，元刊《汲冢周书》，世皆不易多见。汲古阁毛氏影钞本《国语》，为北宋天圣明道本，即尧圃士礼居刻本之底本。宋刊残本《陆宣公奏议》，世甚罕见。宋刊本《石林奏议》，即商务《四部丛刊》影印之底本。宋刊《名臣纪述老苏先生事实》，昔时未曾见著录。宋刊本《欧公本末》，吕祖谦编，自陈振孙《直斋书录解题》著录后，亦从未见各家书目著录。宋刊《历代故事》，亦未载各家书目。汲古阁影宋本《永嘉先生三国六朝五代纪年总辨》，为史部中之佚书。金刊本《张子和医书》，可证明刊本妄改之多。元刊本《白虎通论》，为汲古阁毛氏以来之秘笈。宋刊本《太平御览》残本，虽不全，然世无二本。北宋刊残本《册府元龟》，间或有收藏家收藏数卷，已极难得，矧有四百七十一卷之多乎？宋刊本

《新编通用启札截江纲》七十四卷，虽属坊间俗书，然宋人文今已不传者保存不少。宋刊元印《夷坚四志》，阮氏曾据此本影钞，进呈御览。宋季麻沙刊本《历代编年释氏通鉴》，宋元以来各家书目，多未著录。宋刊残本《集注杜诗》，黄氏《百宋一廛赋》中曾提及之。北宋残本《昌黎先生集》，确系最早刻本。宋刊本《山谷先生大全诗注》，末叶有永乐二年七月二十五日苏叔敬买到字样。叔敬，明晋王府中之买书者。宋刊残本《周益文忠公集》，亦黄尧圃旧物，见《百宋一廛赋》。元刊《筠溪牧潜集》，明洪武刊本《九灵山房集》，并世所罕见。宋刊残本《名公书判清明集》，商务已影印行世矣。宋刊本《东莱先生分门诗律武库前集》《后集》，经汲古阁、艺芸精舍之收藏，亦久为世所公认之秘笈。

右节录号眚厂者文。原文载《东南日报》一九四六年十二月十二日《文史》。

　　常熟瞿氏铁琴铜剑楼

　　常熟自元明以来，考究藏书者至五六十家，如明杨梦羽之七检山房、万卷楼，钱牧斋之绛云楼，赵元度之脉望阁，毛子晋之汲古阁、日耕楼，清鱼天池之闲止楼，席玉照之扫叶山房等，皆举世所稔知者。咸丰兵燹，诸藏书大半毁失，独瞿氏铁琴铜剑楼藏书十余万卷，幸携匿海门，得以保存。藏书皆元明善本，计宋刊本百一十三种，校宋本五十六种，影钞宋本六十九种，金刊本三种，影钞金本一种，元刊本百七十九种，影钞元本十一种，元钞本六种，明刊本二百四十种，明活字本六种，旧钞本共三百六十三种。

右文节录上海《新民报》一九四八年一月二十二日晚刊，未详，俟增补。其文亦未具名。

南浔刘氏嘉业堂

一九四五年十二月十一日《申报》讯："南浔刘氏嘉业堂藏书，浙西沦陷时，将一部分海内孤本名贵书籍，分运苏州、上海两地。上海之一部分，即保藏于嘉业堂主人刘翰怡寓中，本年七月间突遭伪上海市市长周逆佛海觊觎，竟派伪军数名前往，强将所有名贵书籍一百余箱，全部掳劫，匿藏于胶州路四百十九号昌明钟厂内。近经警局缉获，并已将该批书封存。刘氏现正各方设法，交涉领回。据悉，南浔藏书，以保管得法，尚无多大损失，唯藏苏州一部分，则已在苏州沦陷时散佚；殊为可惜！"

陈乐素《〈直斋书录解题〉作者陈振孙》

元袁桷《清容居士集》卷四十六《跋定武帖损本》云："赵孟𫖯家本，得于霅溪陈侍郎振孙伯玉，号直斋，其家藏书冠东南，今尽散落，余家亦得其数十种。"卷四十八《书陆淳春秋纂例后》云："《唐志》：《纂例》十卷，《集注》三十卷，《微旨》二卷，《辨疑》七卷，闻苕溪直斋陈氏书目咸有之。"案陈氏《书录解题》著录，实止《纂例》与《辨疑》，见卷三，且明言："《唐志》有《集注》，今不存。又有《微旨》，未见。"是伯长当日虽得其藏书，然不但未睹其目，即所闻亦非实也。伯长在元，与吴师道同时，《吴礼部诗话》有述陈振孙伯玉语，见知不足斋本《书录解题》。伯长居史院，阅览繁富，何以不及斯目，岂其流传未广欤？然周密《齐东野语》卷十二"书籍之厄"条言："直斋书五万一千一百八十余卷，仿《读书志》作《解题》，极精详。"则公谨知之独审，公谨盖视直斋为乡先辈，时亲謦欬，故《野语》卷八、卷十七，《浩然斋雅谈》上，均有闻诸陈氏之言，而马端临《通考》所以能据陈氏说者，殆以父相廷鸾出自牟子才之门，牟氏既与直斋有同朝之好，晚年又卜居霅川，事见牟巘《陵阳集》卷十七《题施东皋南园图后》，牟氏与直斋不乏晤会机缘，故马氏遂得间接有其书目。卢文弨《抱经堂文集》卷九《书录解题跋》，谓贵与《通考》目录一门，不将陈氏书载入，难免纰漏之讥。余谓马《考》于直斋事迹略无记载，尤为可惜！兹分本名、述作、年历、言行四节述之。虽零断不全，或尚能供研史者一参考也。此但录其述作一节云：直斋于学，以经为主，而并好文史，卷四"《史记》"条尝曰："著书立言，述旧易，作古难。六艺之后，有四人焉：摭实而有文采者，左氏也。凭虚而有理致者，庄子也。屈原变《国风》《雅》《颂》而为《离骚》，及子长易编年而为纪传，皆前未有其比，后可以为法，非豪杰特起之士，其孰能之！"直斋父治《易》，见卷十八"《济溪老人遗稿》"条，而《志雅堂杂钞》卷一，谓直斋著书，有《易解》《系辞录》，惜后来目录家罕见著录。《解题》开卷"王弼《易注》"条云："自汉以来言《易》者，多溺于象占之学，至弼始一切扫去，畅以义理，于是天下宗之，余家尽废。然弼好老氏，魏晋谈玄，自弼辈倡之。《易》有圣人之道四焉，去三存一，于道阙矣，况其所谓辞者，又杂以异端之说乎？范宁谓其罪深于桀、纣，诚有以也。"其论固如此。而于当世，则大抵宗程氏，而以项安世《周易玩辞》为能补其未备，谓"程氏一于言理，尽略象数，而此书未尝偏废。程氏于小象颇欠发明，而此书爻象尤贯通"。见卷一。于《书》则曰："两汉名儒，未尝实见孔氏古文，岂惟两汉，魏晋犹然，马郑所解，岂真古文哉？孔注历汉末无传，晋初犹得存者，虽不列学官，而散在民间故耶？然终有可疑者，余尝辨之。"见卷二"孔安国《尚书注》"条。《志雅堂杂钞》卷一谓直斋有《书解》《书传》，朱彝尊《经义考》卷八十三引作《书说》，未详是否一书。今古文之辨，当在其中，而袁清容获睹是书，所谓掇拾援据，确然明白者也。又氏族之学，亦直斋所注意者，此略。而乾隆《安吉州志》卷十五作一百卷，不知何据？

其述作著录于《解题》中者，有《元真子渔歌碑传集录》一卷，以张志和渔歌，世止传西塞山前一章，尝得其一时倡和诸贤之辞，集为一编，以备吴兴故事，见卷十五。又尝病李璘所作《白乐天年谱》，疏略牴牾，且不系年，乃别为《新谱》一卷，刊附《白氏长庆集》之首，见卷十六。

所作《解题》，其名尝一见于本书卷十二"《数术大略》"条，止简称《解题》。其全称《直斋书录解题》，现存书中，当以《通考》故事类"《三朝训鉴图》"条马氏案语中所引为最早。是书原有诸小序，若《语》《孟》、农家、阴阳家、音乐、诗集及章奏等类，虽已并见于《通考》，然起居注、时令类，《通考》未载，小学类虽曾及之，亦非全文。惟乾隆辑自《永乐大典》本有之。马氏引据《解题》，而分类意见，与直斋时有异同。直斋目录与版本之论，尚多散见于诸条之中。

《解题》所记岁月，以卷十二"《易林》"条之嘉熙庚子为最晚，而卷三"《春秋分记》"条有云："程公说兄弟三人，皆以科第进，今中书舍人公许，其季也。"据《宋史》卷四百十五公许本传，及《理宗纪》，其迁中书舍人进礼部侍郎，在淳祐五年十二月郑清之奉祠以后，翌年十二月史嵩之致仕之前，然则淳祐五年六年，《解题》方在撰写之中。又《解题》卷八所著录之《晁氏读书志》，乃二十卷本，案袁州本《晁氏读书后志》赵希弁序云："昭德先生校井氏书为《读书志》四卷，番阳黎侯传于蜀，刊之宜春郡斋，且取希弁家所藏书，删其重复，撷所未有，益为五卷，别以《读书附志》。三衢游史君，蜀人也，亦以蜀本镂诸梓，乃衍而为二十卷，书加多焉，盖先生门人姚君应绩所编也。"谓黎氏以蜀四卷本刊之宜春，而益以赵家所藏为五卷，游氏亦以蜀四卷本刊之三衢，而益以姚应绩所编，衍而为二十卷也。同出一源。派别而为袁衢，故赵希弁有《袁衢二本四卷考异》之作，附于袁本之末。近张菊生先生跋袁本云："公武原志既刊于蜀，其后蜀中别行姚应绩编二十卷本。"此说恐实不然，盖四卷本在先，若二十卷本别行于蜀，而删杜鹏举序，并削去井度姓名，则先后两本比对，其败岂不立见？殆因蜀经乱后，游钧以为四卷本已孤，时移地异，乃并姚所增编刊行耳，而不意黎安朝亦传蜀本也。若果有先后别行，则赵氏当为《两蜀本考异》，以证其所据原本较优，而不必为《袁衢考异》以示袁胜矣。此说如不谬，则直斋所见乃衢本，衢本据游氏跋，刊于淳祐己酉，然则《解题》之作，至淳祐九年十年而未已也。

钱泰吉《曝书杂记》卷下，曾条录《解题》中所载直斋事迹便利考证，而于卷中云："《解题》有随斋批注，《养新录》疑为元时洛阳杨益，以其《随斋诗集》也。乡先哲沈双湖叔埏吏部，谓随斋为程荣，见《颐彩堂集·书直斋书录解题后》云：录中郑樵《石鼓文考》批注，有先文简字，宋新安程泰之大昌，谥文简，曾孙荣，字仪甫，号随斋，元时人。周益公作《文简墓志》云：公自宦游去乡里，乐吴兴溪山之胜而卜居焉。子四人，準、新、本、皋。孙三人，端口先大夫名同，泰吉注、端节、端履。批注所云樵以秦斤秦权有乑、殹两字，遂以石鼓为先秦物，先文简论而非之，其说具载《演繁露》，则随斋为荣，确然无疑。"证据凿凿，录以告读《解题》者。案文简神道碑，见周益公《平园续稿》卷二十三，沈氏引文有误：子四人为準、本、皋、覃，名皆从十，无名新者。孙三人则端復、端節、端履，程氏之说，乃见于《雍录》卷九，非《演繁露》，沈氏亦误。至谓"曾孙荣，字仪甫，号随斋，元时人"。此十二字最关重要，而未言出处，殊为可惜，尚当考。然随斋为程氏后人而非杨益，则确可无疑。《解题》卷六"李结《御史台故事》"条有随斋批注云："结本名构，避光尧御讳，则仍是宋人，或宋遗民也。"直斋与程氏时有往还。即卷七所载《唐年小录》，卷十《孙子》，卷十一《文简赘笔》，卷十二《二十四气中星日月宿度》等，皆传自程文简家者也。此随斋所以亦能有其目而为之批注欤？

右原文载《大公报》一九四六年十一月二十日《文史》。

　　清末目录学者姚振宗先生及其贡献

　　目录之名，昉于《三礼》，记书之目，肇自更生。迨《隋志》，始别立簿录一门，列诸史部，目录之学，遂成专门，唐宋以降，继起者代有成书。有清藏书之家，竞研楮刻，一时目录学者，群相从事于审辨版刻，考订真伪，校勘误夺，斯学遂灿然大备。清末学者姚振宗先生，即以治目录考订之学见称者。

　　姚氏字海槎，浙江山阴人。父仰云，字楚臣。咸丰十一年，以道员总司江北粮台。同治八年，殁于扬州。咸丰十一年秋，太平军入绍兴府城，姚氏年方二十，奉两祖母，絜妻室，由宁波航海奔江北，侍其父于泰州兴化扬州等官舍，凡六年。同治六年秋，其父在扬州得奇石如狮形，因筑师石山房，又获旧板书籍，命略依四部厘订书目，由是喜为目录考证之学。越二载，姚氏丁父忧。八月，扶柩自扬州归绍兴，遵遗命购得鉴湖陆放翁快阁读书处旧址。益发愤聚古册，泛览诸家书录，考订其所藏书。自光绪五年夏起，重编《师石山房书录》，越三年乃成书，凡三十一卷。录书三千二百余部，总六万卷。每书各有考证，据《四库提要》源流定论，参以存本异同，间为提要。史志诸家书目所不及载，及新出之书别无可以考见者，则略附己说。凡属旧本，则兼及行款印记，盖兼汉中垒《别录》清《天禄琳琅书目》之例也。分类均依《四库全书》，惟于小学类字书门中分上下两编，曰说文之属，曰八体之属。又于目录类中别出金石一类，区分四门：曰目录跋尾图象之属，曰分别考证之属，曰法帖之属，曰砖瓦文字之属。盖《说文》金石，在清代各为专家，著述浩繁，附之字书目录，有末大于本之嫌，故各自为类。姚氏自序谓："目录之学，言其粗，则胪列书名，略次时代，亦不失其体裁；言其精，则六经注传之得失，诸史记载之异同，子集之支分派别，各具渊源，版築之古刻今雕，显有美恶，与夫纸墨优劣，字画精粗，古之人亦不废抉奥提纲，溯源竟委，盖实有校勘之学寓乎其中，而考证之学，且递推递密，至无穷尽也。"姚氏著书，既穷校勘之工夫，复竭考证之能事，可谓两得者矣。

光绪十七年，姚氏病《汉书·艺文志》之绲漏未尽，乃博稽旧典，辑其所未著录者，综二百十五家，得书三百十七部，越三稔而写定《汉书艺文志拾补》六卷。时先生已五十岁矣。又鉴于钱大昭侯康所撰《后汉补志》，夺略不完，自成《后汉艺文志》四卷。不云补者，不自以为补前史之阙也。又康《补三国艺文志》，亦夺略甚多，因续加采获，次成《三国艺文志》四卷，体例略同所辑之《后汉艺文志》。其不同于侯志者，侯氏隶书，皆先以蜀人，次魏人，次吴人，今则仍陈志原编旧第，以魏蜀吴为先后。又侯志以人类书，今依《隋志》之例，以书类人，盖传记之体，以人为重，目录之体，自当以书为重也。

光绪十八年，姚氏写定《汉书艺文志条理》八卷。自序谓："班氏之志，一篇之中，各有章段，不善读者，莫不以为杂乱，其实部次井然，皆有条理。今为《班志》疏通证明，先以撰人始末，次及本书源流，无可征引者，或自为之说，有所心得者，则附著于篇，即以条理名者，为分条董理，还其本来自有之条理云尔。"

光绪二十三年，又写定《隋书经籍志考证》五十二卷，以补章宗源《隋书经籍志考证》之阙。案章氏《考证》，仅见史部十三卷，今有湖北崇文书局刊本自序云："名与章氏书同，而体例则区以别矣。盖目录之学，固贵乎有所考证，而考证尤必得体要。近时为目录考证者，往往以搜辑佚文为事，余皆不甚措意，不知佚文特考证中之一端，不于一书之本末源流推寻端绪，徒沾沾于佚文之有无以究心焉，则直以辑书之法为目录之学，殊不然也。今所编录，凡撰人爵里，著书指归，但有可以考见之处，靡不条举而疏通证明之，务使一书源委大概可见，而佚文有无多寡之数，亦约略可稽，方之集注，实事求是，譬彼叙录，具体而微。"又为后序云："吾于此书多心得之言，为前人所未发，亦有驳前人旧说之未妥者。当其危疑莫释，湮没无征，有累日寻思不得，忽开悟于俄顷之间，有一事委曲未详，而辗转得数事之证，思之思之，鬼神通之，有不期然而然者，亦莫之为而为也。一书之中，凡本事可考及命意所在者，靡不著于篇，其或疑信参半，亦姑过而存之，取裁安处之间，几经审慎而后定，订正疑异之处，数易其稿而后成。"姚氏用心之苦与著书之勤，可以推知矣。

刘氏父子《七略》《别录》及《七略》书亡于唐末，乌程严可均与历城马国翰二氏之辑本，虽蒐集略备，姚氏以为未得体制，又于光绪二十五年辑《七略别录佚文》一卷，凡一百五十四条，附录十九条，又辑《七略佚文》一卷。姚氏治学，晚年弥笃。光绪二十七年，时年已耳顺，乃编次上述著作七种为《快阁师石山房丛书》。自谓皆目录学之最古者。自三代秦汉以迄于隋唐间之学术流别，大抵犁然略具矣。姚氏殁后，《丛书》稿藏于家。哲嗣幼槎特录副本，贻浙江图书馆，馆为之陆续梓行而未竟。至民国二十五年十月，上海开明书店始印成《快阁师石山房丛书》全帙七种。由是姚氏之遗书，得以永传于世，而治学之士，益恍然知姚氏之学矣。

右节录洪焕椿文。原文载《东南日报》一九四六年十一月二十一日《文史》。

读《史记·秦始皇本纪》札记

庄襄王为秦质子于赵，见吕不韦姬悦而取之，生始皇，以秦昭王四十八年正月生于邯郸，及生，名为政。

【札记】

《秦本纪》：子政立，政本作正。

梁玉绳《史记志疑》卷四附案：始皇以正月生，遂以正名之，惟其名正，是以改正月为端月。《始皇纪集解》曰：正音政，周正建子之正也。则知《史记》古本是正字，不知何时尽改作政？凡本纪、世家、列传中所称始皇之名，竟无一作正者，可怪已！惟高诱《吕氏春秋序》作正字，孔仲达《毛诗序》作秦正，《公羊》哀公十四年疏云，始皇名正，《穀梁序》疏云，秦正起而书记亡，庶几不误。然其误自《世本》来。《索隐》引《世本》作政，盖二字原属通用。秦时讳正，或并避政字，故《吕览·察微篇》引《左传》宣二年羊斟语，子为政，我为政，作制字。后遂相沿以政为名，流俗传写，便改《史记》之正为政尔。

元年

【札记】

《汉书·沟洫志》：其后韩闻秦之好兴事，欲罢之，无令东伐，迺使水工郑国间说秦，令凿泾水自中山西邸瓠口为渠。师古曰：中读曰仲，即今九嵏山之东仲山也。邸，至也。并北山东注洛三百余里，欲以溉田，中作而觉，秦欲杀郑国，郑国曰：始臣为间，然渠成，亦秦之利也。臣为韩延数岁之命，而为秦建万世之功。秦以为然，卒使就渠，渠成而用溉，注填阏之水，溉舄卤之地四万顷，收皆亩一钟。于是关中为沃野，无凶年，秦以富强，卒并诸侯，因名曰郑国渠。

《通鉴》卷六系凿渠事于始皇元年。

四年
【札记】

明董说《七国考》卷二引《太平御览》云：秦始皇四年七月，立长太平仓，丰则籴，歉则粜，以利民也。

九年，长信侯嫪毐作乱，矫王御玺。《集解》：卫宏曰：秦以前，民皆以金玉为印，龙虎钮，唯其所好。秦以来，天子独以印称玺，又独以玉。群臣莫敢用。《正义》：崔浩云：李斯磨和璧作之。汉诸帝世传服之，谓传国玺。韦曜《吴书》云：玺方四寸，上勾交五龙。文曰：受命于天，既寿永昌。《汉书》云：文曰：昊天之命，皇帝寿昌。按二文不同。《汉书·元后传》云：王莽，令王舜逼太后取玺，王太后怒投地，其角小缺。《吴志》云：孙坚入洛，扫除汉陵庙，军于甄官井得玺。后归魏。晋怀帝永嘉五年六月，帝蒙尘平阳，玺入前赵刘聪。至东晋成帝咸和四年，石勒灭前赵得玺，穆帝永和八年，石勒为慕容俊灭，濮阳太守戴施入邺得玺，使何融送晋。传宋，宋传南齐，南齐传梁，梁传至天正二年，侯景破梁至广陵，北齐将辛术定广陵得玺，送北齐。至周建德六年正月平北齐，玺入周，周传隋，隋传唐也。
【札记】

按：秦玺事，王观国《学林》卷四，杨慎《丹铅总录》卷七，亦见文集，沈德符《野获编补遗》卷四，皆有长文考之。可参阅。

又梅尧臣《宛陵先生集》卷五十三《陆子履示秦篆宝》：其文曰：二十六年，皇帝尽并兼天下诸侯，黔首大安，号为皇帝。乃诏丞相斯绾，法度量则不一嫌疑者皆明一之。秦既并诸侯，斯乃一度量。铸宝以永传，万世俾勿丧。精铜不生花，小篆著丞相。一没咸阳宫，千秋事更王。
陆君居洛城，客有来渭上。曰因农人耕，发壤破古藏。遂获此物还，
文完字何壮。始号为皇帝，立语已超旷。意将愚黔首，衅起危博浪。
其后同玉玺，不随骊山葬。今蓄于君家，徒尔资奇尚。物以用为珍，
异时皆似妄。

**十年，齐人茅焦说秦王曰：秦方以天下为事，而大王有迁母太后
之名，恐诸侯闻之，由此倍秦也。秦王乃迎太后于雍而入咸阳，复居
甘泉宫。**

【札记】

《说苑》卷九：秦始皇帝太后不谨，幸郎嫪毐，封以为长信侯，
为生两子。毐专国事，浸益骄奢。与侍中左右贵臣，俱博饮酒醉，争
言而斗，瞋目大叱曰：吾乃皇帝之假父也。窭人子何敢乃与我亢！
所与斗者走行白皇帝，皇帝大怒，毐惧诛，因作乱，战咸阳宫，毐
败，始皇乃取毐四支车裂之，取其两弟囊扑杀之，取皇太后迁之于萯
阳宫，下令曰：敢以太后事谏者，戮而杀之。从蒺藜其脊肉干四支而
积之阙下。谏而死者二十七人矣。齐客茅焦乃往上谒曰：齐客茅焦愿
上谏皇帝。皇帝使使者出问，客得无以太后事谏也？茅焦曰然。使者
还白曰，果以太后事谏。皇帝曰：走往告之！若不见阙下积死人耶？
使者问茅焦，茅焦曰：臣闻之，天有二十八宿，今死者已有二十七人
矣，臣所以来者欲满其数耳，臣非畏死人也。走入白之！茅焦邑子同
食者，尽负其衣物行亡。使者入白之，皇帝大怒曰：是子故来犯吾
禁，趣炊镬汤煮之！是安得积阙下乎！趣召之入。皇帝按剑而坐，口
正沫出，使者召之入，茅焦不肯疾行，足趣相过耳。使者趣之，茅焦
曰：臣至前则死矣，君独不能忍吾须臾乎？使者极哀之。茅焦至前，
再拜谒起称曰：臣闻之：夫有生者不讳死，有国者不讳亡，讳死者不
可以得生，讳亡者不可以得存，死生存亡，圣主所欲急闻也，不审陛
下欲闻之不？皇帝曰：何谓也？茅焦对曰：陛下有狂悖之行，陛下不

自知耶？皇帝曰：何等也？愿闻之。茅焦对曰：陛下车裂假父，有嫉妒之心；囊扑两弟，有不慈之名；迁母萯阳宫，有不孝之行；从蒺藜于谏士，有桀纣之治。今天下闻之，尽瓦解无向秦者。臣窃恐秦亡，为陛下危之。所言已毕，乞行就质。乃解衣伏质。皇帝下殿左手接之，右手麾左右曰：赦之。先生就衣。今愿受事。乃立焦为仲父，爵之为上卿。皇帝立驾，千乘万骑空左方，自行迎太后萯阳宫归于咸阳。太后大喜，乃大置酒待茅焦。及饮，太后曰：抗枉令直，使败更成，安秦之社稷，使妾母子复得相会者，尽茅君之力也。

十二年，文信侯不韦死窃葬。《索隐》：按不韦饮鸩死，其宾客数千人，窃共葬于洛阳北芒山。

【札记】

《七国考》卷十：《皇览》云：吕不韦好经书，多以葬。汉明帝朝，公卿大夫诸儒八十余人论五经误失，符节令宋元上言：臣闻秦昭王与不韦好书，皆以书葬。王至尊，不韦久贵，冢皆以黄肠题凑，处地高燥不坏，臣愿发昭王不韦冢视未焚《诗》《书》。

二十年，燕太子丹患秦兵至国，恐，使荆轲刺秦王，秦王觉之，体解轲以徇。

【札记】

《战国策》：燕太子丹尊荆轲为上卿，舍上舍，太子日日造问，供太牢具异物，间进车骑美女，恣荆轲所欲，以顺适其意。略。荆轲遂发，太子及宾客知其事者，皆白衣冠以送之。至易水上，既祖取道，高渐离击筑，荆轲和而曾无而字歌为变徵一作濮上之声，士皆垂泪涕泣。又前而为歌曰：风萧萧兮易水寒，壮士一去兮不复还。复为羽声忼慨一作复为忼慨羽声，士皆瞋目，发尽上冲一作指冠。于是荆轲遂就车而去，终已不顾。既至秦，持千金之资币物，厚遗秦王宠臣中庶子蒙嘉。略荆轲奉樊于期头函，而武阳奉地图匣，以次进至陛下。秦武阳色变振恐，群臣怪之。荆轲顾笑武阳，前为谢曰：北蛮夷之鄙人，未尝见天子，故振慑，愿大王少假借之，使毕使于前。秦王为轲曰：起，取武阳所持图。轲既取图奉之，发图。图穷而匕首见，因左手把秦王之袖，而右手持匕首揕抗之，未至身。秦王惊，自引而起，绝袖，拔剑，剑长掺其室，时怨一作恐急，剑坚，故不可立拔。荆轲逐秦王，秦王还柱而走。群臣惊愕，卒起不意，尽失其度。而秦法，群臣侍殿上者，不得持尺兵。诸郎中执兵，皆陈殿下，非有诏不得上，方急时，不及召下兵，以故荆轲逐秦王，而卒惶急无以击轲，而乃以手共搏之。是时，侍医夏无且，以其所奉药囊提轲。秦王之方还柱走，卒惶急不知所为，左右乃曰：王负剑。王负剑，遂拔以击荆轲，断其左股。荆轲废，乃引其匕首提秦王，不中，中柱。秦王复击轲，轲被八创。轲自知事不就，倚柱而笑，箕踞以骂曰：事所以不成者，乃欲以生劫之，必得约契以报太子也。左右既前斩荆轲，秦王目眩良久。已而论功赏群臣及当坐者各有差，而赐夏无且黄金二百镒，曰：无且爱我，乃以药囊提荆轲也。

二十六年，分天下以为三十六郡。《集解》：骃案三十六郡者，三川、河东、南阳、南郡、九江、鄣郡、会稽、颍川、砀郡、泗水、薛郡、东郡、琅邪、齐郡、上谷、渔阳、右北平、辽西、辽东、代郡、巨鹿、邯郸、上党、太原、云中、九原、雁门、上郡、陇西、北地、汉中、巴郡、蜀郡、黔中、长沙，凡三十五，与内史为三十六郡。

【札记】

　　王应麟《通鉴地理通释》卷一：秦四十郡。《晋·地理志》云：始皇初并天下，惩忿战国，削罢列侯，分天下为三十六郡。略于是兴师逾江，平取百越，置桂林南海象郡闽中，合四十郡，郡一守焉。其地则西临洮而北沙漠，东萦西带，皆临大海。《秦纪》云：地东至海暨朝鲜，西至临洮羌中，南至北向户，北据河为塞，并阴山至辽东。《周书·作雒》：千里百县，县有四郡。《说文》，周制地方千里，分为百县，县有四郡。吕氏曰：春秋之时，郡属于县，赵简子誓众所诏上大夫受县，下大夫受郡是也。战国之时，县属于郡，《秦纪》：惠文十年，魏纳上郡十五县是也。方孝公商鞅时，并小乡为大县，县一令，尚未有郡牧守称，及魏纳上郡之后十余年，《秦纪》始书置汉中郡，或者山东诸侯先变古制而秦效之欤？按《战国策》，楚王以新城为主郡，以此考之，郡之所治，必居形势控扼之地，郡者县之主，故谓之主郡。又云三川河东在诸郡之首者，盖所以陪辅关中，地势莫重焉，即汉所谓三河也。汉分三川为河南河内与河东，号为三河。《史记·货殖传》曰：昔唐人都河东，殷人都河内，周人都河南。夫三河在天下之中若鼎足，王者所更居也。建国各数百千岁。胡氏曰：郡县天下，可以持承平，不可以支变故。封建诸侯，可以持承平，可支变故。孙氏曰：郡县之制，尽刻根著之旧以为空虚之天下，匹夫亡秦，五胡覆晋，盗贼篡唐，此非有秦人取天下之威而失之反掌。《汉高祖纪》有东阳郡吴郡郯郡，《灌婴传》有豫章郡，皆非秦郡，盖楚汉之际所置。

收天下兵聚之咸阳，销以为钟鐻金人十二，重各千石，置廷宫中。

【札记】

《汉书·五行志》：史记秦始皇帝二十六年，有大人长五丈，足履六尺，皆夷狄服，凡十二人，见于临洮。天戒若曰：勿大为夷狄之行，将受其祸。是岁，始皇初并六国，反喜以为瑞，销天下兵器，作金人十二以象之。

《史记志疑》卷五：案《五行志》引史记大人见于临洮云云，此纪无之，不著临洮大人之事，则莫识铸金人何故。又《正义》引《三辅旧事》云，铜人各重二十四万斤，《水经注》四同。而此言千石，考《黄图》云：钟鐻高三丈，钟小者皆千石，则知千石者，乃钟鐻重数，史误并之而又失书金人之重耳。

眉按：大人见于临洮事，乃饰词。

一法度衡石丈尺

【札记】

颜之推《家训·书证》篇:《史记·始皇本纪》,二十八年,丞相隗林、丞相王绾等议于海上,诸本皆作山林之林。开皇二年五月,长安民掘得秦时铁称权,旁有铜涂镌铭二所。其一所曰:廿六年,皇帝尽并兼天下诸侯,黔首大安,立号为皇帝。乃诏丞相状绾:法度量则不壹歉疑者,皆壹明之。凡四十字。其一所曰:元年制诏丞相斯去疾,法度量尽始皇帝为之,皆刻辞焉。今袭号而刻辞不称始皇帝,其于久远也,如后嗣为之者,不称成功盛德。刻此诏于左,使毋疑。凡五十八字。一字磨灭,见有五十七字,了了分明。其书兼为古隶,余被敕写读之,与内史李德林对见此称权,今在官库。其丞相状字,乃为狀貌之状,爿旁作犬,则知俗作隗林非也。当为隗狀耳。

按:欧阳修《集古录跋尾》卷一:秦度量铭,谓秘阁校理文同尝游长安,买得此二物。考其文,与《家训》正同。然之推所见是铁称权,而同所得乃铜器,余意秦时,兹二铭刻于器物者非一也。后又于集贤校理陆经家得一铜版,所刻与前一铭亦同云。

不详撰人《续考古图》卷一:铜权二,一在河南李善初家,一东明王氏所藏,形制略同。权高二寸,径寸有九分,容合重六两。铭百有二字。王氏权又有平阳斤三字。考此权刻词,则秦二世所刻,丞相绾者,王绾也。斯,李斯也。去病,冯去病也。按权所以施于衡,然后称物平施知轻重也。五权,谓铢两斤钧石也。以小大轻重为差,圜而环之,令肉倍好,周旋无端,周而复始,无穷已也。五权之制,各有差次,按此权乃斤权也,故有刻平阳斤者,所用斤权也。内外八棱,而好圜外皆刻词,所以防磨镥也。

书同文字

【札记】

《汉书·艺文志》:六体者,古文、奇字、篆书、隶书、缪篆、虫

书，师古曰：古文谓孔子壁中书，奇字即古文而异者也。篆书谓小篆，盖秦
始皇使程邈作也。隶书亦程邈所献，主于奴隶，从简易也。缪篆，谓其文屈
曲缠绕，所以摹印章也。虫书谓为虫鸟之形，所以书幡信也。皆所以通知古
今文字，摹印章，书幡信也。古制书必同文，不知则阙，问诸故老。
至于衰世，是非无正，人用其私，师古曰：各任私意而为字。《史籀篇》
者，周时史官教学童书也。与孔氏壁中古文异体。《苍颉》七章者，
秦丞相李斯所作也。《爰历》六章者，车府令赵高所作也。《博学》七
章者，太史令胡母敬所作也。文字多取《史籀篇》，而篆体复颇异，
所谓秦篆者也。是时始建隶书矣，起于官狱多事，苟趋省易，施之于
徒隶也。

二十七年，是岁赐爵一级，治驰道。《集解》：应劭曰：天子道也。
道若今之中道然。《汉书·贾山传》曰：秦为驰道于天下，东穷燕齐，南极吴
楚，江湖之上，滨海之观毕至。道广五十步，三丈而树，厚筑其外，隐以金
椎，树以青松。
【札记】
　　王安石《临川集》卷十三《始皇驰道》诗：穆王得八骏，万事得
期修。茫茫万载间，复此好远游。车轮与马迹，此地亦尝留。想当治
通时，劳者尸如丘。
　　眉按：驰道实为中国交通史上一重要工程，徒以好远游讥之，非是。

二十八年，始皇东行郡县，上邹峄山立石，与诸儒生议刻石颂秦
德，议封禅望祭山川之事。
【札记】
　　赵彦卫《云麓漫钞》卷三：秦峄山碑，李斯小篆。御史大夫有夫
而不著大，但于下作叠画。卫宏说：夫，大夫也。古一字有两名者，
因就注之，孔子作大夫及千人字如此，夫字从大从一，盖夫中有大字，
千字从十从人，千中有人字，古人从简，每遇此二字，则作叠画。

秦始皇二十八年，即帝位之三年也。东行上峄山，立石颂秦德。自泰山至会稽，凡六刻石，《史记》皆载其词，惟不著峄山刻。观其语，皆相类，三句辄一换韵。二世立，李斯从，到碣石，并海南至会稽，而尽刻始皇所立石。旁著大臣从官名，以彰先帝成功盛德。唐封演叙后魏太武帝登山，使人排倒之。然历代摹为楷式。邑人疲于供命，聚薪其下，因野火焚之，由是残缺。上官求请，人益劳甚。有孙令取旧文勒于它石，人间所传，皆新刻也。其词曰：皇帝立国，维初在昔，嗣世称王。讨伐乱逆，威动四极，武义直方。戎臣奉诏，经时不久，灭六暴强。廿有六年，上荐高号，孝道显明。既献泰成，乃降专惠，亲轫远方。登于峄山，群臣从者，咸思攸长。追念乱世，分土建邦，以开争理。功战日作，流血于野，自泰古始。世无万数，陀及五帝，莫能禁止。廼今皇帝，壹家天下，兵不复起。灾害灭除，黔首康定，利泽长久。群臣诵略，刻此乐石，以著经纪。

二世诏：皇帝曰：金石刻，尽始皇帝所为也。今袭号，而金石刻辞不称始皇帝，其于久远也，如后嗣为之者，不称成功盛德。丞相臣斯，臣去疾，御史大夫臣德昧死言：臣请具刻诏书。金石刻因明白矣。臣昧死请。制曰：可。

廿，如拾切，今人作二十字读，非是。乐石，颜师古谓取泗滨磬石作此碑石，皆宋莒公所纪，而学易先生河间刘斯立复著论，世传泰山篆可读者，唯有二世诏五十许字，始皇刻辞，皆谓已亡。宋莒公镇东平日，遣工就摹，得别刻新石，止有卅八字。《集古录》亦云，江邻几终得此数十字。余尝以大观二年登泰山，宿绝顶，访秦篆，其石埋植土中，高不过四五尺，形制似方而非方，四面广狭不等。所谓五十许字者，在南面稍平处，人所常摹。其三面残缺，人不措意。余审观之，刮摩垢蚀，渐若可辨。及政和三年秋，复宿岳上，亲以毡椎从事，始为完善。盖四面周围悉有字，总二十二行，行十二字，字从西面起，以北东南为次。西面六行，北面三行，东面六行，南面七行。制曰可三字，复在西南棱上。十二行是始皇辞，十行是二世辞。以《史记》

证之，文意完具，如亲轺远勠，《史》作亲巡远方黎民，金石刻，《史》作刻石，著作休，嗣作世，听作圣，陲作垂，體作禮，昆作后，皆史家误。北海王寿茂松刻于石。宣政间，张澡侍郎知袭庆府，特奉诏书修东岳庙碑，尝登山访秦篆，与此说同。子观复备能言之。

乃遂上泰山立石封祠祀禅梁父，刻所立石。其辞曰：皇帝临位，作制明法，臣下修饬。二十有六年，初并天下，罔不宾服。亲巡远方黎民，登兹泰山，周览东极。从臣思迹，本原事业，只诵功德。治道运行，诸产得宜，皆有法式。大义休明，垂于后世，顺承勿革。皇帝躬圣，既平天下，不懈于治。夙兴夜寐，建设长利，专隆教诲。训经宣达，远近毕理，咸承圣志。贵贱分明，男女礼顺，慎遵职事。昭隔内外，靡不清净，施于后嗣。化及无穷，遵奉遗诏，永承重戒。

【札记】

赵撝《金石存》卷二：右秦泰山碑，宋尚书郎潘师旦摹本，尝刻入《绛帖》者也。《金石录》云：大中祥符岁，真宗东封，兖州太守摹本以献，凡四十余字。其后宋莒公摹刻于石，欧阳公载于《集古录》者皆同。大观间，汶阳刘跂斯立亲至泰山绝顶，见碑四面有字，乃摹以归，文虽残缺，首尾完具，不可识者无几。秦篆完本，复传世间。斯立摹其文刻石，自为后叙，谓之《泰山秦篆谱》。

《金薤琳琅》云：近得刘谱后叙，谓篆石埋植土中，崇四五尺，五十一字，在南面字稍平，故常为人摹塌，其三面皆残缺蔽闇，跂刮磨垢蚀而字始出。盖刻文起西面，而北而东而南，共二十二行。其末行制曰可三字，复转刻西南棱上。由是篆文首尾，几于复完。

此谱作于大观间，而《绛帖》后署淳化五年勒石，前刘谱百有余年，今观《金薤琳琅》所载刘谱，与《绛帖》正合，意斯立作谱时，当即以潘本为据，而又亲至碑所相参订耳。今泰山顶碧霞元君东庑，但存臣斯臣去疾以下二十九字，而刘谱世亦鲜传，泰山秦篆又几不可复识。予因取潘本录之，并取刘谱相证，庶几好古者得有所考据云。

申徒骃《会稽碑跋》云：行台侍御史李处巽获刘跂所摹本，刻于建业郡庠，《杨东里集》亦云应天府学有此谱刻石，余得之张士谦，应天府学即今江宁县学，予尝屡过其地，惟见吴天发神谶碑，及李处巽所摹峄山碑在尊经阁下，而泰山碑无有，问之人，亦莫有知者。俟更访之。

秦泰山碑残字

臣斯、臣去疾、御史大二臣昧死，臣请具刻诏书，金石刻因明白矣。臣昧死请。

右秦泰山碑残字二十九，今在岳顶碧霞元君宫之东庑，此斯篆真迹之仅存者。又闻泰安州城内东岳庙中别刻一石，亦二十九字，盖好事者摹之，以应四方之求，省登涉之劳也。此本字法，不见淳古，行末隐隐有分书题跋数十字，破碎不可识，此殆泰安城内之刻，非岳顶原石也。

顾炎武《日知录》卷三十一：岳顶无字碑，世传为秦始皇立。按秦碑在玉女池上，李斯篆书高不过五尺，而铭文并二世诏书咸具，不当又立此大碑也。考之宋以前亦无此说，因取《史记》反复读之，知为汉武帝所立也。

《史记·秦始皇本纪》云：上泰山立石封祠祀，其下云刻所立石，是秦石有文字之证。今李斯碑是也。《封禅书》云：东上泰山，泰山之草木叶未生，乃令人上石立之泰山巅上，遂东巡海上。四月还至奉高，上泰山封，而不言刻石，是汉石无文字之证。今碑是也。《后汉书·祭祀志》亦云：上东上泰山，乃上石立之泰山巅。然则此无字碑，明为汉武帝所立，而后之不读史者，误以为秦耳。

始皇刻石之处凡六，《史记》书之甚明。于邹峄山，则上云立石，下云刻石颂秦德；于泰山，则上云立石，下云刻所立石；于之罘，则二十八年云立石，二十九年云刻石；于琅邪，则云立石刻颂秦德；于会稽，则云立石刻颂秦德，无不先言立后言刻者。惟于碣石，则云刻碣石门，门自是石，不须立也。古人作史，文字之密如此。使秦皇别立此石，秦史焉得不纪？使汉武有文刻石，汉史又安敢不录乎？

亲巡远方黎民

【札记】

杨慎《丹铅续录》卷一：明命鬼神以为黔首则，《礼·祭统》黔
首共饮食，莫之知也。《内经》李斯刻石颂秦曰：黔首康定。太史公
因此语，遂于《秦纪》谓秦更名曰黔首。朱子注《孟子》，亦曰周言
黎民，秦言黔首，盖因太史公之语曰然。《祭统》《内经》实先秦，此
黔首之称古矣，恐不自秦也。

眉按：可参阅《史记志疑》卷五始皇更名曰黔首文。

南登琅邪，作琅邪台，立石刻颂秦德明得意曰："维二十八年，
皇帝作始。端平法度，万物之纪。以明人事，合同父子。圣智仁
义，显白道理。东抚东土，以省卒士。事已大毕，乃临于海。皇帝之
功，勤劳本事。上农除末，黔首是富。普天之下，抟心揖志。器械一
量，同书文字。日月所照，舟舆所载。皆终其命，莫不得意。应时动
事，是维皇帝。匡饬异俗，陵水经地。忧恤黔首，朝夕不懈。除疑定
法，咸知所辟。方伯分职，诸治经易。举错必当，莫不如画。皇帝之
明，临察四方。尊卑贵贱，不逾次行。奸邪不容，皆务贞良。细大尽
力，莫敢怠荒。远迩辟隐，专务肃庄。端直敦忠，事业有常。皇帝之
德，存定四极。诛乱除害，兴利致福。节事以时，诸产繁殖。黔首安
宁，不用兵革。六亲相保，终无寇贼。欢欣奉教，尽知法式。六合之
内，皇帝之土。西涉流沙，南尽北户。东有东海，北过大夏。人迹所
至，无不臣者。功盖五帝，泽及牛马。莫不受德，各安其宇。"

【札记】

韩崇《宝铁斋金石文跋尾》：琅邪台秦篆十一行。第一行从臣姓
名，存五大夫杨樛一人。次行皇帝曰以下十行，石理剥落，文多漫
漶。按嬴秦石刻著名传世者，会稽、峄山、泰山、琅邪台四种而已。

会稽最先亡失，峄山遭火焚毁，泰山存廿九字，至国朝亦遭劫火，嘉庆间搜罗残石，仅存十字。琅邪台三面临海，风燥日炎，最难搨拓，此本为汪别驾韵樵所赠，虽出近拓，字迹漫灭，远不如阮宫保精拓之十三行，然来处不易，得不奉为墨宝耶！

二十九年登之罘刻石，其辞曰："维二十九年，时在中春，阳和方起。皇帝东游，巡登之罘，临照于海。从臣嘉观，原念休烈，追诵本始。大圣作治，建定法度，显著纲纪。外教诸侯，光施文惠，明以义理。六国回辟，贪戾无厌，虐杀不已。皇帝哀众，遂发讨师，奋扬武德。义诛信行，威燀旁达，莫不宾服。烹灭强暴，振救黔首，周定四极。普施明法，经纬天下，永为仪则。大矣哉！宇县之中，承顺圣意。群臣诵功，请刻于石，表垂于常式。"其东观曰："维二十九年，皇帝春游，览省远方。逮于海隅，遂登之罘，昭临朝阳。观望广丽，从臣咸念，原道至明。圣法初兴，清理疆内，外诛暴强。武威旁畅，振动四极，禽灭六王。阐并天下，甾害绝息，永偃戎兵。皇帝明德，经理宇内，视听不怠。作立大义，昭设备器，咸有章旗。职臣遵分，各知所行，事无嫌疑。黔首改化，远迩同度，临古绝尤。常职既定，后嗣循业，长承圣治。群臣嘉德，祗诵圣烈，请刻之罘。"

三十二年，始皇之碣石，刻碣石门，坏城郭决通隄防。其辞曰："遂兴师旅，诛戮无道，为逆灭息。武殄暴逆，文复无罪，庶心咸服。惠论功劳，赏及牛马，恩肥土域。皇帝奋威，德并诸侯，初一泰平。堕坏城郭，决通川防，夷去险阻。地势既定，黎庶无繇，天下咸抚。男乐其畴，女修其业，事各有序。惠被诸产，久并来由，莫不安所。群臣颂烈，请刻此石，垂著仪矩。"

三十三年，发诸尝逋亡人、赘婿、贾人略取陆梁地，为桂林、象郡、南海以适遣戍。西北斥逐匈奴，自榆中并河以东属之阴山，以为三十四县。城河上为塞。

【札记】

陆容《菽园杂记》卷七：韵书云：楚庄王灭陈为县，县之名自此始，非也。《周礼·小司徒》有云：九夫为井，四井为邑，四邑为邱，四邱为甸，四甸为县。又《遂人》云：五家为邻，五邻为里，五里为酂，五酂为鄙，五鄙为县。则县之名先已有之，但与今县制不同耳。或谓郡县自秦汉始，亦非也。周制，地方千里，分为百县，县有四郡。上大夫受县，下大夫受郡。秦废封建之制，置三十六郡以监天下之县，汉因而增置郡国。六十七郡之名亦先有之，特古今制度不同，大小复异耳。

三十四年，適治狱吏不直者，筑长城及南越地。

【札记】

《七国考》卷三：秦筑长城：《北边备对》云：秦城多承燕赵。燕城起于造阳，而至襄平辽阳。造阳者，上谷地也。襄平者，辽东县也。辽阳者，辽水之北也。皆燕国边胡之地，故其建筑亦在此地也。赵之城，则自代地而西属于高阙代者，雁门都也。高阙者，灵州北流河之西，阴山之上游也。赵武灵王国于云代，故其备胡之城，但能并河而西以极乎赵境耳。至秦已并六国，天下为一，西自上郡北地，而东至辽东西，悉为秦有。故蒙恬之致役也，西起临洮，则中国极西之地也。北属辽东，则中国极东之地也。自东迄西殆万余里，无论燕赵，之与岷兰，其在当时，盖无一地而无长城也。于是会合三制而要其所宿，则秦城之长，固周乎中国之北矣。然审而求之，则其城不皆秦筑也，秦但补筑使足耳。《元和志》云：开皇城自代之繁峙县，北经蔚州北十里入飞狐县。夫其自代而蔚，则极北而与虏边，中国之地，不出此外。秦人为城，以城中夏，胜地固当在此矣。《志》又曰：开皇城起岚州合河县，经幽州，皆因古迹修筑。夫岚州者，楼烦郡也。初为胡地，后为赵惠文所取，则合河县固可立城矣。幽州者，战国时属燕地，则非赵人所有，何由可施版筑也？是前乎燕赵别有筑之者，史所不传，故概言因古迹修筑也。

三十四年，丞相李斯曰："略臣请史官非秦记皆烧之。非博士官所职，天下敢有藏《诗》《书》百家语者，悉诣守尉杂烧之。有敢偶语《诗》《书》者弃市。以古非今者族。吏见知不举者与同罪。令下三十日不烧，黥为城旦。所不去者，医药卜筮种树之书。若欲有学法令，《集解》徐广曰：一无法令二字。以吏为师。"制曰可。又三十五年，上乐以刑杀为威，略于是使御史悉案问诸生，诸生传相告引，乃自除犯禁者四百六十余人，皆阬之咸阳，使天下知之以惩后。益发谪徙边。始皇长子扶苏谏曰：天下初定，远方黔首未集，诸生皆诵法孔子，今上皆重法绳之，臣恐天下不安。唯上察之。始皇怒，使扶苏北监蒙恬于上郡。

【札记】

司空图《铭秦坑》："秦术戾儒，厥民斯酷。秦儒既坑，厥祀随覆。天复儒仇，儒祀而家。秦坑儒耶？儒坑秦耶？"

吴莱《秦坑铭》："惟嬴之虐，自任不儒。彼哉坑者，曰焚我书。书日以坏，嬴日以跌。竹帛烟起，干戈流血。邈矣上古，无书可征。所征者何？刻木结绳。神羲继天，肇造书契。智如仓颉，文字转炽。启我混沌，阓阳阖阴。天愁鬼哭，丧厥人心。孰坟而三，孰典而五。素王不作，万世一瞽。微言如线，横议溢廛，钩钛析乱，不扑益疑。出王入霸，儒墨相驳。徒两业之，何有礼学！岂曰不焚，动相诋讥。收拾遗烬，颠倒是非。汝涂汝塞，拘汝奔走。还我古初，匪愚黔首。有书无人，与无书同。激铭嬴氏，我将适从！"见《渊颖集》卷七。

朱彝尊《秦始皇论》：法制禁令，所以防民之奸，而非化民成俗之具也。惟秦之为国，不本于道德，而一任乎法。卫鞅曰：法之不行，自上始也。刑加于太子之师傅。而范雎为相，弃逐君之母弟，秦之君以为法在焉。师傅可刑，母弟可逐，而法不可易也。其甚者，荆轲以匕首劫始皇，几揕其胸，环柱而走，人情孰不急其君，左右之臣，至宁视其君之死，不敢操尺寸之兵上殿，其与寇仇何异？自当时视之，以为于法宜然，无足怪也。嗟夫！方其初，用事之臣惟知任法，积之既久，虽万乘之尊，为法所制，宁以身殉法而不敢易。上下相残，甘为众恶之所归，以至于亡，岂不哀哉！盖吾观于始皇之焚《诗》《书》，而深有感于其际也！当周之衰，圣王不作，处士横议，孟氏以为邪说诬民，近于禽兽，更数十年历秦必有甚于孟氏所见者。又从人之徒，素以挤秦为快，不曰嫚秦，则曰暴秦，不曰虎狼秦，则曰无道秦，所以诟詈之者靡不至。六国既灭，秦方以为伤心之怨，隐忍未发，而诸儒复以事不师古，交讪其非，祸机一动，李斯上言，百家之说燔，而《诗》《书》亦与之俱烬矣。嗟呼！李斯者，荀卿之徒，亦常习闻仁义之说，岂必以焚《诗》《书》为快哉？彼之所深恶者，百家之邪说，而非圣人之言。彼之所坑者，乱道之儒，而非圣人之徒也。特以为《诗》《书》不燔，则百家有所附会，而儒生之纷纭不止，势使法不能出于一。其忿然焚之不顾者，惧黔首之议其法也。彼始皇之初心，岂若是其忍哉？盖其所重者法，激而治之，甘为众恶之所归而不悔也。呜呼！邪说之祸，其存也无父无君，使人陷于禽兽，其发也，至合圣人之书烬焉，然则非秦焚之，处士横议者焚之也。后之儒者，不本乎圣贤之旨，文其私说，杂出乎浮屠老氏之学以眩于世，天下任法之君多有，使激而治之，可不深虑也哉！

三十五年，先作前殿阿房，东西五百步，南北五十丈，上可以坐万人，下可以建五丈旗。《索隐》：此以其形名宫也。言其宫四阿旁广也。故云下可建五丈之旗也。阿房后为宫名。《正义》：《三辅旧事》：阿房宫东西三里，南北五百步。庭中可受万人。又铸铜人十二于宫前。阿房宫以慈石为门。阿房宫之北阙门也。**阿房宫未成，成欲更择令名名之。作宫阿房，故天下谓之阿房宫。**

【札记】

　　杜牧《阿房宫赋》："六王毕，四海一，蜀山兀，阿房出。覆压三百余里，隔离天日。骊山北构而西折，直走咸阳。二川溶溶，流入宫墙。五步一楼，十步一阁，廊腰缦回，檐牙高啄。各抱地势，钩心斗角。盘盘焉，囷囷焉，蜂房水涡，矗不知其几千万落。长桥卧波，未霎何龙，复道行空，不霁何虹。高低冥迷，不知东西。歌台暖响，春光融融，舞殿冷袖，风雨凄凄。一日之内，一宫之间，而气候不齐。妃嫔媵嫱，王子皇孙，辞楼下殿，辇来于秦，朝歌夜弦，为秦宫人。略一肌一容，尽态极妍，缦立远视而望幸焉。有不见者三十六年。略戍卒叫，函谷举，楚人一炬，可怜焦土！呜呼！灭六国者六国也，非秦也；族秦者，秦也，非天下也。"

三十七年，上会稽，祭大禹，望于南海，而立石刻颂秦德。其文曰：《正义》：其碑见在会稽山上。其文及书，皆李斯。其字四寸，画如小指圆镜，今文整顿是小篆字。"皇帝休烈，平一宇内，德惠修长。《索隐》：王劭按：张徽所录会稽南山《秦始皇碑文》，修作攸。三十有七年，亲巡天下，周览远方。遂登会稽，宣省习俗，黔首斋庄。群臣诵功，本原事迹，追首高明。《索隐》：今检《会稽刻石》文，首字作道，雅符人情也。秦圣临国，始定刑名，显陈旧彰。《正义》：彰作章，碑文作画璋也。初平法式，审别职任，以立恒常。六王专倍，贪戾傲猛，率众自强。《正义》：碑文作率众邦强。暴虐恣行，负力而骄，数动甲兵。阴通间使，以事合从，行为辟方。内饰诈谋，《索隐》：刻石文谋作诈。外来侵边，遂起祸殃。义威诛之，殄熄暴悖，乱贼灭亡。圣德广密，六合之中，被泽无疆。皇帝并宇，兼听万事，远近毕清。运理群物，考验事实，各载其名。贵贱并通，善否陈前，靡有隐情。饰省宣义，有子而嫁，倍死不贞。防隔内外，禁止淫泆，男女洁诚。夫为寄猳，杀之无罪，男秉义程。妻为逃嫁，子不得母，咸化廉清。大治濯俗，天下承风，蒙被休经。皆遵度轨，和安敦勉，莫不顺令。黔首修洁，人乐同则，嘉保太平。后敬奉法，常治无极，舆舟不倾。从臣诵烈，请刻此石，光垂休铭。"

【札记】

叶奕苞《金石录补》卷二：秦会稽山刻石。"右会稽刻石，元申屠驷跋云：考诸记载，始皇及二世抵越，取浙江岑石，刻颂于山，李斯笔也。予以家藏旧本，摹勒于会稽黉舍，与峄、泰等文并传于后。

都少卿云：世人称秦望山碑，在会稽县东南四十里。《宋书》载竟陵王子良尝日登秦望山，主簿范云以山上有始皇石，人多不识，乃夜取《史记》读之，明日上山，云读如流，子良大悦，以为上宾。则晋宋以来，石固无恙。欧阳公、赵明诚皆集古文，此独见遗。今之所传，即申屠模本。其家藏旧刻，当为范云所读原本也。《史记》与碑，互异数十字云。"

眉按：据《始皇本纪索隐》《正义》所举，与碑互异，仅六字耳。

顾炎武《秦纪会稽山刻石》云：考之《国语》，自越王句践栖于会稽之后，惟恐国人之不蕃，故令壮者无取老妇，老者无取壮妻。女子十七不嫁，其父母有罪。生丈夫，二壶酒一犬，生女子，二壶酒一豚。生三人，公与之母。生二人，公与之饩。《内传》：子胥之言亦曰，越十年生聚。《吴越春秋》至谓句践以寡妇淫泆过犯，皆输山上，士有忧思者，令游山上以喜其意。当其时，盖欲民之多，而不复禁其淫泆。传至六国之末，而其风犹在，故始皇为之厉禁，而特著于刻石之文，以此与灭六王并天下之事并提而论。且不著之于燕齐而独著之于越。然则秦之任刑虽过，而其坊民正俗之意，固未始异于三王也。汉兴以来，承用秦法以至今日者多矣，世之儒者言及于秦，即以为亡国之法，亦未之深考乎！见《日知录》卷三十。

始皇崩于沙丘平台，丞相斯为上崩在外，恐诸公子及天下有变，乃秘之不发丧，棺载辒辌车中。

【札记】

《汉书·霍光传》载光尸枢以辒辌车。注："文颖曰：辒辌如今丧辒车也。孟康曰：如衣车有窗牖，闭之则温，开之则凉，故名之辒辌车也。"臣瓒曰：秦始皇道崩，秘其事，载以辒辌车，百官奏事如故，此不得是辒车类也。案杜延年奏载霍光枢以辌车，驾大厩白虎驷以辒

车，驾大厩白鹿驷为倅。师古曰：辒辌本安车也，可以卧息，后因载
丧饰以柳翣，故遂为丧车耳。辒者密闭，辌者旁开牖窗，各别一乘，
随事为名。后人既专以载丧，又去其一，总为藩饰，而合二名呼之耳。

**九月，葬始皇骊山。始皇初即位，穿治郦山，及并天下，天下徒
送诣七十余万人，穿三泉下铜而致椁。**

【札记】

李白《古风》：其三："秦皇扫六合，虎视何雄哉！飞剑决浮云，
诸侯尽西来。明断自天启，大略驾群才。收兵铸金人，函谷正东开。
铭功会稽岭，骋望琅琊台。刑徒七十万，起土骊山隈。尚采不死药，
茫然使心哀！略徐市载秦女，楼船几时回。但见三泉下，金棺葬寒
灰。"其四十八："秦皇按宝剑，赫怒震威神。逐日巡海右，驱石驾沧
津。征卒空九寓，作桥伤万人。但求蓬岛药，岂思农扈春。力尽功不
赡，千载为悲辛！"

读《三国志》札记

读《三国志》札记一　目录

　　裴松之注《三国志》颇有议论，文字上亦间有新解，兹选录之，并为加目以便查阅。

《吴历》载太史慈事与本传大异

建计拒曹始于鲁肃

读《三国志》札记一

选录裴松之注文。

曹操兵不满万语可疑

《魏志》卷一《武帝操》：时公兵不满万，伤者十二三。

臣松之以为：魏武初起兵，已有众五千，自后百战百胜，败者十二三而已矣。但一破黄巾，受降卒三十余万，余所吞并，不可悉纪，虽征战损伤，未应如此之少也。夫结营相守，异于摧锋决战。本纪云：绍众十余万，屯营东西数十里，魏太祖虽机变无方，略不世出，安有以数千之兵而得逾时相抗者哉！以理而言，窃谓不然。绍为屯数十里，公能分营与相当，此兵不得甚少一也。绍若有十倍之众，理应悉力围守，使出入断绝，而公使徐晃等击其运车，公又自出击淳于琼等，扬旌［往］还，曾无抵阂，明绍力不能制，是不得甚少二也。诸书皆云公坑绍众八万，或云七万，夫八万人奔散，非八千人所能缚，而绍之大众，皆拱于就戮，何缘力能制之，是不得甚少三也。将记述者欲以少见奇，非其实录也。按《钟繇传》云，公与绍相持，繇为司隶，送马二千余匹以给军。本纪及《世语》并云，公时有骑六百余匹，繇马为安在哉？

眉按：《魏志》卷十《荀彧传》：或谏太祖先取徐州还乃定，（吕）布云：不出十日，则十万之众，未战而自困耳。松之以为于时徐州未平，兖州又叛，而云十万之众，虽是抑抗之言，要非寡弱之称，益知官渡之役，不得云兵不满万也。此证尤为有力。

曹芳斥卖年七十奴婢与前诏不符

《魏志》卷四《齐王芳》：正始七年秋八月戊申诏曰：属到市观见所斥卖官奴婢，年皆七十，或癃疾残病，所谓天民之穷者也。且官以其力竭而复鬻之，进退无谓，其悉遣为良民。若有不能自存者，郡县振给之。

臣松之案：帝初即位，有诏，官奴婢六十以上，免为良人。既有此诏，则宜遂为永制，七八年间而复货年七十者，且七十奴婢及癃疾残病，并非可售之物，而鬻之于市，此皆事之难解。

眉按：非难解，前诏盖虚文，后复货之，以人为物耳。

蔡邕必不党董卓

《魏志》卷六《董卓传》：诸阿附卓者皆下狱死。

注：谢承《[后]汉书》曰：蔡邕在王允坐，闻卓死，有叹息之音。允责邕曰：卓，国之大贼，杀主残臣，天地所不祐，人神所同疾！君为王臣，世受汉恩，国主危难，曾不倒戈，卓受天诛，而更嗟痛乎！便使收付廷尉。邕谢允曰：虽以不忠，犹识大义，古今安危，耳所厌闻，口所常玩，岂当背国而向卓也！狂瞽之词，谬出患入，愿黥首为刑，以继汉史。公卿惜邕才，咸共谏允。允曰：昔武帝不杀司马迁，使作谤书，流于后世。方今国祚中衰，戎马在郊，不可令佞臣执笔在幼主左右，后令吾徒并受谤议。遂杀邕。

臣松之以为：蔡邕虽为卓所亲任，情必不党。宁不知卓之奸凶为天下所毒，闻其死亡，理无叹息；纵复令然，不应反言于王允之坐，斯殆谢承之妄记也。史迁纪传，博有奇功于斯世，而云王允谓孝武应早杀迁，此非识者之言，但迁为不隐孝武之失，直书其事耳，何谤之有乎！王允之忠正，可谓内省不疚者矣，既无惧于谤；且欲杀邕，当论邕应死与不，岂可虑其谤己而枉戮善人哉！此皆诬妄不通之甚者。

状董卓、袁绍嫌隙过早

《魏志》卷六《袁绍传》：卓曰：刘氏种不足复遗。绍不应，横刀长揖而去。

注：《献帝春秋》：卓欲废帝，谓绍曰：皇帝冲闇，非万乘之主。陈留王犹胜，今欲立之。人有少智大或痴，亦知复何如为当尔。且卿不见灵帝乎？念此令人愤毒！绍曰：汉家君天下四百许年，恩泽深渥，兆民戴之来久。今帝虽幼冲，未有不善宣闻天下，公欲废嫡立庶，恐众不从公议也。卓谓绍曰：竖子！天下事岂不决我！我今为之，谁敢不从。尔谓董卓刀为不利乎！绍曰：天下健者，岂唯董公！引佩刀横揖而出。

臣松之以为：绍于时与卓未构嫌隙，故卓与之谘谋。若但以言议不同，便骂为竖子，而有推刃之心，及绍复答，屈强为甚，卓又安能容忍而不加害乎？且如绍此言，进非亮正，退违诡逊，而显其竞爽之旨，以触哮阚之锋，有志功业者，理岂然哉？此语妄之甚矣。

审配烈士必不逃身于井

又《袁绍传》：审配兄子荣守东门，夜开门纳太祖兵，与配战城中，生擒配。配声气壮烈，终无挠辞，见者莫不叹息。遂斩之。

注：乐资《山阳公载记》及袁晔《献帝春秋》，并云太祖兵入城，审配战于门中，既败，逃于井中，于井获之。

臣松之以为：配一代之烈士，袁氏之死臣，岂当数穷之日，方逃身于井？此之难信，诚为易了。不知资、晔之徒，竟为何人，未能识别然否，而轻弄翰墨，妄生异端，以行其书，如此之类，正足以诬罔视听，疑误后生矣。实史籍之罪人，达学之所不取者也。

臧洪盟誓无刘表等人

《魏志》卷七《臧洪传》：洪乃升坛操盘歃血而盟曰：汉室不幸，皇纲失统，贼臣董卓乘衅纵害，祸加至尊，虐流百姓，大惧沦丧社稷，翦覆四海，兖州刺史刘岱，豫州刺史孔伷，陈留太守张邈，东郡太守桥瑁，广陵太守张超等，纠合义兵，并赴国难。凡我同盟，齐心戮力，以致臣节，殒首丧元，必无二志，有渝此盟，俾坠其命，无克遗育。皇天后土，祖宗明灵，实皆鉴之！

臣松之案：于时此盟，止有刘岱等五人而已，《魏氏春秋》横内刘表等数人，皆非事实。表保据江汉，身未尝出境，何由得与洪同坛而盟乎？

《献帝春秋》载荀彧发伏后事之厚诬

《魏志》卷十《荀彧传》：以忧薨。

注引《献帝春秋》彧发伏后事。

臣松之案：《献帝春秋》云：彧欲发伏后事，而求使至邺，而方诬太祖云，昔已尝言。言既无征，回托以官渡之虞，俯仰之间，辞情顿屈，虽在庸人，犹不至此，何以玷累贤哲哉？凡诸云云，皆出自鄙俚，可谓以吾侪之言而厚诬君子者矣。袁暐虚罔之类，此最为甚也。

荀攸之奇策

《魏志》卷十《荀攸传》：攸与钟繇善。繇言我每有所行，反覆思维，自谓无以易，以咨公达，辄复过人意。公达前后凡画奇策十二，唯繇知之。繇撰集未就，会薨，故世不得尽闻也。

臣松之案：攸亡后十六年，钟繇乃卒，撰攸奇策，亦有何难，而年造八十，犹云未就，遂使攸从征机策之谋不传于世，惜哉！

眉按：《魏书》载太祖令曰：荀公达真贤人也！所谓温良恭俭让以得之。似非画奇策如此之多者，然又称荀军师之去恶，不去不止也，则钟繇之言又似可信。或以时讳有所待，虽久未敢撰集欤？

贾诩不应与二荀并列

《魏志》卷十《荀彧荀攸贾诩传》评曰：荀彧清秀通雅，有王佐之风，然机鉴先识，未能充其志也。荀攸、贾诩，庶乎算无遗策，经达权变，其良、平之亚欤！

臣松之以为：列传之体，以事类相从，张子房青云之士，诚非陈平之伦，然汉之谋臣，良、平而已，若不共列，则余无所附，故前史合之，盖其宜也。魏氏如诩之俦，其比幸多，诩不编程、郭之篇，而与二荀并列，失其类矣。且攸、诩之为人，其犹夜光之与蒸烛乎，其照虽均，质则异焉。今荀、贾之评，共同一称，尤失区别之宜也。

《文士传》王粲说刘琮语虚伪自露

《魏志》卷二十一《王粲传》：刘表卒，粲劝表子琮令归太祖。

注：《文士传》载粲说琮曰：仆有愚计，愿进之于将军可乎？琮曰：吾所愿闻也。粲曰：天下大乱，豪杰并起，在仓卒之际，强弱未分，故大各各有心耳。当此之时，家家欲为帝王，人人欲为公侯，观古今之成败，能先见时机者，则恒受其福，今将军自度何如曹公耶？琮不能对。粲复曰：如粲所闻，曹公故人杰也。雄略冠时，智谋出世，摧袁氏于官渡，驱孙权于江外，逐刘备于陇右，破乌丸于白登，其余枭夷荡定者，往往如神，不可胜计，今日之事，去就可知也。将军能听粲计，卷甲倒戈，应天顺命，以归曹公，曹公必重德将军，保己全宗，长享福祚，垂之后嗣，此万全之策也。粲遭乱流离，托命此州，蒙将军父子重顾，敢不尽言。琮纳其言。

臣松之案：权自此以前，尚与中国和同，未尝交兵，何云驱权于江外乎？魏武以十三年征荆州，刘备却后数年方入蜀，备身未尝涉于关陇，而于征荆州之年，便云逐备于陇右，既已乖错；又白登在平城，亦魏武所不经，北征乌丸，与白登永不相豫。以此知张骘假伪之辞，而不觉其虚之自露也。凡骘虚伪妄作，不可覆疏，如此类者，不可胜纪。

阮瑀未尝逃入山中

《魏志》卷二十一《王粲附传阮瑀》注：《文士传》曰：太祖雅闻瑀名，辟之不应，连见逼促，乃逃入山中。太祖使人焚山得瑀，送至，召入。太祖征长安，大延宾客，怒瑀不与，语使就技人列。瑀善解音，能鼓琴，遂抚弦而歌，因造歌曲曰：奕奕天门开，大魏应期运。青盖巡九州，在东西人怨。士为知己死，女为悦者玩。恩义苟敷畅，他人焉能乱。为曲既捷，音声殊妙，当时冠坐。太祖大悦。

臣松之案：鱼氏《典略》、挚虞《文章志》并云：瑀建安初辞疾避役，不为曹洪屈，得太祖召，即投杖而起。不得有逃入山中焚之乃出之事也。又《典略》载太祖初征荆州，使瑀作书与刘备，及征马超，又使瑀作书与韩遂，此二书，今具存。至长安之前，遂等破走，太祖始以十六年得入关耳。而张骘云，初得瑀时，太祖在长安，此又乖戾。瑀以十七年卒，太祖十八年策为魏公，而云瑀歌舞辞称大魏应期运，愈知其妄。又其辞云，他人焉能乱，了不成语。瑀之吐属，必不如此。

眉按：瑀歌辞通首鄙劣，决为冒作，不但末句不成语而已。

乾　没

《魏志》卷二十一《傅嘏传》：岂敢倾根竭本寄命洪流以徼乾没乎？

注：《汉书·张汤传》：汤始为小吏乾没，与长安富贾田甲、鱼翁叔之属交私。服虔说曰：乾没，射成败也。如淳曰：得利为乾，失利为没。

臣松之以虔直以乾没为射成败，而不说乾没之义，于理犹为未畅。淳以得利为乾，又不可了。愚谓乾读宜为乾燥之乾，盖谓有所徼射，不计乾燥之与沉没而为之。

陈群称文景户口过实

《魏志》卷二十二《陈群传》：群上疏曰：禹承唐、虞之盛，犹卑宫室而恶衣服，况今丧乱之后，人民至少，比汉文、景之时，不过一大郡。

臣松之案：《汉书·地理志》云，元始二年，天下户口最盛，汝南郡为大郡，有三十余万户，则文、景之时，不能如是多也。案《晋太康三年地记》，晋户有三百七十七万，吴、蜀户不能居半，以此言之，魏虽始承丧乱，方晋亦当无乃大殊，长文之言，于是为过。

论诸葛亮

《蜀志》卷五《诸葛亮传》：每自比于管仲、乐毅，时人莫之许也。惟博陵崔州平、颍川徐庶元直，与亮友善，谓为信然。

注：《魏略》曰：亮在荆州，以建安初与颍川石广元、徐元直，汝南孟公威等俱游学，三人务于精熟，而亮独观其大略。每晨夜从容，常抱膝长啸，而谓三人曰：卿三人仕进可至刺史郡守也。三人问其所至？亮但笑而不言。后公威思乡里欲北归，亮谓之曰：中国饶士大夫遨游，何必故乡邪！

臣松之以为：《魏略》谓诸葛亮为公威计者可也；若谓兼为己言，可谓未达其心矣。老氏称知人者智，自知者明，凡在贤达之流，固必兼而有焉，以诸葛亮之鉴识，岂不能自审其分乎？夫其高吟俟时，情见乎言，志气所存，既已定于其始矣。若使游步中华，骋其龙光，岂夫多士所能沈翳哉？委质魏氏，展其器能，诚非陈长文、司马仲达所能颉颃，而况于余哉？苟不患功业不就，道之不行，虽志恢宇宙，而终不北向者，盖以权御已移，汉祚将倾，方将翊赞宗杰，以兴微继绝克复为己任故也。岂其区区利在边鄙而已乎！此相如所谓鹍鹏已翔于辽廓，而罗者犹视于薮泽者矣！

老 革

《蜀志》卷十《彭羕传》：羕曰：老革荒悖，可复道邪！

注：扬雄《方言》，㦖、鳃、乾、都、耇、革，老也。郭璞注曰，皆老者皮毛枯瘁之形也。

臣松之以为：皮去毛曰革，古者以革为兵，故语称兵革，革犹兵也。羕骂刘备为老革，犹言老兵也。

《吴历》载太史慈事与本传大异

《吴志》卷四《太史慈传》：是时孙策已平定宣城以东，惟泾以西六县未服，慈因进住泾县，立屯府，大为山越所附。策躬自攻讨，遂见囚执，策即解缚捉其手曰：宁识神亭时邪？若卿尔时得我云何？慈曰：未可量也。策大笑曰：今日之事，当与卿共之。

注：《吴历》云：慈于神亭战败，为策所执，策素闻其名，即解缚请见，咨问进取之术云云。

臣松之案：《吴历》云，慈于神亭战败，为策所得，与本传大异，疑为谬误。《江表传》曰：策谓慈曰：闻卿昔为太守，劫州章赴文举请诣玄德，皆有烈义天下智士也。但所托未得其人。射钩斩祛，古人不嫌，孤是卿知己，勿忧不如意也。出教云，龙欲腾骧，先阶尺木者也。

建计拒曹始于鲁肃

《吴志》卷九《周瑜传》：建安十三年九月，曹公入荆州，刘琮举众降，曹公得其水军船步兵数十万，将士闻之皆恐。权延见群下，问以计策，议者咸曰，不如迎之。瑜曰不然云云。权曰：老贼欲废汉自立矣！徒忌二袁、吕布、刘表与孤耳。今数雄已灭，惟孤尚存，孤与老贼，势不两立。君言当击，甚与孤合，此天以君授孤也。

臣松之以为：建计拒曹公，实始鲁肃。于时周瑜使鄱阳，肃劝权呼瑜，瑜使鄱阳还，但与肃暗同，故能共成大勋。本传直云权延见群下，问以计策，瑜摆拨众人之议，独言抗拒之计，了不云肃先有谋，殆为攘肃之善也。

又同卷《鲁肃传》：时诸葛亮与备相随，肃谓亮曰，我子瑜友也，即共定交。备遂到夏口，遣亮使权，肃亦反命。

臣松之案：刘备与权并力，共拒中国，皆肃之本谋。又语诸葛亮曰，我子瑜友也，则亮已亟闻肃言矣。而《蜀书·亮传》云，亮以连横之略说权，权乃大喜，如似此计始出于亮。若二国史官各记所闻，竞欲称扬本国容美，各取其功，今此二书同出一人，而舛互若此，非载述之体也。

读《三国志》札记二　目录

笮融兴佛

吴士燮等之所治各学及其撰述

当涂掌事亦宜读书

读《三国志》札记二

曹操之己亥令

《魏武故事》载公建安十四年十二月己亥令曰：孤始举孝廉，年少，自以本非岩穴知名之士，恐为海内人之所见凡愚，欲为一郡守，好作政教，以建立名誉，使世士明知之，故在济南始除残去秽，平心选举，违忤诸常侍，以为强豪所忿，恐致家祸，故以病还。去官之后，年纪尚少，顾视同岁中年有五十，未名为老，内自图之，从此却去二十年，待天下清，乃与同岁中始举者等耳，故以四时归乡里，于谯东五十里筑精舍，欲秋夏读书，冬春射猎，求底下之地，欲以泥水自蔽，绝宾客往来之望，然不能得如意。后征为都尉，迁典军校尉，意遂更欲为国家讨贼立功，欲望封侯作征西将军，然后题墓道言汉故征西将军曹侯之墓，此其志也。而遭值董卓之难，兴举义兵，是时合兵能多得耳，然常自损不欲多之，所以然者，兵多意盛，与强敌争，倘更为祸始，故汴水之战数千，后还到扬州更募，亦复不过三千人，此其本志有限也。后领兖州，破降黄巾三十万众，又袁术僭号于九江，下皆称臣，名门曰建号门，衣被皆为天子之制，两妇预争为皇后，志计已定，人有劝术使遂即帝位，露布天下，答言曹公尚在，未可也。后孤讨禽其四将，获其人众，遂使术穷亡解沮，发病而死。及至袁绍据河北，兵势强盛，孤自度势实不敌之，但计投死为国，以义灭身，足垂于后，幸而破绍，枭其二子。又刘表自以为宗室，包藏奸心，乍前乍却，以观世事，据有荆州，孤复定之。遂平天下，身为宰相，人臣之贵已极，意望已过矣。今孤言此，若为自大，欲人言尽，故无讳耳。设使国家无有孤，不知当几人称帝？几人称王？或者人见孤强盛，又性不信天命之事，恐私心相评，言有不逊之志，妄相忖度，每用耿耿！齐桓、晋文所以垂称至今日者，以其兵势广大，犹能奉事周室也。《论语》云，三分天下有其二以服事殷，周之德可谓至德矣。夫能以大事小也。昔乐毅走赵，赵王欲与之图燕，乐毅伏而垂泣对曰：臣事昭王，犹事大王，臣若获戾，放在他国，没世然后已，不忍谋赵之徒隶，况燕后嗣乎？胡亥之杀蒙恬也，恬曰：自吾先人及至子孙，积信于秦三世矣，今臣将兵三十余万，其势足以背叛，然自知必死而守义者，不敢辱先人之教以忘先王也。孤每读此二人书，未尝不怆然流涕也。孤祖父以至孤身，皆当亲重之任，可谓见信者矣。以及子植兄弟，过于三世矣。孤非徒对诸君说此也，常以语妻妾，皆令深知此意。孤谓之言，顾我万年之后，汝曹皆当出嫁，欲令传道我心，使他人皆知之。孤此言，皆肝鬲之要也。所以勤勤恳恳叙心腹者，见周公有《金縢》之书以自明，恐人不信之故。然欲孤便尔委捐所典兵众以还执事，归就武平侯国，实不可也。何者？诚恐已离兵为人所祸也。既为子孙计，又己败则国家倾危，是以不得慕虚名而处实祸，此所不得为也。前朝恩封三子为侯，固辞不受，今更欲受之，非欲复以为荣，欲以为外援，为万安计。孤闻介推之避晋封，申胥之逃楚赏，未尝不舍书而叹，有以自省也。奉国威灵，仗钺征伐，推弱以克强，处小而禽大，意之所图，动无违事，心之所虑，何向不济，遂荡平天下，不辱主命，可谓天助汉室，非人力也。然封兼四县，食户三万，何德堪之！江湖未静，不可让位，至于邑土，可得而辞，今上还阳夏、柘、苦三县户二万，但食武平万户，且以分损谤议，少减孤之责也。据《魏志》卷一注引。

曹操建安二十二年秋八月令

　　昔伊挚、傅说，出于贱人，管仲，桓公贼也，皆用之以兴。萧何、曹参，县吏也，韩信、陈平，负污辱之名，有见笑之耻，卒能成就王业，声著千载。吴起贪将，杀妻自信，散金求官，母死不归，然在魏，秦人不敢东向，在楚则三晋不敢南谋。今天下得无有至德之人放在民间，及果勇不顾，临敌力战，若文俗之吏，高才异质，或堪为将守，负污辱之名，见笑之行，或不仁不孝而有治国用兵之术，其各举所知，勿有所遗。据《魏志》卷一注引《魏书》。

王粲颂曹操诗

《魏志》卷一《武帝操》：建安二十年十二月，公自南郑还，留夏侯渊屯汉中。

注：是行也，侍中王粲作五言诗以美其事曰：从军有苦乐，但问所从谁。所从神且武，安得久劳师。相公征关右，赫怒振天威，一举灭猃虏，再举服羌夷，西收边地贼，忽若俯拾遗。陈赏越山岳，酒肉逾川坻。军中多饶饫，人马皆益肥，徒行兼乘还，空出有余资。拓土三千里，往返速如飞，歌舞入邺城，所愿获无违。

鸡肋之喻

建安二十四年三月，王自长安出斜谷，军遮要以临汉中，遂至阳平，刘备因险拒守。

注：《九州春秋》曰：时王欲还，出令曰鸡肋，官属不知所谓，主簿杨修便自严装，人惊问修何以知之？修曰：夫鸡肋，弃之如可惜，食之无所得，以比汉中，知王欲还也。

曹丕《典论》

《自叙》：初平之元，董卓杀主鸩后，荡覆王室。是时四海既困中平之政、兼恶卓之凶逆，家家思乱，人人自危。山东牧守，咸以《春秋》之义卫人讨州吁于濮，言人人皆得讨贼。于是大兴义兵，名豪大侠，富食强族，飘扬云会，万里相赴。兖、豫之师，战于荥阳，河内之甲，军于孟津，卓遂迁大驾西都长安，而山东大者连郡国，中者婴城邑，小者聚阡陌以还相吞灭。会黄巾盛于海、岳，山寇暴于并、冀，乘胜转攻，席卷而南，乡邑望烟而奔，城郭睹尘而溃，百姓死亡，暴骨如莽。时余年五岁，上以世方扰乱，教余学射，六岁而知射，又教余骑马，八岁而能骑射矣。以时之多故，每征，余常从。建安初，上南征荆州，至宛，张绣降，旬日而反，亡兄孝廉子修、从兄安民遇害。时余年十岁，乘马得脱。夫文武之道，各随时而用，生于中平之季，长于戎旅之间，是以少好弓马，于今不衰，逐禽辄十里，驰射常百步，日多体健，心每不厌。建安十年，始定冀州，涉、貃贡良弓，燕、代献名马。时岁之暮春，勾芒司节，和风扇物，弓燥手柔，草浅兽肥，与族兄子丹猎于邺西，终日手握獐鹿丸雉兔。三十后，军南征次曲蠡，尚书令荀彧奉使犒军，见余，谈论之末，或言闻君善左右射，此实难能，余言执事未睹夫项发口纵，俯马蹄而仰月支也。或善笑曰乃尔！余曰：埒有常径，的有常所，虽每发辄中，非至妙也。若驰平原，赴丰草，要狡兽，截轻禽，使弓不虚弯，所中必洞，斯则妙矣。时军祭酒张京在坐，顾或拊手曰善。余又学击剑，阅师多矣，四方之法各异，唯京师为善。桓、灵之间，有虎贲王越善斯术，称于京师，河南史阿言昔与越游，具得其法，余从阿学之精熟。尝与平虏将军刘勋、奋威将军邓展等共饮，宿闻展善有手臂，晓五兵，又称其能空手入白刃，余与论剑良久，谓言，将军法非也。余顾尝好之，又得善术。因求与对。时酒酣耳热，方食竿蔗，便以为杖，下殿数交，三中其臂，左右大笑。展意不平，求更为之。余言吾法急属难相中面，故齐臂耳。展言愿复一交。余知其欲突以取交中也，因伪深进，展果寻前，余却脚䟫正截其颡，坐中惊视。余还坐笑曰：昔阳庆使淳于意去其故方，更授以秘术，今余亦愿邓将军捐弃故技，更受要道也。一坐尽欢。略上雅好诗书文籍，虽在军旅，手不释卷，每每定省，从容常言，人少好学则思专，长则善忘，长大而能勤学者，唯吾与袁伯业耳。余是以少诵诗论，及长而备历五经四部《史》《汉》诸子百家之言，靡不毕览。

《魏志》卷二《文帝丕》：初帝好文学，以著述为务云云。

注：胡冲《吴历》曰：帝以素书所著《典论》及诗赋饷孙权，又以纸写一通与张昭。

卷三《明帝叡》：太和四年春二月戊子，诏太傅三公以文帝《典论》刻石，立于庙门之外。

曹叡之太极殿与女官

《魏志》卷三《明帝叡》：青龙三年，是时大治洛阳宫，起昭阳、太极殿，筑总章观，百姓失农时，直臣杨阜、高堂隆等各数切谏，虽不能听，帝优容之。

注：《魏略》曰：是年起太极诸殿，筑总章观，高十余丈，建翔风于其上。又于芳林园中起陂池，楫棹越歌。又于列殿之北立八坊，诸才人以次序处其中，贵夫人以上转南附焉。其秩石拟百官之数。帝常游宴在内，乃选女子知书可付信者六人以为女尚书，使典省外奏事处当画可。自贵人以下至尚保，及给掖庭洒扫习伎歌者各有千数。通引谷水过九龙殿前，为玉井绮栏，蟾蜍含受，神龙吐出。使博士马均作司南车水转百戏。岁首建巨兽，鱼龙曼衍，弄马倒骑，备如汉西京之制，筑阊阖诸门，阙外罘罳。太子舍人张茂以吴、蜀数动，诸将出征，而帝盛兴宫室，留意于玩饰，赐与无度，帑藏空竭，又录夺士女前已嫁为吏民妻者还以配士，指战士既听以生口自赎，又简选其有姿色者内之掖庭，乃上书谏曰云云。

又景初元年注：《魏略》曰：是岁，徙长安诸钟簴、骆驼、铜人、承露盘，盘折，铜人重不可致，留于霸城。大发铜铸作铜人二，号曰翁仲，列坐于司马门外。又铸黄龙、凤凰各一，龙高四丈，凤高三丈余，置内殿前。起土山于芳林园西北陬，使公卿群僚皆负土成山，树松竹杂木善草于其上，捕山禽杂兽置其中。

高贵乡公髦之读书见解

《魏志》卷四：甘露元年夏四月丙辰，帝幸太学。

问诸儒曰：圣人幽赞神明，仰观俯察，始作八卦，后圣重之为六十四，立爻以极数，凡斯大义，罔有不备，而夏有《连山》，殷有《归藏》，周曰《周易》，《易》之书，其故何也？

《易》博士淳于俊对曰：包羲因燧皇之图而制八卦，神农演之为六十四，黄帝、尧、舜通其变，三代随时，质文各繇其事。故《易》者变易也。名曰《连山》，似山出内气连天地也。《归藏》者，万事莫不归藏于其中也。

帝又曰：若使包羲因燧皇而作《易》，孔子何以不云燧人氏没，包羲氏作乎？

俊不能答。

帝又问曰：孔子作彖、象，郑玄作注，虽圣贤不同，其所释经义一也。今彖、象不与经文相连，而注连之何也？

俊对曰：郑玄合彖、象于经者，欲使学者寻省易了也。

帝曰：若郑玄合之，于学诚便，则孔子曷为不合以了学者乎？

俊对曰：孔子恐其与文王相乱，是以不合，此圣人以不合为谦。

帝曰：若圣人以不合为谦，则郑玄何独不谦耶？

俊对曰：古义弘深，圣问奥远，非臣所能详尽。

帝又问曰：《系辞》云：黄帝、尧、舜垂衣裳而天下治，此包羲、神农之世为无衣裳，但圣人化天下，何殊异尔邪？

俊对曰：三皇之时，人寡而禽兽众，故取其羽皮而天下用足，及至黄帝，人众而禽兽寡，是以作为衣裳以济时变也。

帝又问：乾为天，而复为金为玉为老马，与细物并邪？

俊对曰：圣人取象，或远或近，近取诸物，远则天地。

讲《易》毕，复命讲《尚书》。

帝问曰：郑玄云，稽古同天，言尧同于天也。王肃云，尧顺考古道而行之。二义不同，何者为是？

博士庾峻对曰：先儒所执，各有乖异，臣不足以定之。然《洪范》称三人占从二人之言，贾、马及肃，皆以为顺考古道，以《洪范》言之，肃义为长。

帝曰：仲尼言唯天为大，唯尧则之。尧之大美在乎则天，顺考古道，非其至也。今发篇开义以明圣德，而舍其大，更称其细，岂作者之意邪？

峻对曰：臣奉遵师说，未喻大义，至于折中，裁之圣思。

次及四岳举鲧：

帝又问曰：夫大人者，与天地合其德，与日月合其明，思无不周，明无不照，今王肃云，尧意不能明鲧，是以试用，如此，圣人之明有所未尽邪？

峻对曰：虽圣人之弘，犹有所未尽，故禹曰：知人则哲，惟帝难之，然卒能改授圣贤，缉熙庶绩，亦所以成圣也。

帝曰：夫有始有卒，其唯圣人，若不能始，何以为圣？其言惟帝难之，然卒能改授，盖谓知人圣人所难，非不尽之言也。《经》云：知人则哲，能官人。若尧疑鲧，试之九年，官人失叙，何得谓之圣哲？

峻对曰：臣窃观经传，圣人行事，不能无失，是以尧失之四凶，周公失之二叔，仲尼失之宰予。

帝曰：尧之任鲧，九载无成，汩陈五行，民用昏垫。至于仲尼失之宰予，言行之间，轻重不同也。至于周公、管、蔡之事，亦《尚书》所载，皆博士所当通也。

峻对曰：此皆先贤所疑，非臣寡见所能究论。

次及有鳏在下曰虞舜：

帝问曰：当尧之时，洪水为害，四凶在朝，宜速登贤圣，济斯民之时也。舜年在既立，圣德光明，而久不进用何也？

峻对曰：尧咨嗟求贤，欲逊己位，岳曰否德忝帝位，尧复使岳扬举仄陋，然后荐舜，荐舜之本，实由于尧，此盖圣人欲尽众心也。

帝曰：尧既闻舜而不登用，又时忠臣亦不进达，乃使岳扬举仄陋而后荐举，非急于用圣恤民之谓也。

峻对曰：非臣愚见所能逮及。

于是复命讲《礼记》。

帝问曰：太上立德，其次务施报。为治何由而教化各异？皆修何政而能致于立德，施而不报乎？

博士马照对曰：太上立德，谓三皇五帝之世，以德化民。其次报施，谓三王之世，以礼为治也。

帝曰：二者致化，薄厚不同，将主有优劣邪？时使之然乎？

照对曰：诚由时有朴文，故化有薄厚也。

吕布妻

《魏志》卷七《吕布传》：布东奔刘备。

注：《英雄记》曰：布见备甚敬之，谓备曰：我与卿，同边地人也。布见关东起兵，欲诛董卓，布杀卓东出，关东诸将无安布者，皆欲杀布耳。请备于帐中坐妇床上，令妇向拜，酌酒饮食。名备为弟。备见布语言无常，外然之而内不说。

布遣人求救于袁术，术自将千余骑出战败走，还保城不敢出。

注：《英雄记》：布遣许汜、王楷告急于术，略与太祖守兵相触，格射不得过，复还城。布欲令陈宫、高顺守城，自将骑断太祖粮道，布妻谓曰：将军自出断曹公粮道是也。宫、顺素不和，将军一出，宫、顺必不同心共城守也。如有蹉跌，将军当如何自立乎？愿将军谛

计之，无为宫等所误也。妾昔在长安，已为将军所弃，赖得庞舒私藏妾身耳。今不须顾妾也。布得妻言，愁闷不能自决。《魏氏春秋》曰：陈宫谓布曰：曹公远来，势不能久，若将军以步骑出屯为势于外，宫将余众闭守于内，若向将军，宫引兵而攻其背，若来攻城，将军为救于外，不过旬日，军食必尽，击之可破。布然之。布妻曰：昔曹氏待公台如赤子，犹舍而来，今将军厚公台不过于曹公，而欲委全城，捐妻子，孤军远出，若一旦有变，妾岂得为将军妻哉？布乃止。

遂生缚布。

注：《英雄记》曰：布谓太祖曰：布待诸将厚也，诸将临急皆叛布耳。太祖曰：卿背妻爱诸将妇，何以为厚？布默然。

臧旻熟谙西域情况

《魏志》卷七《臧洪传》父旻注：谢承《汉书》应为《后汉书》：旻征拜议郎，还京师，见太尉袁逢，逢问其西域诸国土地、风俗、人物、种数，旻具答，言西域本三十六国，后分为五十五，稍散至百余国。其国大小，道里近远，人数多少，风俗燥湿，山川、草木、鸟兽、异物各种不与中国同者，悉口陈其状，手画地形。逢奇其才，叹息言：虽班固作《西域传》，何以加此。

黄巾军诸帅自相号字

《魏志》卷八《张燕传》：众至百万，号曰黑山。

注：《典略》曰：黑山、黄巾诸帅，本非冠盖，自相号字：谓骑白马者为张白骑，谓轻捷者为张飞燕即张燕，谓声大者为张雷公，其饶须者则自称于氐根，其眼大者自称李大目。张璠《汉纪》云：又有左校、郭大贤、左髭丈八三部也。

荀粲之唯理说

《魏志》卷十《荀彧传》诜弟颙注：《晋阳秋》：颙弟粲，字奉倩。何劭为粲传曰：粲诸兄并以儒术论议，而粲独好言道。常以为子贡称夫子之言性与天道不可得闻，然则六籍虽存，固圣人之糠秕。粲兄俣难曰：《易》亦云圣人立象以尽意，系辞焉以尽言，则微言胡为不可得而闻见哉？粲答曰：盖理之微者，非物象之所举也。今称立象以尽意，此非通于意外者也。系辞焉以尽言，此非言乎系表者也。斯则象外之意，系表之言，固蕴而不出矣。及当时能言者不能屈也。

议复肉刑

《魏志》卷十二《毛玠传》：后有白玠者：出见黥面反者，其妻子没为官奴婢，玠言曰：使天不雨者盖此也。太祖大怒，收玠付狱。大理钟繇诘玠曰：自古圣帝明王，罪及妻子。《书》云：左不共左，右不共右，予则孥戮女！司寇之职，男子入于罪隶，女子入于舂槁。眉按：《汉书·刑法志》注：孟康曰：主暴燥舂之也。汉律，罪人妻子没为奴婢，黥面汉法所行。黥墨之刑，存于古典。今真奴婢祖先有罪，虽历百世犹有黥面供官，一以宽良民之命，二以宥并罪之辜，此何以负于神明之意。

卷十三《钟繇传》：初太祖下令，使平议死刑可宫割者，繇以为古之肉刑，更历圣人，宜复施行以代死刑。议者以为非悦民之道，遂寝云云。

卷二十二《陈群传》：时太祖议复肉刑，令曰：御史中丞能申其父之论乎？群对曰：臣父纪，以为汉除肉刑而增加笞，本兴仁恻而死者更众，所谓名轻而实重者也。名轻则易犯，实重则伤民。《书》曰：惟敬五刑，以成三德。《易》著劓、刖、灭趾之法，所以辅政助教，惩恶息杀也。略夫三千之属，虽未可悉复，若斯数者，时之所患，宜先施用。汉律所杀殊死之罪，仁所不及也。其余逮死者可以刑杀。如此，则所刑之与所生足以相贸矣。今以笞死之法，易不杀之刑，是重人支体而轻人躯命也。时钟繇与群议同。王朗及议者多以为未可行，太祖深善繇、群言，以军事未罢，顾众议，故且寝。

配嫁之限制

《魏志》卷十三《钟繇传》子毓：曹爽既诛，入为御史中丞、侍中廷尉，听君父已没，臣子得为理谤，及士为侯，其妻不复配嫁，毓所创也。

会稽秦始皇木像

《魏志》卷十三《王朗传》：朗会稽太守。

注：《朗家传》曰：会稽旧祀秦始皇，刻木为像，与夏禹同庙。朗到官，以为无德之君，不应见祀，于是除之。

王肃论《史记》

《魏志》卷十三《王朗传》子肃：帝又问司马迁以受刑之故，内怀隐切，著《史记》非贬孝武，令人切齿！对曰：司马迁记事，不虚美，不隐恶，刘向、扬雄服其善叙事，有良史之才，谓之实录。汉武帝闻其述《史记》，取孝景及己本纪览之，于是大怒，削而投之。于今此两纪有录无书。后遭李陵事，遂下迁蚕室。此为隐切在孝武而不在于史迁也。

太学虚设

《魏志》卷十五《刘馥传》子靖：上疏陈儒训之本曰：夫学者，治乱之轨仪，圣人之大教也。自黄初以来，崇立太学二十余年，眉按：《魏志》卷二：黄初五年夏四月立太学，制五经课试之法，置《春秋穀梁》博士。而寡有成者，盖由博士选轻，诸生避役，高门子弟，耻非其伦，故无学者，虽有其名而无其人，虽设其教而无其功。宜高选博士，取行为人表，经任人师者，掌教国子，依遵古法，使二千石以上子孙，年从十五，皆入太学，明制黜陟荣辱之路。其经明行修者，则进之以崇德，荒教废业者，则退之以惩恶。举善而教不能，则劝，浮华交游，不禁自息矣。

太学博士乐详

《魏志》卷十六《杜畿传》注引《魏略》：乐详，建安初，闻公车司马令南郡谢该善《左氏传》，乃从南阳步诣该问疑难诸要，今《左氏乐氏问七十二事》，详所撰也。黄初中，征拜博士。于时太学初立，有博士十余人，学多褊狭，又不熟悉，略不亲教，备员而已。惟详五业并授，其或难解，质而不解，详无愠色，以杖画地，牵譬引类，至忘寝食。以是独擅名于远近。详学既精悉，又善推步，三五别授。诏与太史典定律历。

如此而可以屏翰皇家乎

《魏志》卷十九《陈思王植传》注：《魏略》曰：是后大发士息及取诸国士，植以近前诸国士息已见发，其遗孤稚弱。在者无几，而复被取，乃上书曰：略臣初受封策书曰：植受兹青社，封于东土，以屏翰皇家，为魏藩辅。而所得兵百五十人，皆年在耳顺，或不逾矩。虎贲官骑及亲事凡二百余人，正复不老，皆使年壮，备有不虞，检校乘城，顾不足以自救，况皆耄耋罢曳乎！而名为魏东藩，使屏翰王室，臣窃自羞矣。就之诸国，国有士子，合不过五百人。伏以为三军益损，不复赖此。方外不定，必当须办者，臣愿将部曲，倍道奔赴，夫妻负襁，子弟怀粮，蹈锋履刃，以徇国难，何但习业小儿哉？愚诚以挥涕增河，鼹鼠饮海，于朝万无损益，于臣家计甚有废损。又臣士息前后三送，兼人已竭，惟尚有小儿七八岁已上。十六七已还三十余人。今部曲皆年耆，卧在床席，非糜不食，眼不能视，气息裁属者，凡三十七人，疲癃风靡疭盲聋聩者二十三人，惟正须此。小儿大者可备宿卫，虽不足以御寇，粗可以警小盗，小者未堪大使，为可使耘锄秽草，驱护鸟雀，休候人则一事废，一日猎则众业散，不亲自经营则功不摄，常自躬亲，不委下吏而已。下略。

应劭撰述

《魏志》卷二十一《王粲附传应劭》：诸所撰述《风俗通》等，凡百余篇，辞虽不典，世服其博闻。《续汉书》曰：劭又著《中汉辑叙》《汉官仪》。及《礼仪故事》，凡十一种，百三十六卷，朝廷制度，百官仪式，所以不亡者，由劭记之。

《四体书势》

《魏志》卷一《武帝操》：建安十三年九月，以刘表大将文聘为江夏太守，使统本兵，引用荆州名士韩嵩、邓义等。

注：卫恒《四体书势序》曰：上谷王次仲善隶书，始为楷法，至灵帝好书，世多能者，而师宜官为最，甚矜其能，每书辄削焚其札，梁鹄乃益为版，而饮之酒，候其醉而窃其札，鹄卒以攻书至选部尚书。鹄后依刘表，及荆州平，公募求鹄，使在秘书，以勒书自效。公

尝悬著帐中，及以钉壁玩之，谓胜宜官。鹄安定人，魏宫殿题署，皆鹄书也。

《魏志》卷二十一《刘劭传》：光禄大夫京兆韦诞。

注：卫觊孙恒撰《四体书势》，其序古文曰：自秦用篆书，焚烧先典，而古文绝矣。汉武帝时，鲁恭王坏孔子宅，得《尚书》《春秋》《论语》《孝经》，时人已不复知有古文，谓之科斗书，汉世秘藏，希得见之。魏初传古文者，出于邯郸淳，敬侯写淳《尚书》后以示淳，而淳不别。至正始中，立三字石经，转失淳法，因科斗之名，遂效其法。太康元年，汲县民盗发魏襄王冢，得策书十余万言，案敬侯书犹有仿佛。敬侯谓觊也。其序篆书曰：秦时李斯号为工篆，诸山及铜人铭，皆斯书也。汉建初中，扶风曹喜少异于斯，而亦称善。邯郸淳师焉，略究其妙，韦诞师淳而不及也。太和中，诞为武都太守。以能书留补侍中，魏氏宝器铭题，皆诞书云。汉末又有蔡邕，采斯、喜之法为古今杂形，然精密简理，不如淳也。其序录隶书，已略见《武纪》。又曰：师宜官为大字，邯郸淳为小字，梁鹄谓淳得次仲法，然鹄之用笔，尽其势矣。其序草书曰：汉兴而有草书，不知作者姓名。至章帝时，齐相杜度号善作篇，后有崔瑗、崔寔，亦皆称工。杜氏结字甚安，而书体微瘦，崔氏甚得笔势，而结字小疏。弘农张伯英者，因而转精其巧。几家之衣帛，必书而后练之。临池学书，池水尽黑。下笔必为楷则，号匆匆不暇草，寸纸不见遗，至今世人尤宝之。韦仲将谓之草圣。伯英弟文舒者，次伯英。又有姜孟颖、梁孔达、田彦和及韦仲将之徒，皆伯英弟子，有名于世，然殊不及文舒也。

市匈奴奴婢

《魏志》卷二十二《陈群传》子泰：正始中，徙游击将军为并州刺史，加振威将军，使持节护匈奴中郎将，怀柔夷民，甚有威惠。市邑贵人，多寄宝货，因泰市匈奴奴婢，泰皆挂之于壁，不发其封。及征为尚书，悉以还之。

不婚本族

《魏志》卷二十二《陈矫传》注：《魏氏春秋》曰：矫本刘氏子，出嗣舅氏，而婚于本族，徐宣每非之，庭议其阙。太祖惜矫才量，欲拥全之，乃下令曰：丧乱已来，风教彫薄，谤议之言，难用褒贬，自建安五年已前，一切勿论。其以断前诽议者，以其罪罪之。

考课法

《魏志》卷二十二《卢毓传》：前此诸葛诞、邓飏等驰名誉，有四窗八达之诮，文帝疾之。时举中书郎，诏曰：得其人与否，在卢生耳。选举莫取有名，名如画地作饼，不可啖也。毓对曰：名不足以致异人，而可以得常士，常士畏教慕善，然后有名，非所当疾也。愚臣既不足以识异人，又主者正以循名案常为职，但当有以验其后。故古者敷奏以言，明试以功，今考绩之法废，而以毁誉相进退，故真伪浑杂，虚实相蒙。帝纳其言，即诏作考课法。

《魏志》卷二十四《崔林传》：散骑常侍刘劭作《考课论》，制下百僚，林议曰：案《周官》考课，其文备矣，自康王以下，遂以陵迟，此即考课之法，存乎其人也。及汉之季，其失岂在乎佐吏之职不密哉？方今军旅，或猥或卒，备之以科条，申之以内外，增减无常，固难一矣。且万目不张举其纲，众毛不整振其领，皋陶仕虞，伊尹臣殷，不仁者远，五帝三王，未必如一，而各以治乱。《易》曰：易简而天下之理得矣。太祖随意设辟，以遗来今，不患不法古也。以为今之制度，不为疏阔，惟在守一勿失而已。若朝臣能任仲山甫之重，式是百辟，则孰敢不肃。

许劭举人不由资格

《魏志》卷二十三《和洽传》注：《汝南先贤传》曰：召陵谢子微，高才远识，见劭年十八时，乃叹息曰：此则希世出众之伟人也。劭始发明樊子昭于鬻帻之肆，出虞永贤于牧竖，召李叔才乡间之间，擢郭子瑜鞍马之吏，援杨孝祖举和阳士，兹六贤者，皆当世之令懿也。其余中流之士，或举之于淹滞，或显之于童齿，莫不赖劭顾叹之荣。凡所拔育，显成令德者，不可殚记。其探摘伪行，抑损虚名，则周之单襄，无以尚也。

眉按：《吴志》卷十六《陆凯传》：凯上疏孙皓曰：臣闻殷汤取士于商贾，齐桓取士于车辕，周武取士于负薪，大汉取士于奴仆，明王圣主，取士以贤，不拘卑贱，故其功德洋溢，名流竹素，非求颜色而取好服捷口容悦者也。其意亦可与许劭举人事相证发，因附录之。

《左氏》《公羊》之争

《魏志》卷二十三《裴潜传》注：《魏略列传》：严干从破乱之后，更折节学问，特善《春秋公羊》。司隶钟繇不好《公羊》而好《左氏》，谓《左氏》为大官，而谓《公羊》为卖饼家，故数与干共辨析长短。繇为人机捷，善持论，而干讷口，临时屈无以应，繇谓干曰：公羊高竟为左丘明服矣。干曰：直故更为明使君服耳，公羊未肯也。

明经术为取青紫

《魏志》卷二十五《高堂隆传》：始景初中，帝以苏林、秦静等并老，恐无能传业者，乃诏曰：略方今宿生巨儒，并各年高，教训之道，孰为其继？昔伏生将老，汉文帝嗣以晁错，《穀梁》寡畴，宣帝承以十郎，其科郎吏高才解经义者三十人，从光禄勋隆、散骑常侍林、博士静，分受四经三礼。主者具为设课试之法。夏侯胜有言：士病不明经术，经术苟明，其取青紫如俯拾地芥耳。今学者有能究极经道，则爵禄荣宠，不期而至，可不勉哉！

王昶著《兵书》

《魏志》卷二十七《王昶传》：昶著《治论》，略依古制，而合于时务者二十余篇。又著《兵书》十余篇言奇正之用，青龙中奏之。

王弼注《易》《老》

《魏志》卷二十八《钟会传附王弼》：会尝论《易》无互体，才性同异。及会死后，于会家得书二十篇，名曰《道论》，而实刑名家也。其文似会。初会弱冠，与山阳王弼并知名，弼好论儒道，辞才逸辩，注《易》及《老子》，年二十余卒。

注：何劭为其传曰：时裴徽为吏部郎，弼未弱冠往造焉。徽一见而异之，问弼曰：夫无者，诚万物之所资也，然圣人莫肯致言，而老子申之无已者何？弼曰：圣人体无，无又不可以训，故不说也。老子是有者也，故恒言无所不足。略何晏以为圣人无喜怒哀乐，钟会等述之，弼与不同，以为圣人茂于人者神明也，同于人者五情也。神明茂，故能体冲和以通无，五情同，故不能无哀乐以应物。然则圣人之情，应物而无累于物者也，今以其无累，便谓不复应物，失之多矣！

华佗之医疗术及卫生术

《魏志》卷二十九《华佗传》：佗晓养性之术，时人以为年且百岁，而貌有壮容。又精方药，其疗疾合汤，不过数种，心解分剂，不复称量，煮熟便饮，语其节度，舍去辄愈。若当灸，不过一两处，每处七八壮，病亦应除。若当针，亦不过一两处，下针，言当引某许，若至，语人。病者言已到，应便拔针，病亦行差。若病结积在内，针药所不能及，当须刳割者，便饮其麻沸散，须臾便如醉死无所知，因破取。病若在肠中，便断肠湔洗，缝腹，膏摩四五日差不痛，人亦不自寤，一月之间，即平复矣。

佗语从佗学者广陵吴普曰：人体欲得劳动，但不当使极耳。动摇则谷气得消，血脉流通，病不得生，譬犹户枢不朽是也。略吾有一术名五禽之戏，一曰虎，二曰鹿，三曰熊，四曰猨，五曰鸟。亦以除疾，并利蹄足，以当导引。体中不快，起作一禽之戏，沾濡汗出，因上著粉，身体轻便，腹中欲食。普施行之。年九十余，耳目聪明，齿牙完坚。

蜀中之殷富

《蜀志》卷二《先主刘备》：建安十九年夏，雒城破，进围成都数十日，刘璋出降。蜀中殷盛丰乐，先主置酒大飨士卒，取蜀城中金银分赐将士，还其谷帛。

卷五《诸葛亮传》：亮答先主曰：益州险塞，沃野千里，天府之土。高祖因之以成帝业。

卷七《法正传》：正阴献策于先主曰：以明将军之英才，乘刘牧之懦弱，张松，州之股肱，以响应于内，然后资益州之殷富，冯天府之险阻，以此成业，犹反掌也。

卷八《法正传》：蜀有汶阜之山，江出其腹，帝以会昌神以建福，故能沃野千里。

卷九《董和传》：蜀土富实，时俗奢侈，货殖之家，侯服玉食，婚姻葬送，倾家竭产。

诸葛亮之巧思

《蜀志》卷五《诸葛亮传》：亮性长于巧思，损益连弩，木牛流马，皆出其意。推演兵法，作八阵图，咸得其要。

注：《魏氏春秋》：亮损益连弩，谓之元戎。以铁为矢，矢长八寸，一弩十矢俱发。《亮集》载作木牛流马法云云。

眉按：《魏志》卷三：明帝太和二年十二月，诸葛亮围陈仓，曹真遣将军费曜等拒之。注：《魏略》：亮起云梯冲车以临城。《亮传》及注皆不载。

亮传附文集目录

《开府作牧》《权制》《南征》《北出》《计算》《训厉》《综核上》《综核下》《杂言上》《杂言下》《贵和》《兵要》《传运》《与孙权书》《与诸葛瑾书》《与孟达书》《废李平》《法检上》《法检下》《科令上》《科令下》《军令上》《军令中》《军令下》。

右二十四篇，凡十万四千一百一十二字。陈寿写上。

蜀杜琼等之所治各学及其撰述

《蜀志》卷十二《杜琼传》：著《韩诗章句》十余万言。

《许慈传》：师事刘熙，善郑氏学。治《易》《尚书》《三礼》《毛诗》《论语》。

《孟光传》：博物识古，无书不览。尤锐意三史，长于汉家旧典。好《公羊春秋》而讥呵《左氏》，每与来敏争此二义，光常诮诮欢咋。

《来敏传》：善《左氏春秋》，尤精于《仓》《雅》训诂。好是正文字。

《尹默传》：益部多贵今文而不崇章句，默知其不博，乃远游荆州，从司马德操、宋仲子等受古学，皆通诸经史，及专精于《左氏春秋》，自刘歆条例，郑众、贾逵父子、陈元方、服虔注说，咸略诵述，不复按本。

《李譔传》：著古文《易》《尚书》《毛诗》《三礼》《左氏传》《太玄指归》，皆依准贾、马，异于郑玄。与王氏殊隔，初不见其所述，而意归多同。又有汉中陈术著《释问》七篇《益部耆旧传》及《志》。

《谯周传》：凡所著释撰定《法训》《五经论》《古史考》之属百余篇。

孙权铸钱

《吴志》卷二：嘉禾五年春，铸大钱一当五百。诏使吏民输铜，计铜畀直，设盗铸之科。

赤乌元年春，铸当千大钱。

笮融兴佛

《吴志》卷四《刘繇传》：丹阳笮融，聚众数百，往依徐州牧陶谦。谦使督广陵、彭城运漕，遂坐断三郡委输以自入。乃大起浮图祠。以铜为人，黄金涂身，衣以锦采。垂铜盘九重。下为重楼阁道，可容三千余人，悉课读佛经。令界内及旁郡人有好佛者听受道，复其他役以招致之，由此远近前后至者五千余人户。每浴佛，多设酒饭，布席于路，经数十里。民人来观及就食且万人。费以巨亿计。

吴士燮等之所治各学及其撰述

《吴志》卷四《士燮传》：燮少游学京师，事颍川刘子奇，治《左氏春秋》。陈国袁徽与尚书令荀彧书曰：交阯士府君，官事小阙，辄玩习书传，《春秋左氏传》尤简练精微，吾数以咨问传中诸疑，皆有师说，意思甚密。又《尚书》兼通古今，大义详备，闻京师古今之学,是非忿争,今欲条《左氏》《尚书》长义上之。其见称如此。

《吴志》卷七《张昭传》:从白侯子安受《左氏春秋》。改封娄侯,在里宅无事,乃著《春秋左氏传解》及《论语注》。

《吴志》卷八《张纮传》注:《吴书》曰:纮入太学,事博士韩宗,治《京氏易》《欧阳尚书》。又于外黄从濮阳闿受《韩诗》及《礼记》《左氏春秋》。

《严峻传附裴玄》:峻善《诗》《书》《三礼》,又好《说文》。著《孝经传》。又与裴玄、张承论管仲、季路,皆传于世。玄问子钦齐桓、晋文、夷、惠四人优劣,钦答所见,与玄相反覆,各有文理。

《程秉传》:著《周易摘》《尚书驳》《论语弼》,凡三万余言。

注:《吴录》曰:征崇治《易》《春秋左氏传》。

《阚泽传》:著《乾象历注》以正时日。

泽州里先辈丹杨唐固,著《国语》《公羊》《穀梁传》注。

《薛综传》:少依族人避地交州,从刘熙学。凡所著诗赋难论数万言,名曰《私载》。又定《五宗图述》《二京解》,皆传于世。子莹,著书八篇,名曰《新议》。

《吴志》卷十二《虞翻传》:翻与少府孔融书,并示以所著《易注》。融答书曰:闻延陵之理乐,睹吾子之治《易》,乃知东南之美者,非徒会稽之竹箭也。又观象云物,察应寒温,原其祸福,与神合契,可谓探赜穷通者也。又为《老子》《论语》《国语》训注,皆传于世。

《吴志》卷十二《陆绩传》:虽有军事,著述不废,作《浑天图》,注《易》释《玄》,皆传于世。

《吴志》卷二十《韦曜传》:撰《吴书》,华覈、薛莹等皆与参同。虽已有头角,叙赞未述。又有《洞纪》《官职训》《辩释名》等各卷,新写始毕,会孙皓积前后嫌忿,收曜付狱诛死。

当涂掌事亦宜读书

《吴志》卷九《吕蒙传》注：《江表传》曰：初孙权谓蒙及蒋钦曰：卿今并当涂掌事，宜学问以自开益。蒙曰：在军中，常苦多务，恐不容复读书。权曰：孤岂欲卿治经为博士邪！但当令涉猎见往事耳。卿言多务孰若孤？孤少时历《诗》《书》《礼记》《左传》《国语》，惟不读《易》。至统事以来，省三史诸家兵书，自以为大有所益。如卿二人，意性朗悟，学必得之，宁当不为乎？宜急读《孙子》《六韬》《左传》《国语》及三史。光武当兵马之务，手不释卷，孟德亦自谓老而好学，卿何独不自勉勖邪？蒙始就学，笃志不倦，其所览见，旧儒不胜。后鲁肃上代周瑜，过蒙言议，常欲受屈。肃拊蒙背曰：吾谓大弟但有武略耳，至于今者，学识英博，非复吴下阿蒙。蒙曰：士别三日，即更刮目相待，大兄今论何一称穰侯乎！兄今代公瑾，既难为继；且关羽为邻，斯人长而好学，读《左传》略皆上口，梗亮有雄气，然性颇自负，好陵人，今与为对，当有单复，以卿待之。密为肃陈三策，肃敬受之，秘而不宣。权常叹曰：人长而进益，如吕蒙、蒋钦，盖不可及也。富贵荣显，更能折节好学，耽悦书传，轻财尚义，所行可迹。并作国士，不亦休乎！

旧札记拾零

　　数十年札记不少，经散佚删削之余，仅二十分之一耳。稍加区别，录而存之，名曰《旧札记拾零》。勘其内容，实不胜黄金虚牝之悔。今体力已衰，对浩浩之群籍，不复能为有益之役，因揭数语以告盛年学者有所惩云。

札记拾零一

　　孙奕《履斋示儿编》卷二十一：许慎《说文解字》所引六经，与今六经字多不同：如《说文》于述字，引《书》曰旁述孱功，今《书》作方鸠。草木蕲苞，今作渐。璪火粉米，今作藻。有能俾㗊，今作乂。宅堣夷，今作嵎。五品不愻，今作逊。娶于嵞山，今作塗。呲成五服，今作弼。宓三苗，今作竄。朞三百有六旬，今作碁。元首丛脞哉，今作脞。譒告之修，今作播。至于岱宗祡，今作柴。高宗梦得说，使百工夐求诸野，今作营。庶草繁無，今作廡。鸟兽氄毛，今作氊。若药不瞑眩，今作瞑。彝伦攸斁，今作斁。西伯戡𪑩，今作黎，柴誓今作费誓。若颠木之有㽕枿，今作由蘖。我之不辟，今作辟。焯见三友兮，今作灼。今汝憇憇兮，今作聒。左杖黄戉，今作钺。与纣战于坶野，今作牧。一人冕执鈗，今作锐。堋淫于家，今作朋。平秩东作，今作秩。武王惟瞀，今作冒。敄我于艰，今作扞。常故（歧）常任，今作伯。陈宗赤刀，今作宝。刖劓斀黥，今作椓。乃惟孺子攽，今作颁。引他经，此不录。

钱大昕驳徐铉说。《潜研堂文集》卷二十七《跋说文解字》：自古文不传于世，后世士大夫所赖以考见六书之源流者，独有许叔重《说文解字》一书，而传写已久，多错乱遗脱，今所存者，独徐铉等校定之本。铉等虽工篆书，至于形声相从之例，不能悉通，妄以意改。如：《说文》代取弋声，徐以弋为非声，疑兼有忒音，不知忒亦从弋声也。

经取至声，徐以为当从㞢省，不知㞢亦从至声也。

配取己声，徐以己为非声，当从妃省，不知妃亦从己声也。

卦取圭声，徐以圭声不相近，当从挂省，不知挂亦从圭声也。

暵取堇声，徐以为当从漢省，不知漢从難省声，難仍从堇声也。

簋取殷声，徐以为当从臀省声，不知殿本从屁声，臀乃从殿声也。屁臀古今字。隸取枲声，徐以枲为非声，不知枲从台声，《诗》隸天之未阴雨，今本作迨，亦从台声也。

轘取睘声，徐以睘为非声，当从环省，不知睘从袁声，環還翾嬛儇獧之类并从睘声，古人读睘如璟，《诗》独行睘睘，《释文》本作煢煢，与睘声相转，故多假借通用，非環睘有异声也。

熇取高声，徐以高为非声，当从嗃省，不知嗃亦从高声；且《说文》无嗃字，徐氏据《周易》王辅嗣本增入，考刘表本作熇熇，郑康成训苦热之意，亦当从火旁，熇之与嗃，犹妃之与配，本是一字，不当辗转取声也。

能取目声，徐以为非声，按台能皆以目得声，古人读能为奴来切，汉谚云，欲得不能，光禄茂才，不必鳖三足乃有此音也。

翬取军声，徐以为当从挥省。不知挥亦从军声，军转为威，犹斤转为几，祈圻蘄沂之取斤声，挥翬之取军声，皆声之转，而徐未之知也。

赣取竷省声，徐云竷非声，未详。按《诗》坎坎鼓我，《说文》引作竷竷，坎与空声相转，故空侯一名坎侯。赣为竷之转声，犹风为凡之转声，而徐亦未之知也。

兑取㕣声，徐以为非声，按兑说同义，说即从兑得声，㕣转为说，犹珍转为鉁，此四声之正转，而徐亦未之知也。

弼取丙声，徐以为非声，按丙有三读，其一读如誓，誓从折得声，弼从丙得声，亦四声之正转，而徐未之知也。

移取多声，徐云多与移声不相近，盖古有此音。按栘眵趍㢮皆取多声，犹之波取皮声，奇取可声。东方朔《缪谏》："清湛湛而澉灭兮，溷淖淖而日多。枭鹗既已成群兮，玄鹤弭翼而屏移。"张衡《思玄赋》："处子怀春，精神回移，如何淑明，忘我实多。"此古人以移叶多之证。六朝以降，古音日亡，韵书出而支歌判然为二，而徐亦未之知也。

虔取文声，读若矜，徐云文非声，未详。按古人真文先仙诸韵，互相出入，高彪诗：文武将坠，乃俾俊臣。整我皇纲，董此不虔。此古人读虔如矜之证。而徐亦未之知也。

驳取爻声，駁取交声，徐皆以为非声，按觉学本萧宵肴豪之入声。钧从勹，鞄从包，髇从高，駁从交，徐皆不复致疑，而独疑驳駁之非声何也？辂赂皆取各声，徐以各为非声，当从路省，按药铎本虞模之入声。谟从莫，涸从固，缚从尃，薄从溥，并取谐声，路之从各，亦谐声也。《说文》不云各声，盖转写之脱。徐皆不复致疑，而独疑辂赂之非声何也？是古人四声相转之法，徐亦未之知也。

䵃取糕声，读若酋，徐云糕，侧角切，声不相近，按糕木从焦声，平入异而声相通，郑康成谓秦人犹摇声相近，脩有条音，藟有宙音，秋从龝声，茅从矛声，朝从舟声，彫从周声，皆声之相转，何独疑䵃之糕声？是古音相通之例，徐亦未之知也。

诉从斥省声，徐以为非声，按诉本从庐省，字或作谢，朔与庐并从屰得声，屰与牾声相近，故许君训牾为逆，庐朔皆讹，徐氏不能校正，转疑其非声，亦过矣。

其它增入会意之训，大半穿凿附会，王荆公《字说》，盖滥觞于此。

眉按：可参阅同书卷十一《答问八·说文》。

王应奎《柳南续笔》卷二：吾邑冯钝吟班之学，以熟精《文选》理为主。尝云：今人文笔之弱，皆因六岁即读《朱子集注》，虽欲沉郁奥博而不能也。又《续笔》卷四：昌黎《樊绍述墓志铭》云：文从字顺各识职，有欲求之此其蹰。此非美绍述，盖反言以讽之耳。

沈初《西清笔记》卷二：天禄琳琅所藏宋版《汉书》，即历赵文敏王弇州所藏本也。前有文敏小像一叶。

庞元英《文昌杂录》卷三：夏英公家有皂绫标《六典》一部，唐旧本也。虽宋宣献、李邯郸家藏书为多，亦无此本。尝问其孙朝请大夫伯孙书在何处？云昨分书，不知谁院得之？计已散失，殊可惜也。

叶名澧《桥西杂记》：许眉岑仲堪注《放翁诗集》甚详，惜未版行。

刘若愚《酌中志》卷十八：《永乐大典》计二万二千八百七十卷，一万一千九十五本，相传至嘉靖年间于文渊阁安置，偶遭回禄之变，世庙亟命挪救，幸未至焚，遂敕阁臣徐文贞阶复令儒臣照式摹抄一部，自嘉靖四十一年起至隆庆元年始克告完。及万历年间两宫三殿复遭回禄，不知此新旧《永乐大典》二部，今又见贮藏于何处也？

眉按：阮葵生《茶余客话》卷六，有"万历甲午，南祭酒陆可教请刻《永乐大典》，当时议允，终未颁行"等语。

札记拾零二

陶宗仪《辍耕录》卷二十九：吾衍子行《闲居录》云：舜生诸冯及冯妇等皆音皮冰切，古不音符容切也。三国时有暨艳，乃吴人，附《陆抗传》，当音结，不音暨也。

卷三十：仆射之射神夜反，尚书之尚时亮反，洗马之洗先见反。

邵博《闻见后录》卷二十七：角里先生用上加撇，非是，两点下用为鹿音。

眉按：焦竑《笔乘》卷一：角里先生，角一音录。按《毛诗》麟之角，振振公族，谁谓雀无角，何以穿我屋！苏伯玉妻《盘中诗》：今时人，知四足，与其书，不能读，当从中央周四角。是古有此音，非二字也。当以焦说为是。

陆游《老学庵笔记》卷五：故都里巷谓十为谌，盖语急，故以平声呼之。白傅诗曰，绿浪东西南北路，红栏三百九十桥。宋文安公《宫词》曰，三十六所春宫馆，一一香风送管弦。晁以道诗亦云，烦君一日殷勤意，示我十年感遇诗。则诗家亦以十为谌矣。

卷八：白乐天诗云："四十著绯军司马，男儿官职未蹉跎。""一为州司马，三见岁重阳。"此司字作入声读。

卷十：世多言白乐天用相字多从俗语，作思必切，如"为问长安月，如何不相离"是也。然北人大抵以相字作入声，至今犹然，不独乐天。老杜云"恰似春风相欺得，夜来吹折数枝花"，亦从入声读，乃不失律。

凌扬藻《蠹勺编》卷三十二：成公二年战于鞍，齐师败绩，逐之，三周华不注，"不"与跗通。

眉按：余居济南时，尝有诗云："孤峰雪映华不注，尺溜雷鸣趵突泉。""不"即作跗平声用。

庄绰《鸡肋编》卷中：甄读为真音，或读坚音，舜陶甄河滨，因以为氏，读真；训察与免，则读坚矣。

王应奎《柳南随笔》卷一：昌黎《元和圣德诗》，"驾龙十二，鱼鱼雅雅"，雅即乌雅之雅。《韵书》本有五下切，不特作平声读也。

孙奕《履斋示儿编》卷十三：柳柳州渔父欸乃二字，本书为欸乃，读曰袄霭，《洪驹父诗话》反其音为霭袄，是。

《柳南随笔》卷二：苍茫二字本作皆平声，而古人亦有仄用者；如乐天诗"野道何茫苍"，东坡诗"愁度冰河苍茫间"，苏子美诗"淮天苍茫皆残膈"是也。

焦竑《笔乘》卷一：《诗》"每有良朋，烝也无戎"；《左传》引《逸诗》，"翘翘车乘，招我以弓。岂不欲往，畏我友朋"；刘桢《鲁都赋》"时谢节移，和族绥宗。招欢合好，肃戒友朋"；则古韵朋与戎宗弓相协无疑。

杨慎《丹铅杂录》卷三：《仪礼》注：八十缕为一宗。宗，古之升字也。按古音升作宗，《易·象传》曰"天险不可升也"与"以刚中也"协，是其证。

卷四：古丘区音义俱同。

眉按：可参阅《丹铅续录》卷八，及清人丁泰《萩庐札记》。

又卷四：《古文易》"日中见斗"，《诗》"酌以大斗"，皆音注。《沟洫志》："泾水一石，其泥数斗，且既且粪，长我禾黍。"

卷五：《广韵》：够，多也。《文选·魏都赋》："繁富夥够，不可单究。"五臣注误音作平声，不知够究本文自协韵也。

又卷五：荣字当入东韵。《淮南子》以"动而必荣"，与"动而必穷"协。

《丹铅续录考证》卷三：《左传》唇亡齿寒，盖古谚也。《战国策》作唇揭齿寒，揭与寒协韵。

札记拾零三

百工技艺举例：

木工　张鹫《朝野佥载》卷六：将作大匠杨务廉，尝于沁州市内刻木作僧，手执一碗，自能行乞。碗中钱满，关键忽发，自然作声云"布施"。市人竞视，欲其作声，施者日盈数千。

《老学庵笔记》卷六：木工杨琪作龙舟，极奇丽。

植树工　郭橐驼，《柳宗元集》有传。

圬工　王承福，《柳集》有传。

漆工　杨埙，陈霆《两山墨谈》卷十八：近世泥金画漆之法，本出于倭国。宣德间，尝遣漆工杨某，至倭国传其法以归，杨之子埙遂习之。又能自出新意，以五色金钿并施，天真烂然，倭人来中国见之，亦以为虽其国创法，不能臻此妙也。

营造工　皇甫录《皇明纪略》：京师有蒯侍郎衎衒，蒯为吴香山人，斫工也。永乐间召建大内，凡殿阁楼榭以至回廊曲宇，随手图之，无不称上意者。位至工部侍郎。子孙犹世其业。

王士禛《居易录谈》卷下：营造工厂老工师梁九，尽得工师冯巧之传。李贞孟。

欧阳修《归田录》卷一：开宝寺塔，在京师诸塔中最高，而制度甚精，都料预浩所造也。塔初成，望之不正，而势倾西北，人怪而问之。浩曰："京师地平无山，而多西北风，吹之不百年当正也。"至今木工皆以预都料为法。有《木经》三卷行于世。世传浩惟一女，年十余岁，每卧，则交手于胸为结构状，如此逾年，撰成《木经》三卷，今行于世者是也。

纺织工　《辍耕录》卷二十四：黄道婆自崖州至松江府东五十里之乌泥泾，教彼处人以做造捍弹纺织之具，错纱配色，综线挈花，亦各有其法，以故织成被褥带帨，其上折枝团凤棋局字样，粲然若写。人既受教，竞相作为，转货他郡，家俱一作计，一作既就殷。及妪卒，莫不感恩洒泣而共葬之。又为立祠，岁时飨之。

轻纱工　《老学庵笔记》卷六：亳州出轻纱，举之若无，裁以为衣，真若烟雾。一州惟两家能织，相与世世为婚姻云。自唐以来名家，今三百余年矣。

绣工　姚士麟《见只编》卷下：武康三桥埠普济庵僧际乾，有宋绣《法华经》七卷，为宋绍兴乾道间湖州长兴县平望乡陂门村善女人王氏女八娘手绣，始于戊寅，迄于己丑，凡十二年而就。

银工　《辍耕录》卷三十：浙西银工之精于手艺表表有声者，屈指不多数也。朱碧山嘉兴魏塘、许君余平江、谢君和同上、唐俊卿松江。

十二辰车工　《朝野佥载》：则天如意中，海州进一匠，造十二辰车，回辕正南，则午门开，马头人出，四方回转，不爽毫厘。

记里鼓车工　陈霆《两山墨谈》卷十四：古有记里鼓车，其制载《晋书·舆服志》。杨铁崖尝本之作赋，读其语，即可知车制之大概。

弩工　朱弁《曲洧旧闻》卷九：神臂弓，盖熙宁初百姓李宏造，中贵张若水以献。其实弩也。

塑像工　《辍耕录》卷二十四：刘元塑佛像，天下无与比。

陈继儒《太平清话》卷二：杨惠之以塑工妙天下，为八万四千手观音，不可措手，故作千手眼。今之作者，皆祖惠之。

玩具工　《老学庵笔记》卷五：鄜州田氏以作泥孩儿名天下，态度无穷，虽京师工效之莫能及。

面具工　《老学庵笔记》卷一：政和中大傩，下桂府进面具，比进则称一副，初讶其少，乃是以八百枚为一副，老少妍陋，无一相似者，始大惊。至今桂府作此者皆致富。天下及外彝皆不能。

扇工　王士禛《香祖笔记》卷二：二十年来，京师士大夫不复用金扇，初则为金陵仰氏伊氏素纸扇，继又尚青阳扇，武林各色夹纱扇。未几废而不行，独尚曹氏靴扇溧阳歌扇。一时风会，虽小物亦然，殆不可晓也。

阮葵生《茶余客话》卷八：近日又尚丰润画扇。《野获编》称聚头扇。吴制外，惟川扇至佳，精雅华灿，至于正龙侧龙百鸟之属，尤宫掖所尚。聚头一名聚骨，即折叠扇。永乐间外国入贡始有之。明时制扇名手，有马勋、马福、刘永晖、沈少楼、柳玉台、蒋素台，一柄值数金。

壶工　《茶余客话》卷十：龚春壶式，茗具中逸品。其后复有四家，董翰赵良袁锡，其一则时鹏，大彬父也。大彬益擅长。大彬弟子李仲芳小圆壶，制精绝，又在大彬之右，今不可得。近时宜兴砂壶，复加饶州之鎏，光彩射人，却失本来面目。

砚工　梅尧臣有《杜挺之赠端砚》《王几道遗澄泥古瓦二砚》诗，

可参阅。欧阳修《砚谱》：苏轼有《龙尾石砚》《眉子砚》《涵星砚》等诗八首。龙尾石砚，王辟之《渑水燕谈录》卷八谓与澄心堂纸、李廷珪墨三物为天下之冠。朱彝尊《曝书亭集》卷六十一，有四十八首砚铭，皆短语。其曹彝士澄泥砚铭云：相古先民仓与沮，手搏吉土书虫鱼。山玄水苍玉不如。又顾青娘王幼君治砚，见《茶余客话》卷十。

纸工　欧阳修尝得澄心堂纸，石曼卿为修书己所作诗，亦号三绝，见修《诗话》。梅尧臣《永叔寄澄心堂纸二幅》诗，有"滑如春冰密如茧"语。

笔工　《香祖笔记》卷九：坡翁称钱塘程奕笔云：使人作字，不知有笔。此语亦有妙理。

《茶余客话》卷八：明季陆继翁、王古用皆湖州人，住南京，工制笔。吉水郑伯清、吴兴张天锡，皆以制笔有名公卿间。宋《江湖长翁集》，有《题笔工俞生藏书跋》。谢肇淛《西吴支乘》，纪吴兴三绝，赵松雪书，钱舜举画，冯应科笔。又元时张进中者字子正，都城耆老，善制笔，尚方有所需，非进中笔不用。

眉按：朱彝尊《曝书亭集》卷四十一《赠笔工钱叟序》云：自宣城诸葛氏（名说）以散卓得名，苏子瞻亟称之，而弋阳李展、舒城张真、嘉阳严永、钱塘程奕、历阳柳材、广陵吴政吴说，以及侍其瑛、张通、郎奇、吴无至、徐偓、张耕老之徒，往往因苏黄诸君子之言垂名于后，洵乎一技之善，有深入人心而不可没焉者已。其李展制笔，又于卷五十三《书黄山谷试李展笔真迹》云：涪翁试李展笔，作书有如张颠蘸醉中发，观其曲折如意，匪特书法通神，并想见展制笔之妙。又欧阳修有《李晸笔说》，可参阅。又笔用各兽毛，详《香祖笔记》卷二。笔之由来甚久，详陈启源《毛诗稽古编·静女彤管解》。

墨工　《辍耕录》卷二十九：上古无墨，竹挺点漆而书，中古以石磨汁，或云是延安石液。至魏晋时始有墨丸，乃漆烟松煤夹和为之，所以晋人多用凹心砚者，欲磨墨贮沈耳。自后有螺子墨，亦墨丸之遗制。至唐末，墨工奚超与其子廷珪，自易水渡江，迁居歙州，南唐赐姓李氏。廷珪父子之墨始集大成，然亦尚用松烟。廷珪初名廷邦，故世有奚廷邦墨，又有李廷珪墨。或有作庭珪字者伪也，墨亦不精。宋熙丰间，张遇供御墨，用油烟入脑麝金箔，谓之龙香剂。元祐间，潘谷墨见称于时。自后蜀中蒲大韶、梁杲、徐伯常，及雪斋、齐峰、叶茂实、翁彦卿等出，世不乏墨。惟茂实得法，清黑不凝滞，彦卿不能及。中统至元以来各有所传，可以仿古。下为墨工名。唐，祖铭、奚鼐易水、奚鼎鼐之弟、奚起鼐之子、陈朗兖州、王君得、柴珣并唐末五代。南唐，李超鼐之子，始居歙州，南唐赐姓李氏、李廷珪、李廷宽、李承宴皆超之子、李文用承宴之子、李惟庆、李惟一、李仲宣皆文用子、耿遂仁歙州、耿文政、耿文寿皆遂仁子、耿德、耿盛，盛匡道宣州、盛通、盛真、盛舟、盛信、盛浩。

宋，张遇、潘衡、蒲大韶款曰书窗轻煤、佛帐余韵、叶世英尝造德寿宫墨、朱知常款曰朱知常香齐、梁杲、徐知常、叶邦宪尝造复古殿墨、雪斋款曰雪斋墨宝、李世英款曰丛桂堂寺世英、胡友直、潘衡、孙秉彝、周朝式、李世英男克恭、乐温、蒲彦晖、刘文通、郭忠厚、镜湖方氏、黄表之、齐峰、刘士先尝造绎熙殿墨、寓庵得李潘心法、俞林、丘攽、谢东、徐禧、叶茂实三衢、翁彦卿。

元，潘云谷清江、胡文忠长沙、林松泉钱唐、於材中宜兴、杜清碧武夷、卫学古松江、黄脩之天台、朱万初豫章、丘可行金溪、丘世英、丘南杰皆可行子。

《老学庵笔记》卷五：绍兴间复古殿供御墨，盖新安墨工戴彦衡所造。自禁中降出双角龙文，或云米友仁侍郎所画也。中官欲于苑中作墨灶，取西湖九里松作煤，彦衡力持不可曰：松当用黄山所产，此平地松，岂可用！人重其有守。

陈师道《后山谈丛》卷一：秦少游有李廷珪墨半丸，不为文理，质如金石。潘谷见之而拜曰："真李氏故物也。我生再见矣。王四学士有之，与此为二也。"墨乃平甫之所宝，谷所见者，其子跂以遗少游也。

马愈《马氏日抄》：李廷珪墨。予一日至英国府中，见勋卫冯损之作字，出建安瓦砚，御府长髦雉花笔，一紫囊裹李廷珪墨。墨圆饼，蟠剑脊双龙，金泥已模糊矣。墨色浑浑不精亮，下趾磨去十之三矣。予谛视久之曰：此墨若真，亦大有年矣。廷珪乃唐僖宗时人，僖宗至唐末三十六年，经五代五十七年，历宋三百十七年，历元九十三年，至我朝又八十余年，廷珪之墨，不识又有存乎否焉？损之笑曰：纵使不然，亦必佳品，试可乃矣。遂令人磨之，其坚如石，瓦为墨所画。予止之曰：此真廷珪墨也。予闻前辈云：廷珪每料用珍珠三两，铸十万杵，故经世久而刚硬。用之有法，若用一分，先以水依分数渍一宿。然后磨研，乃不伤砚。此墨刚而画砚，殆必真者。勋卫曰：此先祖受赐于内廷之物耳。

王兆云《白醉琐言》：罗文龙墨，如空青水碧，珊瑚木难。

眉按：苏轼有《油烟墨》《李承晏墨》诗，又何薳《墨记》，晁氏《墨经》，陆友《墨史》，并可参阅。

刻工　上海涵芬楼藏宋刊本《周易》十卷，卷五第十五叶刻工巴川□郁，玉田蒋氏藏宋刊巾箱本《春秋经传集解》三十卷，每叶二十六行，每行大小均二十四字。白口中缝、下方记刻工姓名。长沙叶氏观古堂藏日本正平刊本《论语集解》十卷，经文多与今本不同，左阑外，间有记刻工姓名者。《古逸丛书》本无之。涵芬楼藏黎庶昌影宋刊本《荀子》二十卷，源出监本。淳熙中，唐仲友知台州，用公钱雕此及《杨子》二书，为朱熹所按，牵及刻字人蒋辉，今中缝下蒋辉之名犹在。涵芬楼藏北宋刊本《资治通鉴目录》三十卷，序八行，行字不等，白口单边，版心有刻工姓名而不记字数。纸背有君献二字，篆文朱记，以天禄琳琅所记唐书纸背武侯之裔朱记例之，则此亦北宋造纸家也。常熟瞿氏铁琴铜剑楼藏金刊本《李贺诗歌编》四卷，每叶二十行，行二十字，中缝无鱼尾，下方有一王字，想是刻工之姓。又瞿氏藏宋绍兴刊本《司马光文集》八十卷，每叶二十四行，行二十字，鱼尾下或题司马文集几，或题温公文几，下记刻工姓名。嘉兴沈氏藏宋刊本《豫章黄先生文集》三十卷，白口双边，版心上记字数，下记刻工姓名。涵芬楼藏明刊本《晦庵先生文集》一百卷，《续集》十一卷，《别集》十卷，《目录》二卷。每叶二十四行，行二十二字，中缝，上方题"朱子大全"，横线下题文集卷几，下记刻工姓名。又瞿氏藏宋刊本吕祖谦《皇朝文鉴》，每叶二十行，行十九字，版心著字数及刻工姓名。

活版工　沈括《梦溪笔谈》卷十八：版印书籍，唐人尚未盛为之。自冯瀛王始印《五经》，以后典籍皆为版本。庆历中，有布衣毕升又为活版，其法云云颇详。升死，其印为予群从所得，至今宝藏。

王国维《梦溪笔谈手识》"卷二十云：祥符中，有老锻工毕升，曾在禁中为方士王捷锻金"云云。当即其人。

眉按：王桢活字印书法，载武英殿聚珍版《农书》末，可参阅。

《茶余客话》卷十：良工简介：陆子刚治玉，鲍天成治犀，朱碧山治银，濮谦治竹，又嘉兴王二漆竹，苏州姜华雨莓箓竹。赵良璧、黄元占、归懋德治锡，李昭一作荷叶，李马勋治扇，周柱治镂嵌，吕爱山治金玉，小溪治玛瑙，蒋抱云、王吉治铜，雷文、张越治琴，范昌白治三弦子，杨茂、张成治漆器，江千里治嵌漆，胡四治铜炉。谈氏笺，齐氏绣，洪氏漆，孙春阳烛，及近时吴兴薛晋侯铜镜，歙曹素功制墨，吴穆大展刻字，顾青娘王幼君治砚，张玉贤火笔竹器，皆名闻朝野，信今传后无疑也。

眉按：自陆子刚至蒋抱云一段，可参阅王士禛《香祖笔记》卷十二。又宋应星《天工开物》一书，众工备具，可谓博物多识，然未尝出一良工名。读其书时，可参阅本文以资对照。

有关汉代官制部分记载葺存

此有关汉代官制甚少之部分资料，仅供研究汉代官制者之参考。略次先后，不成系统。读者或有一二采用之处，幸加指正。

三公沿革

《汉书·朱博传》：初汉兴，袭秦官置丞相、御史大夫、太尉。至武帝罢太尉，始置大司马以冠将军之号，非有印绶官属也。及成帝时，何武为九卿，建言宜建三公官，定卿大夫之任，分职授政。时曲阳侯王根为大司马票骑将军，而何武为御史大夫，于是上赐曲阳侯根大司马印绶，置官属，罢票骑将军官，以御史大夫何武为大司空，封列侯，皆增奉为丞相，以备三公官焉。后二岁余，朱博为大司空，奏言高皇帝以圣德受命，建立鸿业，置御史大夫，位次丞相，典正法度，以职相参，总领百官，上下相监临，历载二百年，天下安宁。今更为大司空，与丞相同位，未获嘉祐。故事：选郡国守相高第为中二千石，选中二千石为御史大夫。任职者为丞相，位次有序，所以尊圣德重国相也。今中二千石未更御史大夫而为丞相，权轻，非所以重国政也。臣愚以为大司空官可罢，复置御史大夫，遵奉旧制，臣愿尽力，以御史大夫为百僚率。哀帝从之，乃更拜博为御史大夫。会大司马喜免，以阳安侯丁明为大司马卫将军。置官属。大司马冠号如故事。后四岁，哀帝遂改丞相为大司徒，复置大司空、大司马焉。

公府辟召

《后汉书·吴良传》：时骠骑将军东平王苍闻而辟之，署为西曹，苍甚相敬爱，上疏荐良曰：窃见臣府西曹掾齐国吴良，资质敦固，公方廉恪，躬俭安贫，白首一节，又治《尚书》，学通师法，经任博士，行中表仪，宜备宿卫以辅圣政。显宗以示公卿曰：前以事见须发皓然，衣冠甚伟，夫荐贤助国，宰相之职，萧何举韩信，设坛而拜，不复考试。今以良为议郎。

《张纯传》：建武二十三年，代杜林为大司空，在位慕曹参之迹，务于无为。选辟掾史，皆知名大儒。

《桓典传》：辟司徒袁隗府，举高第，拜侍御史。

《法雄传》：雄初仕郡功曹，辟太傅张禹府，举雄高第，除平氏长。

《赵咨传》：太尉杨赐特辟，使饰巾出入，请与讲议，举高第，累迁敦煌太守，以病免还。

《陈宠传》：少为州郡吏，辟司徒鲍昱府。是时三府掾属，专尚交游，以不肯视事为高，宠尝非之，独勤心物务，数为昱陈当世便宜。

《钟皓传》：前后九辟公府，征为廷尉正博士林虑长，皆不就。

《李膺传》：初举孝廉，为司徒胡广所辟，举高第，再迁青州刺史。

《宗慈传》：九辟公府，有道征，不就。

《羊陟传》：辟太尉李固府，举高第，拜侍御史。会固被诛，陟以故吏禁锢历年，复迁冀州刺史。

《孔融传》：大将军何进辟融举高第，为侍御史。

《朱儁传》：时同郡周规辟公府，当行，假郡库钱百万以为冠帻费，而后仓卒督责，规家贫，无以备，儁乃窃母缯帛为规解对。

《董扶传》：前后宰府十辟，公车三征，再举贤良方正博士有道，皆称疾不就。

《戴良传》：举孝廉不就，再辟司空府，弥年不到，州郡迫之，乃遁辞诣府，悉将妻子，既行在道，因逃入江夏山中，优游不仕。

三府之辟　《后汉书·寒朗传》：章和元年，帝至梁，召见朗，诏三府为辟首，由是辟司徒府。《杨震传》：延光二年，代刘恺为太尉，帝舅大鸿胪耿宝荐中常侍李闰兄于震。震不从，宝乃自往候震曰：李常侍国家所重，欲令公辟其兄，宝唯传上意耳。震曰：如朝廷欲令三府辟召，故宜有尚书敕。遂拒不许，宝大恨而去。皇后兄执金吾阎显亦荐所亲厚于震，震又不从。司空刘授闻之，即辟此二人，旬日中皆见拔擢，由是震益见怨。《王允传》：三公并辟，以司徒高第为侍御史。《范冉传》：及党禁解，为三府所辟，乃应司空命。

五府连辟　《后汉书·张楷传》：五府连辟，举贤良方正不就。注：五府，太傅、太尉、司徒、司空、大将军也。

上书召见

《汉书·梅福传》：福上书曰：孝武皇帝好忠谏，说至言，出爵不待廉茂，庆赐不须显功，是以天下布衣，各厉志竭精以赴阙廷自衔鬻者不可胜数。汉家得贤，于此为盛。今欲致天下之士，民有上书求见者，辄使诣尚书问其所言，言可采者，秩以升斗之禄，赐以一束之帛，若此，则天下之士，发愤懑，吐忠言，嘉谋日闻于上，天下条贯，国家表里，烂然可睹矣。《主父偃传》：元光元年，乃西入关见卫将军，卫将军数言上，上不省。资用乏，留久，诸侯宾客多厌之。乃上书阙下，朝奏，暮召入见。是时徐乐、严安亦俱上书言世务，书奏，上召见三人曰：公皆安在，何相见之晚也！《车千秋传》：千秋长八尺余，体貌甚丽，武帝见而说之，立拜千秋为大鸿胪。数月，遂代刘屈氂为丞相，封富民侯。后汉使者至匈奴，单于问曰：闻汉新拜丞相，何用得之？使者曰：以上书言事故。单于曰：苟如是，汉置丞相，非用贤也，妄一男子上书，即得之矣。使者还道单于语，武帝以为辱命，欲下之吏，良久乃赍之。

征　拜

《后汉书·赵岐传》：中平元年，四方兵起，诏选故刺史二千石有文武才用者，征岐拜议郎。《姜肱传》：后与徐稚俱征不至，桓帝乃下彭城使画工图其形状，肱卧于幽闇，以被韬面，言患眩疾，不欲出风，工竟不得见之。《法真传》：同郡田弱荐真云云，会顺帝西巡，弱又荐之，帝虚心欲致，前后四征，真曰：吾既不能遁形远世，岂饮洗耳之水哉！遂深自隐绝，终不降屈。

经术特征　《汉书·平帝纪》：元始五年春正月袷祭明堂，诏征天下通知逸经、占记、天文、历算、钟律、小学、《史篇》、方术、《本草》，及以《五经》《论语》《孝经》《尔雅》教授者，在所为驾一封轺传遣诣京师，至者数千人。《王褒传》：宣帝时修武帝故事，讲论六艺群书，博尽奇异之好。征能为《楚辞》，九江被公召见诵读。《蔡义传》：诏求能为《韩诗》者，征义待诏，久不进见，上疏曰：臣山东草莱之人，行能亡所比，容貌不及众，然而不弃人伦者，窃以闻道于先师，自托于经术也。愿赐清闲之燕，得尽精思于前。上召见义说《诗》，甚说之，擢为光禄大夫、给事中。《公孙刘田王杨蔡陈郑传赞》：至宣帝时，汝南桓宽次公治《公羊春秋》，举为郎。

安车特征　《汉书·武帝纪》：建元元年秋七月，议立明堂，遣使者安车蒲轮，束帛加璧，征鲁申公。《枚乘传》：武帝自为太子闻乘名，及即位，乘年老，乃以安车蒲轮征，乘道死，诏问乘子，无能为文者，后乃得其孽子皋。

灾异特征　《后汉书·蔡邕传》：谨条宜所施行七事表左：二事：

臣闻国之将兴，至言数闻，内知己政，外见民情，是故先帝虽有圣明之姿，而犹广求得失，又因灾异，援引幽隐，重贤良方正敦朴有道之选，危言极谏，不绝于朝。陛下亲政以来，频年灾异，而未闻特举博选之旨，诚当思省，述修旧事，使抱忠之臣，展其狂直，以解《易传》"政悖德隐"之言。

特拜不试 《后汉书·杨秉传》：延熹五年冬，代刘矩为太尉。是时宦官方炽，任人及子弟为官，布满天下，竞为贪淫，朝野嗟怨！秉与司空周景上言：内外吏职，多非其人。自顷所征，皆特拜不试，致盗窃纵恣，怨讼纷错。旧典：中臣子弟，不得居位秉执，而今枝叶宾客，布列职署，或年少庸人，典据守宰，上下忿患，四方愁毒。可遵用旧章，退贪残，塞灾谤。帝从之。

荐 举

举尤异 《后汉书·缪肜传》：辟公府，举尤异，迁中牟令。《陈重传》：后举茂才，除细阳令。政有异化。举尤异，当迁为会稽太守，遭姊忧去官。

举通政事明阴阳灾异者 《汉书·武帝纪》：元光五年八月，征吏民有明当时之务，习先圣之术者，县次续食令与计偕。《元帝纪》：初元三年六月，诏丞相御史举天下明阴阳灾异者各三人。于是言事者众，或进擢召见，人人自以得上意。《哀帝纪》：建平元年二月诏：其与大司马、列侯、将军、中二千石、州牧、守、相，举孝弟惇厚能直言通政事，延于侧陋可亲民者各一人。《平帝纪》：元始二年冬，中二千石举治狱平岁一人。

举武猛明兵法者 《汉书·哀帝纪》：建平四年冬，诏将军、中二千石举明兵法有大虑者。《平帝纪》：元始二年秋，举勇武有节明兵法郡一人诣公车。

《后汉书·光武纪》注：《汉官仪》：高祖命天下郡国选能引关蹶张材力武猛者，以为轻车骑士，材官，楼船。常以立秋后讲诣课试，各有员数。平地用车骑，山阻用材官，水泉用楼船。

举高行及屡征不到者　《后汉书·李充传》：延平中，诏公卿、中二千石，各举隐士大儒，务取高行以劝后进。特征充为博士。《向栩传》：郡礼请辟，举孝廉、贤良方正、有道，公府辟，皆不到。又与彭城姜肱、京兆韦著并征，栩不应。后特征，到，拜赵相。

举谣言　《后汉书·刘陶传》：光和五年，诏公卿以谣言举刺史二千石为民蠹害者。注："谣言谓听百姓风谣善恶而黜陟之也。"由是诸坐谣言征者，悉拜议郎。《蔡邕传》：谨条宜所施行七事表左：四事：五年，制书议遣八使，又令三公谣言奏事。是时奉公者欣然得志，邪枉者忧悸失色，未详斯议所因寝息。宜追定八使，纠举非法，更选忠清，平章赏罚，三公岁尽，差其殿最，使吏知奉公之福，营私之祸，则众灾之原，庶可塞矣。《范滂传》：复为太尉黄琼所辟。后诏三府掾属举谣言，注："《汉官仪》曰：三公听采长史臧否，人所疾苦，还条奏之，是为举谣言也。顷者举谣言，掾属令史，都会殿上，主者大言州郡行状云何？善者同声称之，不善者默尔衔枚。"滂奏刺史、二千石权豪之党二十余人，尚书责滂所劾猥多，疑有私故，滂对曰：臣之所举，自非叨秽奸暴，深为民害，岂以污简札哉！间以会日迫促，故先举所急，其未审者，方更参实。《刘焉传》：会益州刺史郗俭，在政烦扰，谣言远闻云云。《循吏传序》：光武帝数引公卿郎将，列于禁坐，广求民瘼，观纳风谣，故能内外匪懈，百姓宽息。然建武永平之间，吏事刻深，亟以谣言单辞，转易守长，故朱浮数上谏书，箴切峻政，钟离意等亦规讽殷勤，以长者为言而不能得也。所以中兴之美，盖未尽焉。《谯玄传》：元始四年，选明达政事能班化风俗者八人，时并举玄为绣衣使者，持节与太仆任恽等分行天下，观览风俗，所至专行诛赏，事未及终，而王莽居摄，玄于是纵使者车，变易姓名，间窜归家，因以隐遁。《李郃传》：和帝即位，分遣使者皆微服单行，各至州县观采风谣。

太常受业及举太常 《汉书·萧望之传》：望之好学，治《齐诗》，事同县后仓且十年，以令诣太常受业。注："如淳曰：令郡国官有好文学敬长肃政教者，二千石奏上，与计偕诣太常受业如弟子也。"《冯奉世传》：奉世长子谭，太常举孝廉为郎。《冯逡传》：通《易》，太常察孝廉为郎，补谒者。《朱博传》：时诸陵县属太常，博以太常掾察廉，补安陵丞。《何武传》：后有诏举太常，王莽私从武求举，武不敢举。

举主 《后汉书·郎𫖮传》：阳嘉二年正月，公车征𫖮，乃诣阙拜章曰：今选举牧守，委任三府三公也，长吏不良，既咎州郡，州郡有失，岂得不归责举者，而陛下崇之弥优，自下慢事愈甚，所谓大纲疏，小纲数。谓缓于三公，切于州郡也。《庞参传》：顺帝时，三公之中，参名忠直，数为左右所陷毁，以所举用忤帝旨，司隶承风案之。时当会茂才孝廉，参以被奏称疾不得会。《徐稺传》：稺尝为太尉黄琼所辟，不就。及琼卒，归葬，稺乃负粮徒步到江夏赴之，设鸡酒薄祭，哭毕而去，不告姓名。《傅燮传》：少师事太尉刘宽，再举孝廉，闻所举郡将丧，乃弃官行服。出为汉阳太守。初郡将范津名知人，举燮孝廉，及津为汉阳，与燮交代，合符而去，乡邦荣之。《左雄传》：初雄荐周举为尚书，举既称职，议者咸称焉。及在司隶，又举故冀州刺史冯直以为将帅，而直尝坐臧受罪，举以此劾奏雄，雄悦曰：吾尝事冯直之父，而又与直善，今宣光以此奏吾，乃是韩厥之举也。由是天下服焉。《黄琼传》：永兴元年，迁司徒，转太尉。梁冀前后所托辟召，一无所用。虽有善人，而为冀所饰举者，亦不加命。

举主坐罪 《汉书·何武传》：徙京兆尹。二岁，坐举方正所举者召见盘辟雅拜，有司以为诡众虚伪，武坐左迁楚内史。《严延年传》：延年察狱吏廉，有臧不入身，延年坐选举不实贬秩，笑曰：后敢复有举人者矣。时为河南太守。《后汉书·明帝纪》：中元二年十二月甲寅诏曰：今选举不实，邪佞未去，权门请托，残吏放手，百姓愁怨，情无告诉，有司明奏罪名，并正举者。注："举非其人，并正举主之罪。"《王丹传》：客初有荐士于丹者，因选举之，而后所举者陷罪，丹坐以免，客惭惧自绝，而丹终无所言。寻复征为太子太傅，乃呼客谓曰：子之自绝，何量丹之薄也！不为设食以罚之。相待如旧。《第五伦传》：及为三公，值帝长者，屡有善政。乃上疏褒称盛美，因以劝成风德曰：略陈留令刘豫，冠军令驷协，并以刻薄之资，临人宰邑，专念掠杀，务为严苦，非徒应坐豫协，亦当宜遣举者。

报举主　《史弼传》：侯览大怒，遂诈作飞章下司隶，诬弼诽谤，槛车征，吏人莫敢近者，唯前孝廉裴瑜，送到崤渑之间。及下廷尉诏狱，平原吏人奔走诣阙讼之。又前孝廉魏劭，毁变形服，诈为家僮，瞻护于弼。弼遂受诬，事当弃市，劭与同郡人卖郡邸。郡邸，若今之寺邸也。行赂于侯览，得减死罪一等。论输左校。时人或讥曰：平原行货以免君，无乃辱乎？陶丘洪曰：昔文王羑里，闳散怀金。史弼遭患，义夫献宝，亦何疑焉？于是议者乃息。

因举主坐罪　《李育传》：建初元年，卫尉马廖举育方正为议郎，后拜博士，再迁尚书令。及马氏废，育坐为所举，免归。

以材力为官　《汉书·地理志》：汉兴，六郡良家子，选给羽林、期门。注："如淳曰：医、商贾、百工不得豫也。师古曰：六郡谓陇西、天水、安定、北地、上郡、西河。羽林、期门，解在《百官公卿表》。"以材力为官，名将多出焉。

能治剧　《汉书·何并传》：并为郡吏，至大司空掾，事何武，武高其志节，举能治剧为长陵令。道不拾遗。《尹赏传》：举茂材栗邑令。左冯翊薛宣奏赏能治剧，徙为频阳令。《陈遵传》：并入公府，略而遵独极舆马衣服之好，故事，有百适者斥，满百。西曹白请斥，大司徒马宫大儒优士，又重遵，乃举遵能治三辅剧县，补郁夷令。

限赀十万得为吏　《汉书·景帝纪》：后二年五月诏曰：其唯廉士，寡欲易足，今赀算十以上乃得官，注："服虔曰：赀万钱，算百二十七也。应劭曰：古者疾吏之贪衣食足，知荣辱，限赀十算乃得为吏。十算，十万也。贾人有财，不得为吏，廉士无赀，又不得官，故减赀四算，得官矣。"廉士算不必众，有市籍不得官，无赀又不得官，朕甚愍之！赀算四得官，亡令廉士久失职，贪夫长利。

匡衡资历论　《汉书·朱云传》：元帝时，琅琊贡禹为御史大夫，而华阴守丞嘉，言治道在于得贤，平陵朱云，兼资文武，忠正有智略，可使以六百石秩，试守御史大夫，以尽其能。上乃下其事问公卿，太子少傅匡衡对：今嘉从守丞而图大臣之位，欲以匹夫徒步之人而超九卿之右，非所以重国家而尊社稷也。嘉竟坐之。

进真贤，举实廉　《汉书·贡禹传》：禹又言：今欲兴至治，致太平，宜除赎罪之法。相守选举不以实，及有臧者，辄行其诛，亡但免官，则争尽力为善，贵孝弟，贱贾人，进真贤，举实廉，而天下治矣。

进贤受上赏，非贤贬爵土　《后汉书·左雄周举黄琼传论》曰：古者岁贡士，进贤受上赏，非贤贬爵土，升之司马，辩论其才，论定然后官之，任官然后禄之，故王者得其人。进仕劝其行，经邦弘务，所由久矣。汉初，诏举贤良方正，州郡察孝廉秀才，斯亦贡士之方也。中兴以后，复增敦朴、有道、贤能、直言、独行、高节、质直、清白、敦厚之属。荣路既广，觖望难裁，自是窃名伪服，浸以流竞，权门贵仕，请谒繁兴。自左雄任事，限年试才，虽颇有不密，固亦因识时宜，而黄琼、胡广、张衡、崔瑗之徒泥滞旧方，互相诡驳，循名者屈其短，算实者挺其效，故雄在尚书，天下不敢妄选，十余年间，称为得人，斯亦效实之征乎！

任人宜不拘年齿　《后汉书·边让传》：大将军何进闻让才名，欲辟命之，恐不至，诡以军事征召，既到，署令史。议郎蔡邕深敬之，以为让宜处高任，乃荐于何进曰：若以年齿为嫌，则颜回不得贯德行之首，子奇终无阿宰之功，苟堪其事，古今一也。

苍头拜太子舍人　《后汉书·李善传》：李善，字次孙，南阳淯阳人，本同县李元苍头也。时钟离意为瑕丘令，上书荐善行状。光武诏拜善及续元之子并为太子舍人。

不案小疵　《汉书·平帝纪》：元寿二年九月诏曰：诸有臧及内恶未发而荐举者，皆勿案验，令士厉精乡进，不以小疵妨大材。

甲乙科　《汉书·萧望之传》：望之以射策甲科为郎。注："师古曰：射策者，谓为难问疑义，书之于策，量其大小，署为甲乙之科，列而置之，不使彰显。有欲射者，随其所取人得而释之，以知优劣。射之言投射也，对策者显问以政事经义，令各对之，而观其文辞定高下也。"《匡衡传》：衡射策甲科，以不应令，除为太常掌故。注："师古曰：投射得甲科之策，而所对文指不应令条也。《儒林传》说：岁课甲科为郎中，乙科为太子舍人，丙科补文学掌故，今不应令，是不中甲科之令，所以止为掌故。"《马宫传》：治《春秋》严氏，以射策甲科为郎。《翟方进传》：以射策甲科为郎，二三岁举明经，迁议郎。《何武传》：武诣博士受业，治《易》，以射策甲科为郎。《王嘉传》：以明经射策甲科为郎。坐户殿门失阑免。《召信臣传》：以明经甲科为郎，出补谷阳长。

四科　《汉书·元帝纪》：永光元年二月，诏丞相御史举质朴敦厚逊让有行者，光禄岁以此科第郎从官。注："师古曰：始令丞相御史举此四科人以擢之，而见在郎及从官，又令光禄每岁依此科考校，定其第高下，用知其人贤否也。"《何武传》：以射策甲科为郎，与翟方进交志相友。光禄勋举四行。注："师古曰：元帝永光元年，诏举质朴、敦厚、逊让、有行仪各一人。时诏书又令光禄以此科第郎从官，故武以此四行得举之也。"

《后汉书·范滂传》：举孝廉光禄四行。注："《汉官仪》曰：光禄举敦厚、质朴、逊让、节俭，此为四行也。"王莽时，以有德行、通政事、能言语、明文学为四行。

茂才四行　《后汉书·黄琼传》：孙琬，稍迁五官中郎将。时陈蕃为光禄勋，深相敬待，数与议事。旧制：光禄举三署郎，以高功久次才德尤异者为茂才四行。时权富子弟多以人事得举，而贫约守志者以穷退见遗，京师为之谣曰：欲得不能，光禄茂才。于是琬、蕃同心，显用志士，平原刘醇、河东朱山、蜀都殷参等，并以才行蒙举。蕃、琬遂为权富郎所中伤。

郡国上计　《汉书·张苍传》：苍以代相从攻荼有功，封为北平侯，食邑千二百户，迁为计相。一月，更以列侯为主计。是时萧何为相国，而苍乃自秦时为柱下御史，明习天下图书计籍，又善用算律历，故令苍以列侯居相府，领主郡国上计者。

杂问郡国上计长史　《汉书·黄霸传》：京兆尹张敞奏霸曰：窃见丞相请与中二千石博士杂问郡国上计长吏守丞，为民兴利除害成大化条其对。有耕者让畔，男女异路，道不拾遗，及举孝子弟弟贞妇者为一辈，先上殿，举而不知其人数者次之，不为条教者在后，叩头谢。丞相虽口不言，而心欲其为之也。汉家承敝通变，造起律令，即以劝善禁奸，条贯详备，不可复加。宜令贵臣明饬长吏守丞，归告二千石，举三老孝弟力田孝廉廉吏务得其人，郡事皆以义法令检式，毋得擅为条教。敢挟诈为以奸名誉者，必先受戮，以正明好恶。天子嘉纳敞言。

遣归郡国所选　《汉书·昭帝纪》：元凤元年三月，赐郡国所选有行义者涿郡韩福等五人帛，人五十匹，遣归。诏曰：朕闵劳以官职之事，其务修孝弟以教乡里。令郡县常以正月赐羊酒。有不幸者，赐衣被一袭，祠以中牢。

郡国贡举率非功次　《后汉书·韦彪传》：建初七年。是时陈事者，多言郡国贡举，率非功次，故守职益懈，而吏事寖疏，咎在州郡。有诏下公卿朝臣议，彪上议曰：夫人才行少能相兼，是以孟公绰优于赵魏老，不可以为滕薛大夫。忠孝之人，持心近厚，锻炼之吏，持心近薄。三代之所以直道而行者，在其所以磨之故也。十官以才行为先，不可纯以阀阅，然其要归在于选二千石，二千石贤，则贡举皆得其人。帝深纳之。《刘恺传》：元初二年，代夏勤为司徒。旧制，公卿、二千石、刺史，不得行三年丧，由是内外众职，并废丧礼。元初中，邓太后诏长吏以下，不为亲行服者，不得典城选举。时有上言牧守宜同此制。诏下公卿，议者以为不便。恺独议曰：今刺史一州之表，二千石千里之师，职在辩章百姓。宜美风俗，尤宜尊重典礼，以身先之。太后从之。

郡文学 《汉书·诸葛丰传》：以明经为郡文学。《郑崇传》：崇少为郡文学史。《匡衡传》：衡射策甲科，以不应令，除为太常掌故，调补平原文学。长安令杨兴说史高曰：平原文学匡衡，材智有余，经学绝伦，但以无阶朝廷，故随牒在远方。将军诚召置莫府，学士歙然归仁。高然其言，辟衡为议曹史。《张禹传》：举为郡文学。《翟方进传》：至方进父翟公好学，为郡文学。

计吏留拜 《后汉书·杨秉传》：时郡国计吏多留拜为郎，秉上言：三署见郎七百余人，帑藏空虚，浮食者众，而不良守相，欲因国为池，浇濯衅秽，宜绝横拜以塞觊觎之端。自此终桓帝世，计吏无复留拜者。

计吏盛饰车马帷幕 《后汉书·赵壹传》：光和元年，举郡上计到京师。是时司徒袁逢受计，计吏数百人皆拜伏庭中，莫敢仰视，壹独长揖而已。时诸计吏多盛饰车马帷幕，而壹独柴车草屏，露宿其傍，延陟河南尹羊陟前坐于车下，左右莫不惊愕。

请托 《后汉书·张奂传》：司隶校尉王寓，出于宦官，欲借宠公卿以求荐举，百僚畏惮，莫不许诺，唯奂独拒之。寓怒，因此遂陷以党罪，禁锢归田里。《陈蕃传》：大将军梁冀威震天下，时遣书诣蕃有所请托，不得通，使者诈求谒，冀怒，笞杀之。坐左转修武令。《王允传》：赵戬字叔茂，初平中，为尚书典选举，董卓数欲有所私授，戬辄坚拒不听，卓怒召将杀之，众人悚慄，而戬辞貌自若，卓悔谢释之。

任子 《汉书·王吉传》：宣帝时吉上疏言得失云云，又言舜、汤不用三公九卿之世，而举皋陶、伊尹，不仁者远，今使俗吏得任子弟，率多骄骜，不通古今，至于积功治人，亡益于民，此《伐檀》所为作也。宜明选求贤，除任子之令。《龚胜传》：于是王莽依故事白遣胜、汉，策曰：惟元始二年六月庚寅，光禄大夫、太中大夫耆艾二人，以老病罢，太皇太后使谒者仆射策诏之曰：今大夫年至矣，朕愍以官职之事烦，大夫其上子若孙若同产、同产子一人。所上子男，皆除为郎。

入赀为官 《汉书·张释之传》：张释之字季，南阳堵阳人也。与兄仲同居，以赀为骑郎。注："苏林曰：雇钱若出谷也。如淳曰：汉注赀五百万，得为常侍郎。师古曰：如说是也。"事文帝，十年不得调，亡所知名。释之曰：久宦减仲之产。不遂，欲免归。《司马相如传》：以赀为郎，事孝景帝为武骑常侍，非其好也。注："师古曰：以家财多，得拜为郎也。武骑常侍秩六百石。"《贡禹传》：禹又言孝文皇帝时，贵廉洁，贱贪污，贾人赘婿及吏坐臧者，皆禁锢不得为吏。武帝用度不足，乃行壹切之变，使犯法者赎罪，入谷者补吏。《黄霸传》：武帝末，以待诏入钱赏官，补侍郎谒者。坐同产有罪劾免。后复入谷沈黎郡，补左冯翊二百石卒史。注："如淳曰：三辅郡得仕用它郡人，而卒史独二百石，所谓尤异者也。"冯翊以霸入财为官，不署右职。注："师古曰：轻其为人也。右职，高职也。"使领郡钱谷计。

开鸿都门卖官　《后汉书·崔寔传》：寔从兄烈，有重名于北州，历位郡守、九卿。灵帝时，开鸿都门榜卖官爵，公卿州郡下至黄绶各有差。其富者则先入钱，贫者到官而后倍输。或因常侍、阿保别自通达。是时段颎、樊陵、张温等，虽有功勤名誉，然皆先输货财而后登公位，烈时因傅母入钱五百万，得为司徒，及拜日，天子临轩，百僚毕会，帝顾谓亲倖者曰：悔不小靳！可至千万。程夫人于傍应曰：崔公冀州名士，岂肯买官？赖我得是，反不知姝邪！烈于是声誉衰减。久之不自安，从容问其子钧曰：吾居三公，于议者何如？钧曰：论者嫌其铜臭。烈怒，举杖击之。

出修宫钱买官　《后汉书·刘陶传》：徙为京兆尹，到职，当出修宫钱，值千万。陶既清贫，而耻以钱买职，称疾不听政。灵帝宿重陶才，原其罪，征拜谏议大夫。

考绩　《汉书·贾谊传》：文帝初立，闻河南守吴公治平为天下第一，故与李斯同邑而尝学事焉。征以为廷尉。《尹翁归传》：东海大治，以高第入守右扶风，满岁为真。《张敞传》：是时颍川太守黄霸，以治行第一入守京兆尹。京兆典京师长安中，浩穰于三辅尤为剧。郡国二千石以高第入守，及为真，久者不过三二年，近者数月一岁，辄毁伤失名，以罪逐罢，唯广汉及敞久为任职。《王尊传》：上行幸雍，过虢，尊供张如法而办。以高第擢为安定太守。《黄霸传》：霸以外宽内明，得吏民心，户口岁增，治为天下第一，征守京兆尹，秩二千石。略有诏归颍川太守官，以八百石居，治如其前。前后八年，郡中愈治。天子以霸治行终长者，下诏称扬，赐爵关内侯，黄金百斤，秩中二千石。后数月，征霸为太子太傅，迁御史大夫。《朱邑传》：迁北海太守，以治行第一，入为大司农。《召信臣传》：出补谷阳长，举高第，迁上蔡长。《义纵传》：补上党郡中令，治敢往，少温籍，举第一，迁为长陵及长安令。《石显传》：其后御史大夫缺，群臣皆举冯逡兄大鸿胪野王行能第一。

博士　《汉书·武帝纪》：元朔五年六月诏曰：太常其议予博士弟子，崇乡党之化，以厉贤材焉。丞相弘请为博士置弟子员。学者益广。

《成帝纪》：阳朔二年秋，关东大水，流民欲入函谷、天井、壶口、五阮，关者勿苛留。遣谏大夫博士分行视。九月，奉使者不称，诏曰：古之立太学，将以传先王之业，流化于天下也。儒林之官，四海渊原，宜皆明于古今，温故知新，通达国体，故谓之博士。否则学者无述焉。丞相、御史其与中二千石、二千石杂举可充博士位者，使卓然可观。《彭宣传》：治《易》事张禹，举为博士。《平当传》：以明经为博士。《贡禹传》：以明经洁行著闻，征为博士。《孔光传》：成帝初即位，举为博士，数使录冤狱，行风俗，振赡流民，奉使称旨，由是知名。是时博士选三科，高为尚书，次为刺史，其不通政事，以久次补诸侯太傅。光以高第为尚书。

《后汉书·翟酺传》：初酺之为大匠，上言孝文皇帝始置一经博士。注：武帝建元五年，始置《五经》博士。文帝之时，未遑庠序之事，酺之此言，不知何据？武帝大合天下之书，而孝宣论《六经》于石渠，学者滋盛，弟子万数。注：宣帝甘露三年，诏诸儒讲《五经》于殿中，兼平《公羊》《穀梁》同异，上亲临决焉。时更崇《穀梁传》，故此言六经也。石渠，阁名。昭帝时，博士弟子员百人。宣帝末，增倍之。元帝时，诏无置弟子员，以广学者，故言以万数也。光武初兴，愍其荒废，起太学博士舍，内外讲堂，诸生横巷为海内所集。明帝时，辟雍始成，欲毁太学，太尉赵熹以为太学、辟雍，皆宜兼存，故并传至今。而顷者颓废，至为园采刍牧之处，宜更修缮，诱进后学。帝从之。

博士选举　《后汉书·杨震传》：元初四年，征为太仆，迁太常。先是博士选举，多不以实，震举荐明经名士陈留杨伦等。《张玄传》：会颜氏博士缺，玄试策第一，拜为博士。居数月，诸生上言，玄兼说严氏、宣氏，不宜专为颜氏博士。光武且令还署，未及迁而卒。

博士祭酒　《汉官仪》：光武中兴，恢弘稽古。《易》有施孟、梁邱贺、京房，《书》有欧阳和伯、夏侯胜、建，《诗》有申公、辕固、韩婴，《春秋》有严彭祖、颜安乐，《礼》有戴德、戴胜，凡十四博士。太常差选有聪明威重一人为祭酒，总领纲纪也。《后汉书·徐防传》注、又《后汉书·朱浮传》注引《汉官仪》：博士，秦官也，博者通博古今，士者辨于善否。按：《艺文类聚》《太平御览》引有博者以下十二字。孝武建元五年，初置《五经》博士，秩六百石。按：《太平御览》引有此四字。后增至十四人。太常差次有聪明威重者一人为祭酒，总领纲纪，其举状曰云云。

博士弟子　《汉书·息夫躬传》：少为博士弟子，受《春秋》，通览记书。《贾山传》：祖父祛，故魏王时博士弟子也。《兒宽传》：以郡国选诣博士，受业孔安国。《终军传》：以辩博能属文闻于郡中，年十八，选为博士弟子，至府受遣，太守闻其有异材，召见军，甚奇之，与交结。《儒林传序》：公孙弘为学官，悼道之郁滞，乃请白丞相御史言。制曰：太常议予博士弟子，崇乡里之化，以厉贤材焉。谨与太常臧博士平等议曰：闻三代之道，乡里有教，夏曰校，殷曰庠，周曰序。其劝善也，显之朝廷，其惩恶也，加之刑罚。故教化之行也，建首善自京师始，繇内及外。今陛下劝学兴礼，崇化厉贤，以风四方，太平之原也。古者政教未洽，不备其礼，请因旧官而兴焉。为博士官置弟子五十人，复其身。太常择民年十八以上仪状端正者，补博士弟子。郡国县官有好文学、敬长上、肃政教、顺乡里、出入不悖所闻，令相长丞上属所二千石，二千石谨察可者，常与计偕，诣太常得受业如弟子。一岁皆辄课，能通一艺以上，补文学掌故缺。其高第可以为郎中。太常籍奏，即有秀才异等，辄以名闻。其不事学若下材及不能通一艺，辄罢之，而请诸能称者。臣谨案诏书律令下者，明天人分际，通古今之谊，文章尔雅，训辞深厚，恩施甚美。小吏浅闻，弗能究宣，亡以明布谕下，以治礼掌故，以文学礼义为官，迁留滞。请选择其秩比二百石以上，及吏百石通一艺以上，补左右内史，大行卒史，比百石以下补郡太守卒史。皆各二人，边郡一人。先用诵多者，不足，择掌故以补中二千石属，文学掌故补郡属备员，请著功令。它如律令。制曰可。自此以来，公卿大夫士吏，彬彬多文学之士矣。

博士弟子额　《汉书·儒林传序》：昭帝时举贤良文学，增博士弟子员满百人。宣帝末，增倍之。元帝好儒，能通一经者，皆复。数年，以用度不足，更为设员千人，郡国置《五经》百石卒史。成帝末，或言孔子布衣，养徒三千人，今天子太学弟子少于是，增弟子员三千人，岁余复如故。平帝时，王莽秉政，增元士之子得受业如弟子，勿以为员。岁课甲科四十人为郎中，乙科二十人为太子舍人，丙科四十人补文学掌故云。赞曰：自武帝立《五经》博士，开弟子员，设科射策，劝以官禄，讫于元始百有余年，传业者寖盛，支叶蕃滋，一经说至百余万言，大师众至千余人，盖禄利之路然也。

策贤良诏　《汉书·武帝纪》：建元元年冬十月，诏丞相、御史、列侯、中二千石、二千石、诸侯相，举贤良方正直言极谏之士。丞相绾奏：所举贤良，或治申、商、韩非、苏秦、张仪之言，乱国政，请皆罢。奏可。元光元年五月，诏贤良曰：贤良明于古今王事之体，受策察问，咸以书对，著之于篇，朕亲览焉，于是董仲舒、公孙弘出焉。《昭帝纪》：始元六年二月，诏有司问郡国所举贤良文学，民所疾苦，议罢盐铁榷酤。《晁错传》：后诏有司举贤良文学士，错在选中，上视策诏之曰：惟十有五年九月壬子，皇帝曰：昔者大禹勤求贤士，施及方外，四极之内，舟车所至，人迹所及，靡不闻命，以辅其不逮。近者献其明，远者通厥聪，比善戮力，以翼天子。是以大禹能亡失德，夏以长楙，高皇帝亲除大害，去乱从，并建豪英以为官师，为谏争，辅天子之阙。而翼戴汉宗也。赖天之灵，宗庙之福，方内以安，泽及四夷。今朕获执天子之正，以承宗庙之祀，朕既不德，又不敏，明弗能烛，而智不能治，此大夫之所著闻也。故诏有司、诸侯王、三公、九卿及主郡吏，各帅其志，以选贤良，明于国家之大体，通于人事之终始，及能直言极谏者，各有人数，将以匡朕之不逮。二三大夫之行，当此三道，朕甚嘉之！故登大夫于朝，亲谕朕志。大夫其上三道之要，及永惟朕之不德，吏之不平，政之不宣，民之不宁，四者之阙，悉陈其志，毋有所隐。上以荐先帝之宗庙，下以兴愚民之休利，著之于篇，朕亲览焉。观大夫所以佐朕，至与不至书之，周之密之，重之闭之，兴自朕躬，大夫其正论毋枉执事。乌乎戒之！二三大夫其帅志毋怠。

贤良　《汉书·晁错传》：错对曰云云。时贾谊已死，对策者百余人，唯错为高第，由是迁中大夫。邓公成固人也，多奇计。建元中，上招贤良，公卿言邓先，师古曰：邓先犹云邓先生也。一曰先者其名也。邓先时免，起家为九卿。《冯唐传》：景帝立，以唐为楚相。武帝即位，求贤良，举唐，唐时年九十余，不能为官，乃以子遂为郎。遂字王孙，亦奇士。《贾山传》：尝给事颍阴侯为骑，孝文时言治乱之道，借秦为谕，名曰《至言》。其辞曰：今陛下念思祖考，术追厥功，图所以昭克洪业休德，使天下举贤良方正之士，天下皆欣欣焉曰，将兴尧、舜之道，三王之功矣。天下之士，莫不精白以承休德。今方正之士，皆在朝廷矣，又选其贤者，使为常侍诸吏，与之驰驱射猎，一日再三出，臣恐朝廷之解弛，百官之堕于事也，诸侯闻之，又必怠于政矣。《董仲舒传》：孝景时为博士。武帝即位，举贤良文学之士，前后百数，而仲舒以贤良对策焉。制曰：略故广延四方之豪俊，郡国诸侯公选贤良修絜博习之士，欲闻大道之要，至论之极，今子大夫褒然举首，朕甚嘉之！子大夫其精心致思，朕垂听而问焉。仲舒对曰云云。天子览其对而异焉。乃复册之曰：今子大夫待诏百有余人，或道世务而未济，稽诸上古之不同，考之于今而难行，毋乃牵于文系而不得骋与？将所繇异术所闻殊方与？各悉对著于篇，毋讳。有司明其指略，切磋究之，以称朕意。《公孙弘传》：菑川薛人也。年四十余，乃学《春秋》杂说。武帝初即位，招贤良文学士，是时弘年六十，以贤良征为博士。使匈奴还报不合意，上怒以为不能，乃移病免归。元光五年，复征贤良文学，菑川国复推上弘，弘谢曰：前已尝西，用不能罢，愿更选。国人固推弘。弘至太常，上策诏诸儒制曰云云，时对者百余人，太常奏弘第居下，策奏，天子擢弘对为第一，召入见，容貌甚丽，拜为博士，待诏金马门。时上方兴功业，娄举贤良，弘自见为举首，起徒步，数年至宰相封侯。于是起客馆，开东阁以延贤人，与参谋议。弘身食一肉脱粟饭，故人宾客仰衣食，俸禄皆以给之，家无所余。《杜延年传》：见国家承武帝奢侈师旅之后，数为大将军光言：年岁比不登，流民未尽还，宜修孝文时政，示以俭约宽和，顺天心，说民意，年岁宜应。光纳其言，举贤良，议罢酒榷盐铁，皆自延年发之。《严助传》：严助，会稽吴人，严夫子子也。张晏曰：夫子，严忌也。或言族家子也。郡举贤良对策百余人，武帝善助对，繇是独擢助为中大夫。后得朱买臣、吾丘寿王、司马相如、主父偃、徐乐、严安、东方朔、枚皋、胶昌、终军、严葱奇等并在左右。是时征伐四夷，开置边郡，军旅数发，内改制度，朝廷多事，娄举贤良文学之士，公孙弘起徒步，数年至丞相，开东阁，延贤人与谋议，朝觐奏事，因言国家便宜，上令助等与大臣辩论，中外相应以义理之文，大臣数诎。《吾丘寿王传》：丞相公孙弘奏言民不得挟弓弩，上下其议，寿王对曰：今陛下昭明德，建太平，举俊材，兴学官，三公有司，或由穷巷起白屋，裂地而封，宇内日化，方外乡风，然而盗贼犹有者，郡国二千石之罪，非挟弓弩之过也。《萧望之传》：天子拜望之为谒者，时上初即位，思进贤良，多上书言便宜，辄下望之问状，高者请丞相、御史，次者中二千石，试事满岁以状闻，或罢归田里，所白处奏皆可。《黄霸传》：夏侯胜出狱，复为谏大夫。会左冯翊宋畸举霸贤良，胜又口荐霸于上，上擢霸为扬州刺史。三岁，宣帝下诏曰：制诏御史其以贤良高第扬州刺史霸为颍川太守，秩比二千石。居官赐车盖特高一丈。别驾主簿车缇油屏泥于轼前，以章有德。《朱邑传》：迁补太守卒史，举贤良为大司农丞。《张敞传》：复举贤良，对策第一，擢拜议郎。《元后传》：元寿元年日蚀，贤良对策多讼新都侯莽者，上于是征莽及平阿侯仁还京师侍太后。《王莽传》：元寿元年日食，贤良周护、宋崇等对策，深颂莽功德，上于是征莽。

贤良方正 《汉书·文帝纪》：二年十一月癸卯晦，日有食之。诏曰：令至，其悉思朕之过失，及知见之所不及，匄以启告朕，及举贤良方正能直言极谏者，以匡朕之不逮。十五年九月，诏诸侯王公卿郡守举贤良能直言极谏者，上亲策之，傅纳以言，语在《晁错传》。《武帝纪》：建元元年冬十月，诏丞相、御史、列侯、中二千石、二千石、诸侯相，举贤良方正直言极谏之士，丞相绾奏云云，已见前，略。《成帝纪》：建始二年二月，诏三辅内郡举贤良方正各一人，三年冬十二月戊申朔，日有蚀之。夜，地震未央宫殿，诏曰：丞相、御史与将军、列侯、中二千石及内郡国举贤良方正能直言极谏之士诣公车，朕将览焉。元延元年秋七月诏曰：公卿大夫、博士、议郎，其各悉心惟思变意，明以经对，无有所讳，与内郡国举方正能直言极谏者各一人。北边二十二郡举勇猛知兵法者各一人。《哀帝纪》：元寿元年正月诏曰：公卿大夫其与将军、列侯、中二千石举贤良方正能直言者各一人。《杜钦传》：时帝舅大将军王凤，以外戚辅政，求贤知自助。略后有日蚀地震之变，诏举贤良方正能直言士，合阳侯梁放举钦，钦上对曰云云。其夏，上尽召直言之士诣白虎殿对策，策曰：天地之道何贵？王者之法何如？《六经》之义何上？人之行何先？取人之术何以？当世之治何务？各以理对。钦对曰云云，钦欲救其过，复说凤曰：钦愚以为宜因章事举直言极谏。按：即京兆尹王章劾王凤事，见《元后传》。《东方朔传》：武帝初即位，征天下举方正贤良文学材力之士，待以不次之位。四方士多上书言得失自衒鬻者以千数，其不足采者，辄报闻罢。朔初来，上书曰：臣朔年二十二，长九尺三寸，目若悬珠，齿若编贝，勇若孟贲，捷若庆忌，廉若鲍叔，信若尾生，若此，可以为天子大臣矣。朔文辞不逊，高自称誉，上伟之，令待诏公车，奉禄薄，未得省见。武帝既招英俊，程其器能，用之如不及。时方外事胡越，内典制度，国家多事，自公孙弘以下至司马迁，皆奉使方外，或为郡国守相至公卿，而朔尝至大中大夫，后常为郎，与枚皋、郭舍人俱在左右，诙啁而已。久之，朔上书陈农战强国之计，因自讼独不得大官，欲求试用，其言专商鞅、韩非之语也。指意放荡，颇复诙谐，辞数万言，终不见用。

《后汉书·光武帝纪》：建武六年冬十月丁丑诏曰：其敕公卿举贤良方正各一人。注：武帝建元元年，始诏举贤良方正直言极谏之士也。七年夏四月壬午，诏公卿司隶州牧举贤良方正各一人，遣诣公车，朕将览试焉。

贤良文学　《汉书·车千秋传》：始元六年，诏郡国举贤良文学士，问以民所疾苦，于是盐铁之议起焉。注：师古曰：议罢盐铁之官，令百姓皆得煮盐铸铁，因总论政治得失也。《公孙贺等传赞》曰：所谓盐铁议者，起始元中，征文学贤良问以治乱，皆对愿罢郡国盐铁酒榷均输，务本抑末，毋与天下争利，然后教化可兴。至宣帝时，汝南桓宽次公，推衍盐铁之议，增广条目，极其论难。其辞曰：观公卿贤良文学之议，异乎吾所闻。闻汝南朱生言，当此之时，英俊并进，贤良茂陵唐生，文学鲁国万生之徒六十有余人，咸聚阙庭，舒六艺之风，陈治平之原。

方正直言　《汉书·杜邺传》：元寿元年正月朔，上以皇后父孔乡侯傅晏为大司马卫将军，而帝舅阳安侯丁明为大司马票骑将军，临拜日食，诏举方正直言，扶阳侯韦育举邺方正，邺对曰云云。《王嘉传》：后数月日食，举直言。《辕固传》：后上以固廉直，拜为清河太傅，疾免。武帝初即位，复以贤良征。

贤良方正敦朴有道　《北堂书钞·设官部》引《汉官仪》：议郎郎中，秦官也。议郎秩比六百石。特征贤良方正敦朴有道，第公府掾试博士者，拜郎中。

廉佐史　《汉书·平帝纪》：元始元年正月，又令诸侯王、公、列侯、关内侯亡子而有孙若子同产子者，皆得以为嗣。公、列侯嗣子有罪耐以上先请宗室属未尽而以罪绝者复其属。其为吏举廉佐史，补四百石。注："如淳曰：宗室为吏及举廉及佐史，皆补四百石。师古曰：此说非也。言宗室为吏者，皆令举廉，各从本秩，而依廉吏迁之为佐史者，例补四百石。"

明经　《汉书·眭弘传》：以明经为议郎，至符节令。《孙宝传》：御史大夫张忠，上书荐宝经明质直，宜备近臣。为议郎，迁谏大夫。《孔光传》：经学尤明，年未二十，举为议郎。《翟方进传》：以射策甲科为郎，二三岁，举明经，迁议郎。

孝廉　《汉书·武帝纪》：元朔元年冬十一月诏曰：深诏执事兴廉举孝，庶几成风，绍休圣绪。夫十室之邑，必有忠信，三人并行，厥有我师，今或至阖郡而不荐一人，是化不下究，而积行之君子，雍于上闻也。二千石官长纪纲人伦，将何以佐朕烛幽隐，劝元元，厉燕庶崇党之训哉！且进贤受上赏，蔽贤蒙显戮，古之道也。其与中二千石礼官博士议，不举者罪。有司奏议曰：古者诸侯贡士，壹适谓之好德，再适谓之贤贤，三适谓之有功，乃加九锡；不贡士，壹则黜爵，再则黜地，三则黜爵地毕矣。夫附下罔上者死，附上罔下者刑，与闻国政而无益于民者斥，在上位而不能进贤者退，此所以劝善惩恶也。今诏书昭先帝绪，令二千石举孝廉，所以化元元，移风易俗也。不举孝，不奉诏，当以不敬论；不察廉，不胜任也，当免。奏可。

《后汉书·和帝纪》注：谒者，秦官也。员七十人，皆选孝廉年未五十晓解傧赞者，岁尽，拜县令、长史及都官府丞、长史。

《丁鸿传》：时大郡口五六十万，举孝廉二人，小郡口二十万并有蛮夷者亦举二人，帝以为不均，下公卿会议。鸿与司空刘方上言：

凡口率之科，宜有阶品，蛮夷错杂，不得为数。自今郡国率二十万口，岁举孝廉一人，四十万二人，六十万三人，八十万四人，百万五人，百二十万六人；不满二十万，二岁一人，不满十万，三岁一人。帝从之。

《胡广传》：时尚书令左雄议改察举之制，限年四十以上，儒者试经学，文吏试章奏。广与尚书郭虔史敞上书驳之曰：选举因才，无拘定制，六奇之策，不出经学，郑阿之政，非必章奏，甘奇显用，年乖强仕，终贾扬声，亦在弱冠。汉承周秦，兼览殷夏，祖德师经，参杂霸轨，圣主贤臣，世以致理，贡举之制，莫或改革。今以一臣之言，划戾旧章，便利未明，众心不厌。臣愚以为可宣下百官，参其同异，然后览择胜否，详采厥衷，惟陛下纳焉。帝不从。

《种暠传》：始为县门下史。时河南尹田歆外甥王谌名知人，歆谓之曰：今当举六孝廉，多得贵戚书命，不宜相违，欲自用一名士以报国家，尔助我求之。明日，谌送客于大阳郭，遥见暠异之，还白歆曰：为尹得孝廉矣。近洛阳门下史也。歆笑曰：当得山泽隐滞！近洛阳吏邪？谌曰：山泽不必有异士，异士不必在山泽。歆即召暠于庭，辩诘职事，暠辞对有序，歆甚知之，召署主簿。遂举孝廉，辟太尉府，举高第，顺帝末为侍御史。

《盖勋传》：勋拜京兆尹，时小黄门京兆高望为尚药监，倖于皇太子，太子因蹇硕属望子进为孝廉，勋不肯用。或曰：皇太子副主，望其所爱，硕帝之宠臣，而子违之，所谓三怨成府者也。勋曰：选贤所以报国也。非贤不举，死亦何悔！

《蔡邕传》：光和元年七月对诏曰，宰府孝廉，士之高选，近者以辟召不慎，切责三公，而今并以小文超取选举，开请托之门，违明王之典，众心不厌，莫之敢言，臣愿陛下忍而绝之。

《陈蕃传》：蕃除郎中，诏下州郡一切皆得举孝廉茂才。蕃上疏驳之曰：三署郎吏二千余人，三府掾属，过限未除，但当择善而授之，简恶而去之，岂烦一切之诏以长请属之路乎？以此忤左右。

《李固传》：固对诏曰：诏书所以禁侍中尚书中臣子弟不得为吏察孝廉者，以其秉威权，容请托故也。而中常侍在日月之侧，声势振天下，子弟禄仕，曾无限极，虽外托谦默，不干州郡，而谄伪之徒，望风进举，今可为设常禁，同之中臣。

《左雄传》：阳嘉元年，雄上言郡国孝廉，古之贡士，出则宰民，宣扬风教，若其面墙，则无所施用。孔子曰，四十而不惑，礼称强仕，请自今孝廉，年不满四十，不得察举，皆先诣公府，诸生试家法，文吏课笺奏，副之端门，练其虚实，以观异能，以美风俗。有不承科令者，正其罪法。若有茂才异行，自可不拘年齿。帝从之，于是班下郡国。明年，有广陵孝廉徐淑，年未及举，台郎疑而诘之。对曰：诏书曰，有如颜回子奇，不拘年齿，是故本郡以臣充选。郎不能屈。雄诘之曰：昔颜回闻一知十，孝廉闻一知几邪？淑无以对，乃遣却郡。于是济阴太守胡广等十余人，皆坐谬举免黜。唯汝南陈蕃、颍川李膺、下邳陈球等三十余人得拜郎中。自是牧守畏栗，莫敢轻举。迄于永嘉，察选清平，多得其人。

《史弼传》：迁河东太守。被一切诏书当举孝廉，弼知多权贵请托，乃豫敕断绝书属。中常侍侯览果遣诸生赍书请之，并求假盐税，积日不得通，乃说以它事谒弼，而因达览书。弼乃大怒曰：太守忝荷重任，当选士报国，尔何人而伪诈无状！命左右引出，楚捶数百，府丞掾史十余人皆谏于廷，弼不对，遂付安邑狱，即日考杀之。侯览大怒，遂诈作飞章，下司隶诬弼诽谤，槛车征，吏人莫敢近者。唯前孝廉裴瑜送到崤渑之间，大言于道旁曰：明府摧折虐臣，选德报国，如其获罪，足以垂名竹帛，愿不忧不惧。弼曰：谁谓荼苦，其甘如荠，昔人刎颈，九死不恨。

《三国·魏志·武帝纪》：年二十，举孝廉为郎。建安十五年春下令曰：孟公绰为赵魏老则优，不可以为滕薛大夫，若必廉士而后可用，则齐桓其何以霸也！今天下得无有被褐怀玉而钓于渭滨者乎？又得无盗嫂受金而未遇无知者乎？二三子其佐我明扬仄陋，唯才是举，吾得而用之。

《文帝纪》：黄初二年春正月，初令郡国口满十万者，岁察孝廉一人，其有秀异，无拘户口。

《北堂书钞·设官部》引《汉官仪》：孝廉古之贡士耆儒甲科之谓也。孝廉年未五十，先试笺奏，初上试之以事，非试之以诵也。下略。

茂材异等　《汉书·武帝纪》：元封五年夏四月诏曰：盖有非常之功，必待非常之人，故马或奔踶而致千里，士或有负俗之累而立功名。夫泛驾之马，跅弛之士，亦在御之而已。其令州郡察吏民有茂才异等可为将相及使绝国者。

元帝初元二年三月诏曰：灾异并臻，连年不息。丞相、御史、中二千石举茂材异等直言极谏之士，朕将亲览焉。

永光二年三月诏曰：其令内郡国举茂材异等贤良直言之士各一人。

茂材　《汉书·昭帝纪》：始元二年春正月，以宗室毋在位者，举茂材刘辟彊、刘长乐皆为光禄大夫，辟彊守长乐卫尉。

《贾捐之传》：长安令杨兴以材能得幸，与捐之相善，捐之即与兴共为荐兴奏云云，明诏举茂材，列侯以为首。

《陈汤传》：初元二年，元帝诏列侯举茂材，富平侯张勃举汤，汤待迁，父死不奔丧，司隶奏汤无循行，勃选举故不以实，坐削户二百，会薨，因赐谥曰缪侯。汤下狱论，后复以荐为郎。

《雷义传》：举茂才，让于陈重，刺史不听，义遂佯狂披发走，不应命。乡里为之语曰：胶漆自谓坚，不如雷与陈。

文学　《汉书·韩延寿传》：少为郡文学。父义为燕郎中，以王之谋逆也，谏而死。是时昭帝富于春秋，大将军霍光持政，征郡国贤良文学，魏相以文学对策，以为宜显赏其子以示大下，光因擢延寿为谏大夫。

《王尊传》：事师郡文学官，治《尚书》《论语》，略通大义。

有道　《后汉书·陈忠传》：后连有灾异，诏举有道，公卿百僚各上封事。忠以诏书既开谏争，虑言事者必多激切，或致不能容，乃上疏豫通帝意曰：若有道之士对问高者，宜垂省览，特迁一等，以广直言之路。书御，有诏拜有道高第士沛国施延为侍中。延后位至太守。

《谢勃传》：建宁三年，诏举有道之士，勃与东海陈敦玄菟公孙度俱对策，皆除郎中。

直言 《后汉书·刘儒传》：三迁侍中。桓帝时数有灾异，下策博求直言，儒上封事十条，极言得失，辞甚忠切，帝不能纳，出为任城相。《高凤传》：建初中，将作大匠任隗举凤直言，到公车，托病逃归。

孝弟力田 《汉书·惠帝纪》：四年春正月，举民孝弟力田者复其身。《高后纪》：元年春二月，赐民爵户一级。初置孝弟力田二千石者一人。注：师古曰：特置孝弟力田官而尊其秩，欲以劝属天下，令各敦行务本。《文帝纪》：十二年三月诏曰：孝悌，天下之大顺也。力田，为生之本也。三老，众民之师也。廉吏，民之表也。朕甚嘉此二三大夫之行。今万家之县，云无应令，岂实人情，是吏举贤之道未备也。其遣谒者劳赐三老，孝者帛人五匹，悌者力田二匹，廉吏二百石以上率百石者三匹，及问民所不便安。而以户口率置三老孝悌力田常员，令各率其意以道民焉。

使者存问耆老举惇朴逊让有行义者 《汉书·成帝纪》：永始三年正月己卯晦，日有蚀之，诏曰：天灾仍重，朕甚惧焉！惟民之失职，临遣太中大夫嘉等循行天下，存问耆老民所疾苦。其与部刺史举惇朴逊让有行义者各一人。

敦厚 《汉书·成帝纪》：鸿嘉二年三月诏曰：其举敦厚有行义能直言者。《平帝纪》：元始元年五月，公卿、将军、中二千石举敦厚能直言者各一人。

敦朴 《汉书·王嘉传》：鸿嘉中，举敦朴能直言，召见宣室，对政事得失，超迁大中大夫。《后汉书·马融传》：阳嘉二年，诏举敦朴，城门校尉岑起举融，征诣公车对策，拜议郎。《李固传》：阳嘉二年，有地动、山崩火灾之异，公卿举固对策。注：《续汉书》曰，阳嘉二年，诏公卿举敦朴之士，卫尉贾建举固也。《张俭传》：大将军三公并辟，又举敦朴，公车特征，起家拜少府，皆不就。《谯玄传》：成帝永始二年有日食之灾，乃诏举敦朴逊让有行义者各一人，州举玄诣公车对策高第，拜议郎。后迁太常丞，以弟服去职。平帝元始元年日食，又诏公卿举敦朴直言，大鸿胪左咸举玄诣公车对策，复拜议郎，迁中散大夫。

独行君子　《汉书·武帝纪》：元狩六年六月诏曰：今遣博士褚大等六人分循天下，谕三老孝弟以为民师，举独行之君子。征行在所，朕嘉贤者，乐知其人，广宣厥道。士有特诏，使者之任也。《三国·魏志·管宁传》：黄初四年，诏公卿举独行君子，司徒华歆举宁。文帝即位，征宁，遂将家属浮海还郡。诏以宁为太中大夫，固辞不受。《华歆传》：黄初中诏公卿举独行君子，歆举管宁，帝以安车征之。《王朗传》：黄初中，鹈鹕集灵芝池，诏公卿举独行君子，朗荐光禄大夫杨彪，且称疾让位时为司空于彪，帝乃为彪置吏卒，位次三公。

至孝　《后汉书·崔寔传》：桓帝初，诏公卿郡国举至孝独行之士，寔以郡举征诣公车，病不对策，除为郎。《荀爽传》：延熹元年，赵典举爽至孝，拜郎中，对策陈便宜云云，故汉制使天下诵《孝经》，选吏举孝廉。

杂　考

一、地名俗称

《汉书·武帝纪》：立后土祠于汾阴脽上，注："苏林曰：脽音谁。师古曰：脽者，以其形高起，如人尻脽，故以名云。一说，此临汾水之上地，本名郂，音与葵同，彼乡人呼葵音如谁，故转而为脽字耳。"

《地理志》：平原郡般。注："如淳曰：般音如面般之般。韦昭曰：音通垣反。师古曰：《尔雅》说九河云钩般，郭璞以为水曲如钩，流般桓也。然今其土俗用如、韦之音。"

又金城郡浩亹。注："孟康曰：浩亹音合门。师古曰：浩音诰，浩，水名也。亹者，水流峡山岸深若门也。《诗·大雅》曰：凫鹥在亹，亦其义也。今俗呼此水为阁门河，盖疾言之，浩为阁耳。"

又张掖郡骊靬。注："李奇曰：音迟虔。如淳曰：音弓虔。师古曰：骊音力迟反，靬音虔是也。今其土俗人呼骊靬，疾言之曰力虔。"

又安定郡泾阳。注："开头山在西。师古曰：开音苦见反，又音牵。此山在今灵州东南，土俗语讹谓之汧屯山。"

又北地郡略畔道。注："师古曰：有略畔山，今在庆州界，其土俗呼曰洛盘，音讹耳。"

又鲁国蕃。注："应劭曰：邾国也，音皮。师古曰：白衮云：陈蕃之子，为鲁相，国人为讳改曰皮，此说非也。郡县之名，土俗各有别称，不必皆依本字。"

《汉书·张耳陈余传》：斩余泜水上。注："苏林曰：泜音祇也。
晋灼曰：问其方人，音柢。师古曰：苏、晋二说是也。苏音祇敬之
祇。音执夷反，古音如是。晋音根柢之柢，音丁计反，今其土俗呼水
则然。"《张良传》：良疾，强起至曲邮。注："师古曰：在新丰西，今
俗谓之邮头。"《西域传》：皮山国，西南至乌秅国，千三百四十里：
注："郑氏曰：乌秅音鹦挐。师古曰：乌音一加反，秅音直加反，急
言之，声如鹦挐耳，非正音也。"《外戚·孝武钩弋赵婕妤传》：因葬
云阳。注："师古曰：在甘泉宫南，今土俗人呼为女陵。"

《后汉书·光武帝纪》：光武逆战于南继。注："县名，属巨鹿郡，
故城在今邢州柏人县东北。《左传》，齐国夏伐晋取栾，即其地也。其
后南徙，故加南，今俗谓之伦城，声之转也。"因遣祭遵围蛮中贼张
满。注："蛮中，聚名。故戎蛮子国在今汝州西南，俗谓之麻城。"大
司徒邓禹及冯异与赤眉战于回溪。注："溪名也。俗名回坑。在今洛
州永宁县东。"《章帝纪》：祠房山于灵寿。注："房山在今恒州房山
县西北，俗名王母山，上有王母祠。"《献帝纪》：幸曹阳，露次田
中。注："曹阳，涧名，在今陕州西南七里，俗谓之七里涧。"袁绍遣
将麹义与公孙瓒战于鲍丘。注："鲍丘，水名，出北塞中，南流经九
庄岭东，俗谓之大榆河。"《郡国志》：东海郡祝其有羽山。注："殛鲧
之山。杜预曰：在县西南。《博物记》曰：东北独居山西南，有渊水，
即羽泉也。俗谓此山为殛父山。"《吴汉传》：而宕渠杨伟、朐䏍徐容
等。注："宕渠，山名，因以名县。故城在今渠州流江县东北，俗名
车骑城是也。"《祭遵传》：遂攻得霍阳聚。注："有霍阳山，故名焉。
俗谓之张侯城。在今汝州西南。"《耿纯传》：与绵曼贼交通。注："绵
曼，县名，属真定国。故城在今恒州石邑西北。俗音讹谓之人文故城
也。"《马援传》：诸种有数万，屯聚寇钞，拒浩亹隘。注："浩亹，音
告门，县名，属金城郡。浩，水名也。亹者，水流峡山间，两岸深若
门也。《诗》曰：凫鹥在亹，亦其义也。今俗呼此水为阁门河，盖疾
言之耳。"

二、讳改地名

《汉书·地理志》：河内郡隆虑。注："应劭曰：隆虑山在北，避殇帝名，改曰林虑也。师古曰：虑音庐。"东郡寿良。注："应劭曰：世祖叔父名良，故改曰寿张。"南郡中庐。注："师古曰：在襄阳县南，今犹有次庐村，以隋室讳忠，故改中为次。"常山郡。注："张晏曰：恒山在西，避文帝讳，故改曰常山。"信都国广川。注："师古曰：阚骃云：其县中有长河为流，故曰广川也。至隋仁寿元年，初立炀帝为皇太子，以避讳故改为长河县，至今为名。"

《后汉书·光武帝纪》：吴汉率七将军与刘永将苏茂战于广乐，大破之。注："广乐地阙，今宋州虞城县有长乐故城，盖避隋炀帝讳。"进右翊公辅为中山王，食常山郡。注："本恒山郡，避文帝讳，改为常山。故城在今赵州元氏县西。"《和帝纪》：封皇弟万岁为广宗王。注："广宗，县名，今贝州宗城县。隋炀帝讳广，故改为宗城。"《吴汉传》：食广平、斥漳、曲周、广年凡四县。注："广年，避炀帝讳，故改为永年县。"《逸民·严光传》：乃耕于富春山。注："今杭州富阳县也。本汉富春县，避晋简文帝郑太后讳，改曰富阳，后人名其钓处为严陵濑焉。"

周密《齐东野语》卷四："炀帝讳广，以广乐为长乐，见上。广陵为江都。玄宗讳隆基，改隆山郡为仁寿郡。代宗讳豫，以豫章为钟陵。德宗讳适，改括州为处州。按：已见邵博《闻见后录》卷二十六。宪宗讳淳，改淳州为栾州。穆宗讳恒，以恒山为常山。参上。吴太子讳和，以和兴为嘉兴。晋以毗陵封东海王世子毗，改毗陵为晋陵。简文郑后讳阿春，以富春为富阳。蕲春为蕲阳。唐高宗太子讳弘，改弘农为恒农。按：已见洪迈《容斋四笔》卷十一。武后父讳华，以华州为太州。本朝章献太后父讳通，改通州为崇州。高祖父名诚，以武成县为武义县。蔡京在相位，内外官司公务皆避其名，如京东、京西并改为畿左、畿右之类。"

叶绍翁《四朝闻见录》乙集："武林本曰虎林，唐避帝讳，故曰武林。"

附：以讳孔丘名改地名。钱大昕《养新录》卷七："大观四年，避孔子讳，改瑕丘县为瑕县，龚邱县为龚县。《至正直纪》：丘字，圣人讳也。子孙读经史，凡云孔丘者，则读作某。丘字以朱笔圈之。凡有丘字读若区。至如诗以为韵者，皆读作休。同义则如字。"叶名澧《桥西杂记》："名澧案：瑕县、龚县，《宋史·地理志》属袭庆府鲁郡本兖州，皆大观四年所改，以其地近圣人之居耳。他如京畿、雍邱、封邱之属，均未避改也。我朝申令极严，雍正三年奉上谕：孔子圣讳，理应回避。令九卿会议。九卿议以'凡系姓氏，俱加阝为邱字，凡系地名，皆更易他名书写，常用则从古体丠字议'上。上谕：'朕细思今文出于古文，若改用丠字，是未尝回避也。此字本有期音，查《毛诗》古文作期音甚多。嗣后除《四书》《五经》外，凡遇此字，并加阝为邱。地名亦不改易，但加阝旁，读作期音。庶乎允协，足副尊崇先师至圣之意。'"

三、讳改官名

《后汉书·冯异传》：位大将，爵通侯。注："通侯即彻侯，避武帝讳改焉。"

《旧唐书·职官志》：左右龙武军。按：杜甫《曲江对雨》诗，有"龙武新军深驻辇"之句。龙武军本龙虎军，避唐讳改。

周密《齐东野语》卷四：武帝讳彻，以彻侯为通侯。按：可参阅《后汉书·冯异传》注。晋景帝讳师，以师保为保傅。隋文帝父讳忠，凡郎中皆去中字，侍中为侍内，中书为内史，殿中侍御为殿内侍御，置侍郎不置郎中，置御史大夫不置中丞，以侍书御史代之。至唐又避太子讳，亦以中郎为旅贲郎将，中书舍人为内舍人。太宗讳世民，民部曰户部。按：可参阅陆游《老学庵笔记》卷十，赵翼《陔余丛考》卷三十一"二名"条。唐高宗太子弘，为武后所鸩，弘文馆改为昭文。按：可参阅洪迈《容斋四笔》卷十一。唐避章怀太子贤讳，改集贤为崇文馆。

赵彦卫《云麓漫钞》卷一："在上言之为制，下承之为诏，故汉有待诏金马门，待诏公车，唐武后名曌音照，遂改待诏为待制，迄今不改。"

叶绍翁《四朝闻见录》丙集："《却扫编》载：旧制，诸路监司属官曰勾当公事。建炎初，避高宗嫌名，易为幹办。时军兴，属公数倍平时，有题于传舍云：北去将军少，南来幹办多。"

杨复吉《梦阑琐笔》："有明初年，不讳君名。略至崇祯三年间，始讳校尉为旗尉，检讨为简讨。"

眉按：亦有以避后家讳而改官名者，《齐东野语》卷四云：本朝章献太后父讳通，尝改通直郎为同直郎，通州为崇州，通判为同判，通进司为承进司，通奉为中奉，通事舍人为宣事舍人，至明道间遂复旧。又有为臣子家讳而改官名者，可参阅赵翼《陔余丛考》卷三十一"嫌名"条。然皆属一时事，此略。

四、方言补录

前已成《齐楚吴方言考》一文，今又补录秦语、蜀语、闽语、粤语于此，其他泛称东西南北方言亦附焉。

《汉书·天文志》：主葆旅事。注："如淳曰：关中俗语，桑榆蘖生为葆。"《汉书·广川惠王越传》：背尊章，嫖以忽。注："师古曰：尊章犹言舅姑也。今关中俗，妇呼舅为钟，钟者，尊声之转也。"王世贞《弇州稿》卷一百六十《宛委余编五》："宋时上梁文有儿郎伟伟者，关中方言们也。其语极俗。"

《礼·檀弓》注："太史公传曰：子张姓颛孙，今曰申祥，周秦之声，二者相近，未闻孰是。"

《礼》：咏斯犹。注："秦人犹摇声相近。"《仪礼·有司》注："桃谓之歃，读如或舂或抗之抗字。或作桃者，秦人语也。"《汉书·张良传》：沛公为汉王，王巴蜀，赐良金百溢。注："服虔曰：二十两曰溢。师古曰：秦以溢名金，若汉之论斤也。"

《考工记》：直以指牙，牙得则无㩻而固。注："郑司农云：㩻，椊也。蜀人言椊曰㩻。"

《汉书·周勃传》：文帝朝太后，太后以冒絮提文帝。注："晋灼曰：《巴蜀异志》谓头上巾为冒絮。"《扬雄传》：功若泰山，响若坁隤。注："师古曰：坁音氏，巴蜀人名山旁堆欲坠落曰坁。应劭以为天水陇坁，失之矣。氏音丁礼反。"《颜氏家训·勉学》："吾在益州，与数人同坐，初晴日晃，见地上小光，问左右，此是何物？有一蜀竖就视答曰：是豆逼尔。相顾愕然，不知所谓。命将取来，乃小豆也。穷访蜀土，呼粒为逼，时莫之解。吾云《三苍》《说文》：此字白下为匕，皆训粒。《通俗文》音方力反，众皆欢悟。"陆游《老学庵笔记》卷八："蜀人见人物之可夸者，则曰呜呼；可鄙者，则曰噫嘻。"都穆《南濠诗话》："江湖间呼舟子为家长，或疑其卑贱，不宜称之若是。近阅老杜诗云，长年三老歌声里。《古今诗话》谓蜀中以篙手为三长老，老杜之语，盖本于此。又戴氏《鼠璞》，谓海滨之人，呼篙师为长年，则家长之称有自来矣。"

岳珂《桯史》二："元祐间，黄、秦诸君子在馆，暇日观画，山谷出李龙眠所作贤已图，博奕、樗蒲之俦咸列焉。博者六七人，方据一局，投进盆中，五皆赬，而一犹旋转不已，一人俯盆疾呼，旁观皆变色起立。纤秾态度，曲尽其妙，相与叹赏以为卓绝。适东坡从外来，睨之曰：李龙眠天下士，顾乃效闽人语耶！众咸怪请其故，东坡曰：四海语音，言六皆合口，惟闽音则张口。今盆中皆六，一犹未定，法当呼六，而疾呼者乃张口何也？龙眠闻之，亦笑而服。"叶绍翁《四朝闻见录》丙集："绍兴间，有题《洞仙歌》于垂虹者，不系其姓名，龙蛇飞动，真若不烟火食者，时皆喧传以为洞宾所为。书浸达于高宗，天颜䩄然而笑曰：是福州秀才云尔。左右请圣谕所以然，上曰：以其用韵盖闽音云。其词曰：飞梁压水，虹影澄清晓。橘里渔村半烟草。今来古往，物是人非，天地里，惟有江山不老。雨中风帽，四海谁知我，一剑横空几番过。按玉龙，嘶未断，月冷波寒，归去也，林屋洞天无锁。认云屏烟障，是吾庐。任满地苍苔，年年不扫。久而知为闽士林外所为。圣见异矣！"马令《南唐书》：越人谟信，未可速进。注："谟，无也。闽人语音。"

沈曰霖《粤西琐记》："呼认为幸，呼子为宰，呼梁为林，呼濬为逊，此声音之误也。"章炳麟《检论》卷五《方言》："今世语音合唐韵者，莫如广州。朱元晦、陈兰甫皆征明之。"

《汉书·外戚·孝武夫人传》：嫶妍太息，叹稚子兮。注："晋灼曰：三辅谓忧愁面省瘦曰嫶冥，嫶冥犹嫶妍也。"

《汉书·高后纪》：计犹豫。注："师古曰，陇西俗谓犬子为犹。"

《汉书·窦田灌韩传》：呼服谢罪。注："晋灼曰：服音瓝，关西俗谓得杖呼及小儿啼为呼瓝。"《循吏·黄霸传》：又发骑士诣北军，马不适士。注："孟康曰：关西人谓补满为适，马少士多，不相补满也。"《易·井》：繘。《释文》："郑云：绠也。《方言》云：关西谓绠为繘。郭璞云：汲水索也。"

《汉书·外戚·孝成赵皇后传》：而殿上髤漆。注："师古曰：以漆漆物谓之髤，音许求反，又音许昭反。今关东俗器物一再著漆者，谓之捎漆，捎即髤声之转重耳。髤字或作髹，音义亦与髤同。今关西俗云黑髤盘，朱髤盘，其音如此，两义并通。"《后汉书·和帝纪》：往者郡国上贤民，以衣履釜鬵为赀。注："鬵音寻。《方言》曰：甑，自关而东谓之鬵。"

《书·禹贡》：斥。《释文》："徐音尺。《说文》云：东方谓之斥，西方谓之卤。郑云：斥谓地咸卤。"

《汉书·贾山传》：使其后世曾不得蓬颗蔽冢而托葬焉。注："晋灼曰：东北人名土块为蓬颗。"

《汉书·楚元王传》：时时与宾客过其丘嫂食。注："孟康曰：西方谓亡女婿为丘婿。丘，空也。兄亡，空有嫂也。"《枚乘传》：单极之绠断幹。注："孟康曰：西方人名屋梁谓极。"

《法言·问道》：若牛羊用人，则狐狸、蟫蟆不腊也与？李轨注："腊，八月旦也。今河东俗奉之以为大节，祭祀先人也。"《汉书·苏武传》：王病，赐武马畜服匿穹庐。注："晋灼曰：河东北界人，呼小石罂受二斗所曰服匿。"

《颜氏家训·音辞》：河北切攻字为古琼，与工、公、功三字不同，殊为僻也。比世有人名暹，自称为纤，名琨，自称为衮，名洸，自称为汪，名<small>音药</small>，自称为鸦<small>音烁</small>，非唯音韵舛错，亦使其儿孙避讳纷纭矣。

《汉书·地理志》：犍为郡朱提。注："苏林曰：朱音铢，提音时，北方人名匕曰匙。"《张敞传》：又为妇画眉，长安中传张京兆眉忧。注："应劭曰：忧，大也。孟康曰：忧音诩，北方人谓媚好曰诩畜。苏林曰：忧音妩。师古曰：本以好媚为称，何说于大乎？苏音是。"《三国·蜀志·李严传》：丰严子官至朱提太守。注："苏林《汉书音义》曰：朱音铢，提音如北方人名士曰提也。"魏泰《临汉隐居诗话》："永叔《诗话》载陶榖诗云：尖簷帽子卑凡厮，短袎靴儿末厥兵，不晓末厥之义，又尝问王洙亦不晓。予顷在真定观大阅，有一卒植五方旗少不正，大校恚曰：你可末豁如此！予遽召问之，大校笑曰：北人谓粗疏也。岂厥之音豁乎？亦莫之孰是。"韩泰华《无事为福斋随笔》卷下："《侯鲭录》今人言心中不快为心曹，北方时有此语，而不辨曹字。"

《汉书·石奋传》：窃问侍者取亲中帬厕牏身自澣洒。注："孟康曰：厕行清牏中受粪函者也。东南人谓凿木空中如曹谓之牏。"

《汉书·卜式传》：式既为郎，布衣草蹻而牧羊。注："师古曰：

属即今草屦也。南方谓之属。字本作屩，并音居略反。”

《颜氏家训·音辞》：“前世反语，又多不切。徐仙民《毛诗音》反骤为在遘，《左传音》切椽为徒缘，不可依信，亦为众矣。今之学士，语亦不正，古独何人，必应随其讹僻乎？《通俗文》曰：入室求曰搜反为兄侯。然则兄当音所荣反，今北俗通行此音，亦古语之不可用者。玙璠，鲁之宝玉，当音余烦，江南皆音藩屏之藩。岐山当音为奇，江南皆呼为神祇之祇。江陵陷没，此音被于关中，不知二者何所承案？以吾浅学，未之前闻也。邪者，未定之辞，而北人即呼为也字，亦为误矣。江南学士读《左传》，口相传述，自为凡例，军自败曰败，打破人军曰败补败反，诸记传未见补败反，徐仙民读《左传》，唯一处有此音，又不言自败、败人之别，此为穿凿尔。梁世有一侯，尝对元帝饮谑，自陈痴钝，乃成飔段。元帝答之云：飔异凉风，段非干木。谓郢州为永州，元帝启报简文，简文云：庚辰吴入，遂成司隶，如此之类，举口皆然。元帝手教诸子侍读，以此为诫。”朱翌《猗觉寮杂记》下：“南人呼刺为勒。”

五、传译外语

《周礼·秋官·象胥》：象胥掌蛮夷闽貉戎狄之国，使掌传王之言而谕说焉，以和亲之。若以时入宾，则协其礼与其辞言传之。又象胥，每翟，上士一人，中士二人，下士八人，徒二十人。注：“通夷狄之言曰象，胥其有才知者也。此类之本名：东方曰寄，南方曰象，西方曰狄鞮，北方曰译。今总名曰象者，周之德先致南方也。”疏：“云寄者，宾主不相解语，故寄中国于东夷，又寄东夷语于中国，使相领解。云象者，传南方于中国，还象中国以传之，与南方人语，则还象南方语而传。云狄鞮者，郑彼注云，鞮之言知也，虽不训狄，狄即敌也，谓言语相敌使之知也。云北方曰译者，译即易，谓换易言语使相解也。"又《秋官·大行人》：王之所以抚邦国诸侯者，岁遍存，三岁遍覜，五岁遍省，七岁属象胥谕言语协辞命。注："郑司农云：象胥，译官也。"《大戴礼记·小辩》："传言以象，反舌皆至，可谓简矣。"

《国语·周语》：夫戎狄略故坐诸门外而使舌人体委与之。韦氏解："舌人能达异方之志。象胥之官。"

《韩诗外传》五："成王之时，有三苗贯桑而生，同为一秀，大几满车，长几充箱。成王问周公曰：此何物也？周公曰：三苗同一秀，意者天下殆同一也。比几三年，果有越裳氏重九译而至。献白雉于周公。道路悠远，山川幽深，恐使人之未达也，故重译而来。周公曰：吾何以见赐也？译曰：吾受命国之黄发曰：久矣，天之不迅风疾雨也，海不波溢也，三年于兹矣。意者中国殆有圣人，盍往朝之。于是来也。周公乃敬求其所以来，《诗》曰：于万斯年！不遐有佐。"

《吕览·慎势》："凡冠带之国，舟车之所通，不用象译狄鞮方三千里。"

《礼·王制》：五方之民，言语不通，嗜欲不同，达其志，通其欲，东方曰寄，南方曰象，西方曰狄鞮，北方曰译。注："皆俗间之名，依其事类耳。鞮之言知也，今冀部有言狄鞮者。"疏："其通传东方之语官，谓之曰寄，言传寄外内言语。通传南方语官，谓之曰象者，言放象外内之言。其通传西方语官，谓之狄鞮者，鞮，知也，谓通传夷狄之语与中国相知。其通传北方语官，谓之曰译者，译，陈也，谓陈说内外之言。"

《淮南·齐俗》：羌、氐、僰、翟，婴儿生皆同声，及其长也，虽重象狄骎不能通其言。教俗殊也。注："象狄骎译也。象传狄骎之语也。"

《汉书·百官公卿表》："典客，秦官，掌诸归义蛮夷，有丞。景帝中六年，更名大行令。武帝太初元年，更名大鸿胪。注：应劭曰：郊庙行礼赞九宾，鸿声胪传之也。属官有行人、译官、别火三令丞及郡邸长丞。武帝太初元年，更名行人为大行令，初置别火。典属国，秦官，掌蛮夷降者。武帝元狩三年，昆邪王降，复增属国。置都尉、丞、候、千人，属官九译令。成帝河平元年，省并大鸿胪。"

《汉书·食货志》：八岁入小学，学六甲五方书计之事。注："苏林曰：五方之异书，如今秘书学外国书也。"《地理志》："自日南障塞，徐闻合浦船行可五月有都元国。又船行可四月有邑卢没国。又船行可二十余日有谌离国。步行可十余日有夫甘都卢国。自夫甘都卢国船行可二月余有黄支国，民俗略与珠崖相类。其州广大，户口多，多异物，自武帝以来皆献，见有译长，属黄门。平帝元始中，王莽辅政，欲燿威德，厚遗黄支王，令遣使献生犀牛。自黄支船行可八月到皮宗，可二月到日南象林界云。黄支之南有已程不国，汉之译使，自此还矣。"《儒林·周堪传》："与孔霸俱事大夏侯胜，霸为博士，堪译官令。论于石渠，经为最高。"《佞幸·董贤传》："明年，匈奴单于来朝，宴见，群臣在前，单于怪贤年少，以问译，上令译报曰：大司马年少，以大贤居位。单于乃起拜贺汉得贤臣。"《西域传》：无雷国，南与乌秅，北与捐毒，西与大月氏接。注："师古曰：捐毒即身毒天笃也。本皆一名。语有轻重耳。"又"最凡国五十，自译长、城长、君、监、吏、大禄、百长、千长、都尉、且渠、当户、将、相至侯、王，皆佩汉印绶。凡三百七十六人"。又《西域传赞》：周公之让白雉，注："师古曰：昔周公相成王，越裳氏重九译而献白雉。成工问周公，公曰：德不加焉，则君子不飨其质，政不施焉，则君子不臣其远，吾何以获此物也？译曰：吾受命国之黄耈曰：久矣天之无烈风雨雷也，意中国有圣人乎！盍往朝之，然后归之王，称先王之神所致以荐宗庙。"《外戚·孝武李夫人传》：悲愁于邑，喧不可止兮。注："师古曰：朝鲜之间，谓小儿泣不止名为喧。"

眉按：《方言》："朝鲜洌水之间，少儿泣而不止曰咺。"

《后汉书·和帝纪》：永元九年春正月，永昌徼外蛮夷及掸国，重译奉贡。注："《说文》曰：译，所以传四夷之语也。"又《百官志三》：客曹尚书，主外国夷狄事。注："《尚书》龙作纳言，出入帝命。应劭曰：今尚书官，王之喉舌。"又《西南夷传》："永平中，益州刺史梁国朱辅，略在州数岁，宣示汉德，威怀远夷。自汶山以西，前世所不至，正朔所未加，白狼、槃木、唐菆等百余国，户百三十余万，口六百万以上，举种奉贡，称为臣仆。辅上疏曰：远夷之语，辞意难正。有犍为郡掾田恭与之习狎，颇晓其言。臣辄令讯其风俗，译其辞语，今遣从事史李陵与恭护送诣阙，并上其乐诗云云。"

《魏志·公孙瓒传》："乃以刘虞为幽州牧。虞到，遣使至胡中告以利害，责使送张纯首，丘力居等闻虞至，喜，各遣译自归。"

《文选·张衡东京赋》：重舌之人九译，金稽首而来王。薛综注："重舌，谓晓夷狄语者。九译，九度译言始至中国者也。"

《水经注·河水》："彼羌目鬼曰唐述，复因名之为唐述山，指其堂密之居，谓之唐述窟。其怀道宗玄之士，皮冠净发之徒，亦往栖托焉。"

《世说新语》："王仲祖闻蛮语不解，茫然曰：若使介葛卢来朝，故当不昧此语。"《排调》："郝隆为桓公南蛮参军。三月三日会，作诗不能者罚酒三升，隆初以不能受罚，既饮，揽笔便作一句云：娵隅跃清池。桓问：娵隅是何物？答曰：蛮名鱼为娵隅。桓公曰：作诗何以作蛮语？隆曰：千里投公，始得蛮府参军，那得不作蛮语也！"

钱大昕《养新录》卷五："《古今韵会举要》谓恤与肃同，怵与祝同，出与烛同，黜与触同，术与逐同，律与六同，率与缩同，弗与福同，拂与愎同，佛与伏同，屈与曲同，郁与彧同，欻与旭同，骨与毂同，窟与哭同，咄与笃同，突与毒同，肭与朴同，孛与仆同，没与目同，窣与速同，忽与教同，皆不合于古音，证之今音，亦多龃龉，殆元时方音也。"

韩泰华《无事为福斋随笔》卷下："元怯里马赤，汉言通事也。阿塔赤，汉言群牧所官也。萨都剌者，汉言济善也。葛逻禄氏，译言马也。元太祖呼耶律楚材为吾图撒合里。吾图撒合里者，谓长髯人也。《松雪斋诗》注讨来，国朝语谓兔也。"

六、庾辞

《左传》宣公十二年：还无社与司马卯言号申叔展，叔展曰：有麦麹乎？曰，无。有山鞠穷乎？曰，无。注：麦麹，麹穷，所以御湿，欲使无社逃泥水中，无社不解，故曰无。军中不敢正言，故谬语。苏轼《和王巩》诗："巧语屡曾遭薏苡，庾辞聊复托芎穷。"鞠穷，即芎穷也。

《孟子·公孙丑》：遁辞知其所穷。注："有隐遁之辞，若秦客之庾辞于朝，能知其欲以穷晋诸大夫也。"疏："云秦客庾辞者：案《国语》：晋文公时，范文子暮退于朝，武子曰：何暮也？对曰：有秦客庾辞于朝，大夫莫之能对，吾知一二焉。武子怒曰：大夫非不能也，让父兄也。尔童子而三掩人于朝，吾不在晋国无日矣。击之以杖，折委笄。凡此者是也。大抵庾辞云者，如今呼笔为管城子，纸为楮先生，钱为白水真人，又为阿堵物之类是也。"《颜氏家训·书证》："《汉书》以货泉为白水真人。按《后汉书·光武帝纪》论：及王莽篡位，忌恶刘氏，以钱文有金刀，故改为货泉，或以货泉字文为白水真人。"柳宗元读韩愈所著《毛颖传》后题："略且世人笑之也，不以其俳乎？而俳，又非圣人之所弃者。《诗》曰：善戏谑兮，不为虐兮。《太史公书》有《滑稽列传》。皆取乎有益于世者也。"

《新唐书·许钦明传》："钦明至城下呼曰：我乏食，有美酱乎？有粱米乎？并乞墨一枝。时贼营四面阻水，惟一路得入，钦明欲选将简兵乘夜袭城也。而城中无寤其庾者，遂见害。"

《新五代史·汉臣·李业传》："时天下旱、蝗，黄河决溢。而帝方与业及聂文进、后赞、郭允明等狎昵，多为庾语相消戏。"

附隐语：《史记·滑稽传》：齐威王之时喜隐。注："《索隐》：喜隐，谓好隐语。"《汉书·东方朔传》：上问朔何故诋之？舍人对曰：臣非敢诋之，乃与为隐耳。注："师古曰：隐为隐语也。"《文心雕龙·谐讔》："讔者隐也，遁辞以隐意，谲譬以指事也。昔还社求拯于楚师，喻智井而称麦曲，叔仪乞粮于鲁人，歌佩玉而呼庚癸；伍举刺荆王以大鸟，齐客讥薛公以海鱼；庄姬托辞于龙尾，臧文谬书于羊裘，隐语之用，被于纪传，大者兴治济身，其次弼违晓惑，盖意生于权谲，而事出于机急，与夫谐辞可相表里者也。"

七、歌诗必类

《左》襄十六年："晋侯与诸侯宴于温，使诸大夫舞曰：歌诗必类。注：歌古诗，当使各从义类。齐高厚之诗不类。齐有二心故。荀偃怒且曰：诸侯有异志矣！使诸大夫盟高厚，高厚逃归。于是叔孙豹、晋荀偃、宋向戌、卫宁殖、郑公孙虿、小邾之大夫盟曰：同讨不庭。"

《左》襄二十九年："为之歌《唐》，为吴公子季札。曰：思深哉！其有陶唐氏之遗民乎！不然，何忧之远也！非令德之后，谁能若是？为之歌《陈》，曰：国无主，其能久乎！自郐以下无讥焉。为之歌《小雅》，注：《小雅》，小正，亦乐歌之常。曰：美哉思而不贰，怨而不言，其周德之衰乎！犹有先王之遗民焉。疏：杜以此言皆叹正《小雅》也。服虔以为此叹变《小雅》也。刘炫以服言为是，而谓杜解错谬。今知不然者，以《小雅》《大雅》二诗相对，今歌《大雅》云，其文王之德乎，是歌其善者。以《大雅》准之，明知歌《小雅》亦歌其善者也。且鲁为季札歌诗，不应扬先王之恶以示远夷。刘不达此旨，以服意而规杜，非也。为之歌《大雅》，曰广哉熙熙乎！曲而有直体，其文王之德乎！注：《雅》《颂》所以咏盛德形容，故但歌其美者，不皆歌变《雅》。为之歌《颂》，曰：至矣哉！五声和，八风平，节有度，守有序，盛德之所同也。"

《左》昭元年："叔孙令尹享赵孟，赋《大明》之首章，赵孟赋

《小宛》之二章。赵孟、叔孙豹、曹大夫入于郑，郑伯兼享之。子皮戒赵孟，礼终，赵孟赋《瓠叶》，子皮遂戒穆叔，且告之。穆叔曰：赵孟欲一献，子其从之。子皮曰：敢乎？穆叔曰：夫人之所欲也，又何不敢。及享，具五献之笾豆于幕下，赵孟辞。私于子产曰：武请于冢宰矣。乃用一献。赵孟为客，礼终乃宴。穆叔赋《鹊巢》，赵孟曰：武不堪也！又赋《采蘩》，曰：小国为蘩，大国省穑而用之，其何实非命！子皮赋《野有死麕》之卒章。赵孟赋《常棣》，且曰：吾兄弟比以安，尨也可使无吠。穆叔、子皮及曹大夫兴，拜，举兕爵曰：小国赖子，知免于戾矣。饮酒乐，赵孟出，曰：吾不复此矣！"

《左》昭二年："晋侯使韩宣子来聘，且告为政而来见礼也。公享之。季武子赋《绵》之卒章，韩子赋《角弓》，季武子拜曰：敢拜子之弥缝敝邑，寡君有望矣！武子赋《节》之卒章。既享，宴于季氏，有嘉树焉，宣子誉之，武子曰：宿敢不封殖此树以无忘《角弓》！遂赋《甘棠》。宣子曰：起不堪也，无以及召公！自齐聘于卫，卫侯享之，北宫文子赋《淇澳》，宣子赋《木瓜》。"

《左》昭三年："十月，郑伯如楚，子产相，楚子享之，赋《吉日》。既享，子产乃具田备王以田江南之梦。"

《左》昭十二年："夏，宋华定来聘，通嗣君也。享之，为赋《蓼萧》，弗知，又不答赋。昭子曰：必亡！宴语之不怀，宠光之不宣，令德之不知，同福之不受，将何以在！"

眉按：华定之来聘，与齐庆封同，可参阅《左》襄二十七年文。

《左》昭十六年："夏四月，郑六卿饯宣子于郊。宣子曰：二三君子请皆赋，起亦知郑志。子齹赋《野有蔓草》，宣子曰：孺子善哉，吾有望矣！子产赋郑之《羔裘》，宣子曰：起不堪也！子太叔赋《褰裳》，宣子曰：起在此，敢勤子至于他人乎？子太叔拜，宣子曰：善哉子之言是，不有是事，其能终乎！子游赋《风雨》，子旗赋《有女同车》，子都赋《蔓兮》，宣子喜曰：郑其庶乎！二三君子以君命贶起，赋不出郑志，皆昵燕好也。二三君子数世之主也，可以无惧矣。

宣子皆献马焉，而赋《我将》。子产拜，使五卿皆拜曰：吾子靖乱，敢不拜德！宣子私觐于子产以玉与马曰：子命起舍夫玉，是赐我玉而免吾死也，敢不藉手以拜！”

《左》昭十七年：“春，小邾穆公来朝，公与之燕，季平子赋《采叔》，穆公赋《菁菁者莪》，昭子曰：不有以国，其能久乎！”

《左》昭二十五年：宋公享昭子，赋《新宫》。注：逸《诗》。疏：“《燕礼》记云：升歌《鹿鸣》，下管《新宫》，郑玄云：《新宫》，《小雅》逸篇也。其诗既逸，知是《小雅》篇者，管即笙也，以《燕礼》及《乡饮酒》升歌笙歌，同用《小雅》，知《新宫》必是《小雅》。但其诗辞义皆亡，无以知其意也。”昭子赋《车辖》，注：《诗·小雅》。周人思得贤女以配君子，昭子将为季孙迎宋公女，故赋之。疏：“又昭子因聘逆女，已共宋公平论，故于享礼之时而赋《车辖》，犹如季文子如宋致女，还赋《韩奕》之诗，与此正同，又何不可！而刘炫以为昭子赋《车辖》，不为逆女，又以《新宫》非昏姻之事而规杜过，然《新宫》既亡，焉知非是亲好，苟生异见，于义非也。”

《汉书·艺文志》：“传曰：不歌而诵谓之赋，登高能赋，可以为大夫，言感物造耑，材知深美，可与图事，故可以为列大夫也。古者诸侯卿大夫交接邻国，以微言相感，当揖让之时，必称《诗》以谕其志，盖以别贤不肖而观盛衰焉。故孔子曰：不学《诗》，无以言也。春秋之后，周道寖坏，聘问歌咏，不行于列国，学《诗》之士，逸在布衣，而贤人失志之赋作矣。大儒孙卿，及楚臣屈原离谗忧国，皆作赋以风；咸有恻隐古诗之义。其后宋玉、唐勒，汉兴枚乘、司马相如，下及扬子云，竞为侈丽闳阔之词，没其风谕之义，是以扬子悔之曰：诗人之赋丽以则，辞人之赋丽以淫。如孔氏之门人用赋也，则贾谊登堂，相如入室矣，如其不用何！自孝武立乐府而采歌谣，于是有代赵之讴，秦楚之风，皆感于哀乐，缘事而发，亦可以观风俗，知厚薄云。”

附录一　近人解放以前论著一勺

《海日楼元秘史补注》，沈曾植撰。天津《民国日报》一九四六年十二月六日图书简讯云："《元朝秘史》，专记元太祖、太宗两朝事实，可补正《元史》本纪之缺漏。但其文俚俗，未经能文之士加以润色，人尟注意。钱大昕先生精史学，于《元史》尤戛戛独造，曾著《元史艺文志》四卷，补《元史》之未备，对《元朝秘史》，又有论次太祖、太宗两朝事迹者，其必于此书折其衷之语。由于钱先生之推崇，得知《秘书》在《元史》学上之应有价值。清中叶后，以学者相率治《元史》，此书乃愈显其重要。今检此书有下列各本：一、《永乐大典》辑佚本，分为十五卷。二、桐乡金德舆藏残元刊本，顾千里曾见之，并为校勘，《思适斋集》卷十七有顾氏跋文。三、阮元藏旧影钞本，见阮氏所撰之《四库未收书提要》，惟自文选楼遭火后，不知此书是否亦付之劫灰？四、阳城张敦仁影写元刊本，据云此为足本，计十卷，又续一卷。王国维先生为之作跋，见《观堂集林·别集》。上述诸本，以十五卷本为最通行，连筠簃尝刻之丛书中。注《秘史》者，则以李文田之注为最著。秀水高宝铨又有《元秘史李注补正》十五卷。嘉兴沈曾植先生知李氏精于舆地之学，所注亦不免详于地理而略于史事，于是又有《补注》之作。《补注》虽不甚博，然有其精到之处，如卷一开首之忙豁仑纽察脱察安，向不明其作何解说，沈氏补注云：顾涧蘋云：首卷标题下分注二行，右忙豁仑纽察五字，左脱察安三字，所署必是撰书人名衔。植案：此书蒙文，凡蒙古字皆作忙豁仑，而脱察安三字，对音极与脱卜赤颜近，窃疑忙豁仑之言元，纽察之言秘，脱察安之言史，合之，即《元朝秘史》蒙文也。王国维尝以脱察安三字定为脱卜察颜之对音，世人俱认为确当无疑，不知沈氏于二十年前已发之矣。举此一例，以概其余。"

裴文中《中国史前文化之传布及混合》，内容：一、彩陶文化之时间及地方性，二、细石器文化之传布及演变，三、东海沿岸之黑陶文化，四、黑陶文化与中国文化之关系。见一九四六年十二月二十五日《大公报·文史》。

戴蕃豫编述《契丹王朝之佛教艺术》：大华严寺：大同城内西南部有上下华严寺。前寺曰大华严寺，辽道宗清宁八年公元一〇六二建。后寺曰华严寺，辽清宁二年一〇五六建。下华严寺内藏经殿曰薄伽教藏，则重熙七年一〇三八杨玄久建也。其制为一层重屋顶。内部周壁有藏经用之棚。其上有类似宫殿楼阁模型之建筑。辽代大藏经雕板圣叶，起兴宗重熙迄道宗清宁五年，即于此间告成。金代《重修薄伽教藏记》碑文中"及辽重熙间，复加校订，通制为五百七十九帙"者指此。教藏建筑，与营造法式所载"天宫壁藏"一致。原文见一九四六年十二月二十九日《大公报·星期文艺》。

张星烺《中西交通史料汇编》第三册，载有《重建怀圣寺记》一文云：奉议大夫广东道宣慰使司都元帅府经历郭嘉撰文，政议大夫同知广东道宣慰使司都元帅撒的迷失书丹，中奉大夫江浙等处行中书省参知政事僧家讷篆额。白云之麓，坡山之隈，有浮图焉，其制则西域，嵘然石立，中州所未睹，世传自李唐迄今云云。白寿彝言此记与泉州《清净寺记》，并为中国最古之汉字伊斯兰碑记。此记作于至正十年公元一三五〇年，仅后于《清净寺记》一年，距今适为五百九十年。盖白氏《跋重建怀圣寺记》中语。记文义涉奥涩处，跋文亦为之疏解云。见一九四七年一月二十日天津《民国日报·史与地》。

向达题合校本《大西西泰利先生行迹》：艾儒略撰《大西西泰利先生行迹》，为汉文中最早纪述利玛窦事迹之著作。原有闽中景教堂刊本，艾子布教福建，故所著《利子行迹》乃刊于闽中也，然流传极少。二十五年秋，余在英伦得见牛津大学藏《利子行迹》旧钞本。二十七年适巴黎，又获读国立图书馆藏《行迹》旧钞本若干种，而闽中刊本，赫然在目，快慰之至！当时曾将旧钞本及刊本，分别传钞摄影，并加勘校，始知钞本与刊本颇有出入，或则文字详略互异，或则纪述竟有不同，遂一一记于传钞本书眉。东归以后，玄黄反复，飘泊靡定，遂弃置箧笥者十载。三十五年秋，复返旧京，语方杰人司铎，承告以北堂及献县天主堂尚各藏有《利子行迹》旧钞本，慨允代假以资参校，并怂恿写一合校《利子行迹》，于是诸本荟于一篇，而异同亦一览可识矣。原文见一九四七年一月十七日天津《民国日报·图书》。

方豪《梵蒂冈出版〈利玛窦坤舆万国全图〉读后记》，见一九四七年一月二十八日《大公报·图书周刊》。

王重民《伦敦所见敦煌残卷叙录》：《毛诗传笺》残卷：郑氏《毛诗传笺》残卷，存《邶风·燕燕》至《静女》共九十一行，字小颇工，唐讳不避，六朝写本也。经文间与今本不同，殆六朝时字如此作。卷背有音，适书于所音经字之后，此方式不多见。其音多与《释文》及斯氏二七二九号《诗音》卷同。轨读范凡之上声，尤与《诗音》卷合。今虽不能考定撰人为谁氏，其为六朝人旧音，则无疑也。兹择其可辨识者录于后，以存一家之音焉。《燕燕》，仲氏任只，毛而林，郑而鸩。《终风》，虺其霺，勋鬼反。《击鼓》，击鼓其镗，音汤。忧心有忡，敕中反。《凯风》，棘心夭夭，英骄反。《笺》浸润之，子任反。《雄雉》，军旅数起，音朔。翙翙其羽，以世反。《笺》伊当作瑿，乌鸡反。不知德行，下孟反。匏有苦叶，符交反。济有深涉，祖庆反。浅则揭，音憩。有弥济盈，草婢反。有鷕雉鸣，以上反。《传》假人以辞，皆讶反。济盈不濡轨，濡诛反，轨范凡之上声。旭日始旦，许玉反。人涉卬否，五刚反，甫久反。《笺》以为见谴怒者，轻战反。采葑采菲，敷反反。不我能畜，香六反。我有旨蓄，敕六反。亦以御多，音驭。既诒我肄，以世以自二反。狐裘蒙戎，武容反，辱容反。褒如充耳，以救反，羊秀反。简兮简兮，皆限反。赫如渥赭，乌角反，章杜反。《传》祭有畀军胞翟，畀方寐反，军许愿于郡二反。胞符交反。《笺》文受五升，桑早反。山有榛，侧巾反。《泉水》，饯汗，慈箭反。不瑕有害，毛□□，郑何□。兹之永叹，汤丹反。《北门》，政事一埤益我，频移反。《笺》言君政偏，补见反。见一九四七年二月十一日《大公报·图书》。

淳穆《明万历原刊本〈几何原本〉》，泰西利玛窦口授，吴淞徐光启笔受。见一九四七年三月十九日《中央日报·文物》。

方豪《康熙间西士在贵州余庆测绘舆图考》之一段记载：一、史料原文。二、康熙《余庆县志》考。三、旧志创修人蒋深考。四、绘图之"西洋费大臣"。五、测绘成绩。见一九四七年三月二十一日《益世报·史苑》。

方诗铭介绍白寿彝所著《中国伊斯兰史纲要》，见同年三月二十八日《益世报·史苑》。

马继高译埃及人所著回教著述中所见之中国艺术，见同年三月三十一日天津《民国日报·史与地》。

印度阿简达石窟寺，位于德干高原之一端。阿简达之名，始于梵言阿谨提耶，义曰无想，一八一九年，始为任职马达拉斯军中之欧人所发现。其时吉姆斯亚历山大爵士，以简短记录介绍石窟壁画于英国《皇家亚洲学院会报》中。印度古建筑学者古姆斯福格孙氏又躬自调查，撰一文于一八四三年发表之。石窟壁画之名乃益显。阿简达石窟寺，最早见于中国之记录者，为唐玄奘法师之《大唐西域记》。此文极有助于后来之探险者与考古者。其最早临摹石窟壁画并展览之者，为罗伯晋盖尔少校。任职马达拉斯军中，积二十余年之久，临摹壁画。竟于一八六〇年展览时不戒于火，焚毁殆尽，仅存五幅，今藏南堪一博物馆中。节常任侠《记阿简达石窟寺艺术》一文。原文载同年四月二十一日天津《民国日报·史与地》。

敦煌之莫高窟碑文，用汉、回、蒙、藏、西夏及梵文六种字体，为元至正八年所立，见同年六月二十五日《申报》记者杨育文。

劳榦《千佛洞壁画图案的分析》，见一九四八年九月八日《中央日报·文物》。

附录二 《章氏遗书》未收入之实斋手札二通

一、上慕堂光禄书

秋气转清，南州木叶渐索，夜堂闻蟋蟀声，似有风土之异，始觉浪迹江湖又一年矣。夏间迁道反浙，十里故土，便如隔世。值均弼先生观察宁绍，渡江相见，为道先生近履，及受之申之两兄颇悉。慰甚慰甚！然辇下同人，一时云散，忆铁拐斜街朝夕过从，酒酣耳热，抵掌剧谈千古，气何盛也！今则星轺奉使，或绾符分守者，既已落落，而南雷伯思仲思诸先生丁故罢去，予嘉复闻西行，飘蓬如小子者，牢落又将何所底耶！前返浙东，卜居城南琵琶山下，山水清绝，有水田竹林瓜园共数亩，鱼蔬秔酒所出，足给十口之家。老屋二十余间，去城市八九里许，缘僻处寡邻，业者贱售之，已竭蹶称贷购得矣。倘更有十亩可耕。余一二百金居积什一，则潘岳闲居奉母，虞卿穷愁著书，亦是终老。第归山之资，未知何日办竟，则波尘之命，信难强也。若老幼未得南还，明冬且须北上，有故人官乐平，或从山右作数月之游，以为甲午决科坐食计，然前途墨漆，未知人事天时，又作如何位置耳。在绍伏疴两月，颇惧得过日多。哀集所著《文史通义》，其已定者，得内篇五，外篇二十有二，文多不可致，谨录三首求是正！讫，转致辛楣先生朱春浦师。两处书俱未缄，亦乞阅后封致。是皆流俗所媸笑为迂远而无当者，惟长者知其疏阔，而相赏于寂寞之乡，辄敢觊缕及此，想见之一抚掌也。秋深，伏惟宝爱不宣。上慕堂老伯大人：恭请伯母大人金安！受之、申之两兄不另。愚侄章学诚顿首。外文三篇，并呈朱春浦师及辛楣先生，以缮录手不暇给也。

二、上晓征学士书

学诚顿首晓征学士先生阁下：自出都门，终日逐逐，江南秋高，风日清冽，候虫木叶，飒飒有南北风气之殊。因忆京华旧游，念久不获闻长者绪论，以为耿耿！敬想入秋来起居定佳，伏维万福。学诚自幼读书无他长，惟于古今著术渊源，文章流别，殚心者，盖有日矣。尝谓古人之学，各有师法，法具于官，官守其书，因以世传其业。访道者不于其子孙则其弟子，非是即无由得其传。昔孔子问礼，必于柱下，而汉代迁固之书，他学者未能通晓，必待外孙杨恽，女弟曹昭，始显其业，意可知也。《周官》三百六十，皆守其书，而存师法者也。秦火而后，书失传而师法亦绝，今所存者，特其纲目。《司空篇》亡，六卿联事之义，又不可以强通，条贯散失，学术无所统计，所赖存什一于千百者，向歆父子之术业耳。盖向歆所为《七略》《别录》者，其叙六艺百家，悉惟本于古人官守，不尽为艺林述文墨也。其书虽轶，而班史《艺文》独存。《艺文》又非班固之旧，特其叙例犹可推寻。故今之学士，有志究三代之盛，而溯源《官礼》，纲维古今大学术者，独《汉·艺文志》一篇而已。夫艺文，于贾谊《左传训故》。董仲舒说《春秋》事，尹更始《左传章句》，张霸《尚书》百两篇，及叔孙《朝仪》，韩信《军法》，萧何《律令》之类，皆灼然昭著者，未登于录。《秦官奏事》，《太史公书》，隶于《春秋》，而诗赋五种，不隶《诗经》。要非完善无可拟议者。然赖其书，而官师学术之源流，犹可得其仿佛。故比者校雠其书，申明微旨，又取古今载籍，自六艺以降讫于近代作者之林，为之商榷利病，讨论得失，拟为《文史通义》一书。分内外杂篇，成一家言。虽草创未及什一，然文多不能悉致，谨录三首呈览，阁下试平心察之，当复以为何如也。学术之歧，始于晋人文集，著录之舛，始于梁代《七录》，而唐人四库因之，千余年来，奉为科律，老师宿儒，代生辈出，沿而习之，未有觉其非者。体裁讹滥，法度横决，汹汹若溃堤之水，浸流浸失，至近日而求能部次经史。分别传志，题款署目之微，亦往往而失也。独怪刘子玄之才，其于艺林得失，讨论不可为不精，持择不可为不审，而于隋志经籍，不责其擅改班固成法，而讥其重录古书，君子一言以为不智，其失莫甚于于此！郑樵校雠，实千古之至论，而艺文部次，不能自掩其言。且《班志》未尝废图谱，而郑氏深非其收书不收图，则郑樵于此道要亦未尝明习，以才高言多偶合耳。向歆之业不传，而《官礼》家法，邈不可考，古人大体，学者又何从而得见欤？欧阳《新唐·艺文》，删去叙录，后代著录之书，直如书贾簿籍，无论编次非法，即其合者亦无从而明其义例，校雠之失传，所系岂细故哉！阁下前示《元艺文志》初稿，所录止元世著述，窃谓后代补苴前史，自与汉唐诸史不可一例相拘，第《宋史》而后，古书存亡聚散，从此失纪。且志一代艺文，先录其中外藏书，庶有裨于后人辨证。元至正间诏求天下遗书，如上海庄氏书目分甲乙十门，亦其选也。其余私门目录，或存或亡，而秘书监志官书目录，固可得其大概。夫前代志艺文者各有所本，《汉志》本于《七略》，《隋志》本于《七录》，《唐志》本《集贤殿目》，《宋志》本《崇文总目》，其间明注有录无书，或标著录若干家，不著录若干家者，皆据所本之书而言，此知古人不必尽见四库而始为志也。然则《秘书》一志，自可作一《七略》粉本，余或徐俟考订。愿阁下有以易之也。学诚兀兀无以自主，尝持固陋之说，质于朋辈，莫不哑然引去；惟竹君师颇允其说，邵君与桐独有惬于《通义》一书，其所著述往往采其凡例，意乡人不免阿所好欤？然天壤之大，得一二知己，可以不恨，区区之论，固不足庭喻而户告之也。阁下精于校雠，而益以闻见之富，又专力整齐一代之书，凡所搜罗撰述，皆足追古作者而集其成，即今绍二刘之业而广班氏之例者，非阁下其谁託！敢以一得之愚，质之左右，惟赐之教答而扩以所未闻，幸甚！不宣。学诚再拜。八月二十日二鼓。太平府署中。

　　上二书录自陈监先在太原书肆所钞得之乾嘉学者等致汾阳曹慕堂父子手迹中。见一九四六年十一月六日《大公报·文史》。

读《左氏传》札记

读《左氏传》札记目录

七舆大夫十年

爰田十五年

橐鞬二十三年

驷介二十八年

彤弓、玈弓二十八年

大旆二十八年

行李、行理三十年

墨衰绖三十三年

质要文六年

夫己氏十四年

亚旅十五年

九刑之书十八年

虑无宣十二年

初税亩十五年

享宴之别十六年

丘甲成元年

泠人九年

六驺十八年

髡襄四年

褅乐十年

七姓十二国襄十一年

丹书二十三年

夏声二十九年

新旧齐量昭三年

谗鼎三年

丘赋四年

刑鼎六年

仆臣台七年

灵姑鈝十年

八索九丘十二年

无射二十一年

象魏哀三年

读《左氏传》札记凡五十则

賵　《经》元年秋七月，天王使宰咺来归惠公、仲子之賵。孔颖达正义：賵者，助丧之物。文五年注云：车马曰賵。《士丧礼》《既夕礼》云：公賵玄纁束帛。两马，士之制，只得驾两马。大夫以上皆驾四马，此宰咺来賵，盖用四马也。

《公羊传》：賵者何？丧事有賵。賵者盖以马，以乘马束帛。车马曰賵，货财曰赗，衣被曰襚。

《穀梁传》：賵者何也？乘马曰賵，衣衾曰襚，钱财曰赗。

饮至　隐五年，臧僖伯谏曰：三年而治兵，入而振旅，归而饮至，以数军实，昭文章，明贵贱，辨等列，顺少长，习威仪也。

桓二年，凡公行告于宗庙，反行饮至，舍爵策勋焉，礼也。正义：曾子问曰：凡告用制币，反亦如之，则出入皆以币告也。但出则告而遂行，反则告讫又饮至，以至有饮而行无饮也。饮至者嘉其行至，故因在庙中饮酒为乐也。

十六年夏伐郑，秋七月，公至自伐郑，以饮至之，礼也。

万舞之羽数　隐五年九月，考仲子之宫将万焉。公问羽数于众仲，对曰：天子用八，杜预注：八八六十四人。诸侯用六，注：六六三十六人。大夫四，四四十六人。士二。二二四人，士有功赐用乐。夫舞所以节八音而行八风，故自八以下。公从之，于是初献六羽，始用六佾也。

眉按：昭二十五年《传》，其众万于季氏，杜注亦云，于礼，公当三十六人。顾炎武谓舞所以节八音，故必以八人为列。襄十一年，晋悼公纳郑女乐二八，以一八赐魏绛，即其证。杜预以为诸侯用六，六六三十六人，非是。见《左传杜解补正》卷一。《皇清经解》本。然如《公羊传》：六羽之为僭奈何？天子八佾，何休《解诂》：佾者列也。八人为列，八八六十四人，法八风。诸公六，六人为列，六六三十六人，法六律。诸侯四。四人为列，四四十六人，法四时。班固《白虎通德论》卷二《礼乐》于诸侯四佾下云：《诗》曰，大夫士琴瑟。又云：大夫士北面之臣，非专事子民者也，故但曰琴瑟而已。《穀梁传》：初献六羽，初，始也。穀梁子曰：舞夏，天子八佾，诸公六佾，诸侯四佾。初献六羽，始僭矣。尸子曰：舞夏，自天子至诸侯，皆用八佾。初献六羽，始厉乐矣。范宁《集解》言时诸侯僭侈，皆用八佾，鲁于是能自减厉而始用六。穀梁子言其始僭，尸子言其始降。顾文俱未及之，要不宜遽断杜注为非是矣。王应麟《困学纪闻》卷六载服杜羽数之说，可参阅。

惠栋《春秋左传补注》卷三"女乐二八"云：王逸《楚辞章句》曰，二八二列，大夫有二列之乐。韦昭曰，八人为列，备八音也。今录《国语》韦解于此，以与顾文互证。《国语·晋语第十三》：郑伯嘉来纳女工妾三十人，女乐二八。韦解：女，美女。工，乐师，传曰赂晋以师悝、师触、师蠲是也。妾，给使者。工妾凡三十人。女乐，今伎语也。八人为佾，备八音也。或云：女工，有伎巧者也，与传相违，失之矣。贾侍中云：妾，女乐也。下别有女乐二八，则贾君所云似非也。

以字为氏　隐八年，诸侯以字为谥，因以为族。

眉按：氏误为谥。又朱熹曰：以字为氏，如郑之国氏，本子国之后，驷氏本子驷之后，下云公命以字为展氏是也。亦见《左传杜解补正》。又马宗琏谓《礼记正义》云：适夫人之子，则以五十字伯仲为氏，若鲁之仲孙季孙是也云云。琏案：适夫人之子伯仲为氏，惟鲁然耳。见《春秋左传补注》卷一。《皇清经解》本，下同。可参阅《南北朝以前人名字通诂》文。

蝥弧　隐十一年，颍考叔取郑国之旗蝥弧以先登。

杜预注：蝥弧，旗名。

正义：《周礼》，诸侯建旟，孤卿建旜，而《左传》郑有蝥弧，齐有灵姑銔，皆诸侯之旗也。赵简子有蜂旗。卿之旗也。其名当时为之，其义不知也。

眉按：灵姑銔，见昭十年札记。

鱼丽之阵　桓五年，曼伯为右拒，祭仲足为左拒，原繁、高渠弥以中军奉公为鱼丽之陈，先偏后伍，伍承弥缝。

注：《司马法》：车战二十五乘为偏，以车居前，以伍次之，承偏之隙而弥缝阙漏也。五人为伍，此盖鱼丽陈法。

正义：车战二十五乘为偏，是齐《司马法》文也。五人为伍，《周礼·司马序官》文也。

眉按：亦有支离之陈，哀二十五年，公为支离之卒。

注：支离，陈名。然未详陈容。

九族异义　桓六年，亲其九族以致其禋祀。

注：九族谓外祖父、外祖母、从母子、及妻父、妻母、姑之子、姊妹之子、女子之子、并己之同族，皆外亲有服而异族者也。

正义：汉世儒者说九族有二异义：今《礼》戴、《尚书》欧阳说：九族乃异姓有属者。父族四：五属之内为一族，父女昆弟适人者与其子为一族，己女昆弟适人者与其子为一族，己之女子子适人者与其子为一族。母族三：母之父姓为一族，母之母姓为一族，母女昆弟适人者与其子为一族。妻族二：妻之父姓为一族，妻之母姓为一族。《古尚书》说：九族者，从高祖至玄孙，凡九，皆同姓。谨案：《礼》缌麻三月以上恩之所及，《礼》为妻父母有服，明在九族中，九族不得但施于同姓。郑驳云：玄之闻也，妇人归宗，女子虽适人，字犹系姓，明不得与父兄为异族。其子则然。《婚礼》请期辞曰：唯是三族之不虞，欲及今三族未有不亿度之事而迎妇也。如此所云，三族不当有异姓，异姓其服皆缌。《礼·杂记下》：缌麻之服，不禁嫁女取妇，是为异姓不在族中明矣。《周礼》小宗伯：掌三族之别名。《丧服小记》说族之义曰：亲亲以三为五，以五为九。以此言之，知高祖至玄孙昭然明矣。是郑从《古尚书》说，以九族为高祖至玄孙也。此注所云，犹是《礼》戴、欧阳等说。以郑玄驳云，女子不得与父兄为异族，故简去其母，唯取其子，以服重者为先耳。其意亦不异也。不从古学与郑说者，此言亲其九族，《诗》刺不亲九族，必以九族者疏远，恩情已薄，故刺其不亲，而美其能亲耳。高祖至父，己之所禀承也，子至玄孙，己之所生育也，人之于此，谁或不亲而美其能亲也？《诗》刺弃其九族，岂复上遗父母下弃子孙哉？若言弃其九族，谓弃其出高祖、出曾祖者，然则岂亦弃其出曾孙、出玄孙者乎？又郑玄为昏必三十而娶，则人年九十，始有曾孙，其高祖玄孙，无相及之理，则是族终无九，安得九族而亲之？三族、九族，族名虽同，而三九数异，引三族以难九族为不相值矣。若缘三及九，则三、九不异，设使高祖丧，玄孙死，亦应不得为昏礼，何不言九族之不虞也？以此知九族皆外亲有服而异族者也。

马宗琏《春秋左传补注》卷一：《古尚书》说，上至高祖，下至玄孙，凡九族。《尚书》欧阳说，九族乃异姓。杜从欧阳说，《正义》引郑康成辨九族宜从《古尚书》说甚详，当据之以解此文九族，乃曲为杜解何也！

命名及其所讳 桓六年九月丁卯，子同生，以大子生之礼举之，接以大牢。略公问名于申繻，对曰：名有五，有信有义有象有假有类。以名生为信，注：若唐叔虞鲁，公子友。以德命为义，若文王名昌，武王名发。以类名为象，若孔子首象尼丘。取于物为假，若伯鱼生，人有馈之鱼，因名之曰鲤。取于父为类。若子同生，有与父同者。不以国，注：国君之子，不自以本国为名也。不以官，不以山川，不以隐疾，不以畜牲，不以器币。周人以讳事神，名终将讳之，故以国则废名，以官则废职，以山川则废主，改其山川之名。以畜牲则废祀，名猪则废猪，名羊则废羊。以器币则废礼。晋以僖侯废司徒，僖侯名司徒，废为中军。宋以武公废司空，武公名司空，废为司城。先君献、武废二山。二山，具、敖也。鲁献公名具，武公名敖，更以其乡名山。是以大物不可以命。公曰：是其生也，与吾同物类也，命之曰同。

辖 桓十八年秋，齐侯师于首止，子亹会之，高渠弥相。七月戊戌，齐人杀子亹而轘高渠弥。

注：车裂曰轘。

正义：襄二十二年《传》称轘观起于四竟，又曰，观起车裂，是其事也。《周礼》涤狼氏誓仆右曰杀，誓驭曰车轘，然则周法有此刑也。

眉按：宣十一年遂入陈，杀夏徵舒，轘诸栗门。注：轘，车裂也。《正义》何以不先举夏徵舒事？

戎路　庄九年秋，师及齐师战于乾时，我师败绩，公丧戎路，传乘而归。

注：戎路，兵车。传乘，乘他车。

金仆姑　庄十一年，乘丘之役，在十年。公以金仆姑射南宫长万。

注：金仆姑，矢名。

正义：用之射人，必知是矢。其名仆姑，其义未闻。

马宗琏《补注》卷一：吕忱《字林》作镤鍏，鲁矢名。

宗祏　庄十四年，郑原繁对厉公曰：先君桓公，命我先人典司宗祏。

注：宗祏，宗庙中藏主石室。

正义：宗祏者，虑有非常火灾，于庙之北壁内，为石室以藏木主。有事则出而祭之，既祭纳于石室。祏字从示，神之也。

哀十六年，使贰车反祏于西圃。注：祏，藏主石函。

马宗琏《补注》卷一：昭十九年《传》惧队宗主，服虔注云：祏主藏于宗庙，故曰宗主。《说文》云，祏、宗庙主也。《周礼》有郊宗石室。一曰，大夫以石为主。案此宗祏，是郑宗庙之主，亦以石为之，故字从石。郑之桓武，世有大功，得立厉王庙。昭十八年《传》，郑大火，子产使祝史徙主祏于周庙。周庙，厉王庙也。宗祏，疑即厉王主，故言先君桓公使其先人主之。桓公，厉王之子，立其父庙宜也。大夫不得有主，古《春秋左氏》说大夫以石为主，误与《说文》同，郑氏引少牢馈食正之。卫孔悝使贰车反祏于西圃，与其衷甸紫裘同一僭礼，不可引以为证。

绖皇 庄十九年夏六月庚申，楚子卒，鬻拳葬诸夕室地名，亦自杀也，而葬诸绖皇。

注：绖皇，冢前阙，生守门，故死不失职。

正义：鬻拳自杀以殉，当是近墓之地。宣十四年《传》称，楚子闻宋杀申舟，投袂而起，屦及于窒皇，剑及于寝门之外，则窒皇近于门外，当是寝门阙也。知此绖皇亦是冢前阙也。且此人生为大阍，职掌守门，明此亦是守门示死不失职也。余书无绖皇之名，盖唯楚有此号也。

马宗琏《补注》卷一：鬻拳为大阍，是楚守门之官。绖皇盖楚寝门名，以宣十四年《传》屦及窒皇在寝门之内证之，可见葬于绖皇，盖葬于楚王墓阙前，象生时职守寝门之谊。杜解未晰。

眉按：《补注》所解与《正义》同。

圃囿、苑囿之别 庄十九年，及惠王即位，取芳国之圃以为囿。

注：圃，园也。囿，苑也。

正义：《冢宰职》云，园圃毓草木。郑玄云：树果蓏曰圃，园其樊也。《诗》云，折柳樊圃，成十八年筑鹿囿。然则圃以蕃为之，所以树果蓏，囿则筑墙为之，所以养禽兽，二者相类，故取圃为囿。

又僖三十三年，郑之有原圃，犹秦之有具囿也。

注：原圃、具囿，皆囿名。

正义：囿者所以养禽兽，故令自取其麋鹿焉。天子曰苑，诸侯曰囿。

马宗琏《补注》卷一：《一切经音义》引《三仓》云，养禽兽处曰囿。《仓颉篇》云，种菜曰圃。

舞六代之乐 庄二十年，王子颓享五大夫，乐及偏舞。

注：皆舞六代之乐。

正义：《周礼》大司乐，以乐舞教国子舞《云门》《大卷》《大咸》《大磬》《大夏》《大濩》《大武》。郑玄云：此周所存六代之乐也。传记所说，《云门》《大卷》，黄帝也；《大咸》，尧也；《大韶》，舜也；

《大夏》，禹也；《大濩》，汤也；《大武》，周武王也。是为六代。奏黄钟，歌大吕，舞《云门》以祀天神；奏大蔟，歌应钟，舞《咸池》以祭地示；奏姑洗，歌南吕，舞《大磬》以祀四望；奏蕤宾，歌林钟，舞《大夏》以祭山川；奏夷则，歌中吕，舞《大濩》以享先妣；奏无射，歌夹钟，舞《大武》以享先祖。

丹楹刻桷　《经》庄二十有三年秋，丹桓宫楹。二十有四年春三月，刻桓宫桷。夏，公如齐逆女。八月丁丑，夫人姜氏入。

庄二十四年春《传》云：皆非礼也。

正义：《穀梁传》曰：礼：楹，天子诸侯黝垩，大夫苍，士黈。丹楹，非礼也。注云：黝垩，黑色。黈，黄色。又曰：礼：天子之桷，斫之砻之，加密石焉；诸侯之桷，斫之砻之；大夫，斲之；士，斲本。刻桷非正也。加密石注云：以细石磨之。《晋语》云：天子之室，斲其椽而砻之，加密石焉。诸侯砻之，大夫斫之，士首之。言虽小异，要知正礼楹不丹桷不刻，故云皆非礼也。

眉按：《国语·鲁语上》，严公丹桓宫之楹而刻其桷，有匠师庆掌匠大夫御孙之名。谏公语。

又按：东汉明帝讳庄，故凡前史所有庄字，悉改为严。韦昭三国吴人，尚复何所忌讳，而不为改正，仍以鲁庄公为严公，曲沃庄伯为严伯，亦不免疏于检点。见赵翼《陔余丛考》卷二。

腊　僖五年，宫之奇以族行曰：虞不腊矣！

注：腊，岁终祭众神之名。

正义：《月令》，孟冬，腊门闾及先祖五祀。腊之见于传记者，唯《月令》与此二文而已。《秦本纪》：惠王十二年初腊，始皇三十一年更改腊曰嘉平。蔡邕《独断》云：腊者岁终大祭，纵吏民宴饮，非迎气，故但送不迎。应劭《风俗通》云：案礼，夏曰嘉平，殷曰清祀，周曰大蜡。汉改曰腊，腊者猎也，田猎取兽祭先祖也。此言虞不腊矣，明当时有腊祭。周时猎与大腊，各为一祭。秦汉改曰腊，不蜡而为腊矣。

惠栋《补注》卷一：朱子曰：秦时始有腊祭，而《左氏》谓虞不腊矣，是秦时文字分明。案《御览》引旧注云：腊，祭名也。日月、会于龙尾，百物备合，因于是祭群神也。正义云：《月令》，孟冬腊门间及先祖五祀。腊之见于传记者，唯《月令》与此二文而已。《秦本纪》：惠王十二年初腊，始皇三十一年更改腊曰嘉平。应劭《风俗通》曰：案礼，夏曰嘉平，殷曰清祀，周曰大腊，汉改曰腊。此云虞不腊者，明当时有腊祭，同时腊与大蜡各为一祭，言汉改曰腊，不蜡而为腊耳。又案蔡邕《月令章句》曰：夏曰清祀，殷曰嘉平，周曰蜡，秦曰腊。栋案如殷蔡之说，则三代本有清祀、嘉平、蜡腊之祭，历代因革，故秦惠十二年改蜡为腊。始皇三十一年更改腊曰嘉平，是腊与嘉平，皆三代祭名。朱予以秦始有腊祭，考之不审耳。

马宗琏《补注》卷一：朱子言秦时始有腊祭，证诸秦汉诸书而益信其有据，惠君疑之。《礼运》与于蜡宾，《世说》注引《五经要义》云：三代名腊，夏曰嘉平，殷曰清祀，周曰大蜡，总谓之腊。此惠君说所本也。

眉按：《风俗通义》尚有"或曰：腊者接也。新故交接，故大祭以报功也"一解。

面缚衔璧之误解　僖六年，许男面缚衔璧。

注：缚手于后，唯见其面，以璧为贽，手缚，故衔之。

正义：案《宋世家》云：微子开者，殷帝乙之首子，而帝纣之庶兄。周武王克殷，微子乃持其祭器，造于军门，肉袒面缚，左牵羊，右把茅，膝行而前以告。于是武王乃释微子复其位。成王诛武庚，乃命微子代殷之后，国于宋。《史记》之言，多有错谬，微子手缚于后，故以口衔璧，又焉得牵羊把茅也！此皆马迁之妄耳。

惠栋《补注》卷一：子惠子曰：《汉书·项羽传》马童面之，张晏曰：背之也。师古曰：面之，谓背之不面向也。面缚之，亦谓反背而缚之，杜元凯以为但见其面，非也。

七舆大夫　僖十年冬，秦伯使泠至报问，且召三子，郤芮曰：币重而言甘，诱我也。遂杀丕郑、祁举，及七舆大夫：左行共华、右行贾华、叔坚、骓歂、累虎、特宫、山祁，皆里克、丕郑之党也。

注：侯伯七命，副车七乘。

正义：《周礼·大行人》云：侯伯七命，贰车七乘。贰即副也。每车一大夫主之，谓之七舆大夫。服虔云：上军之舆帅七人属申生者。襄二十三年，下军舆帅七人往前申生将上军。今七舆大夫为申生报怨，栾盈将下军，故七舆大夫与栾氏。炫谓服言是。

眉按：可参阅襄二十三年《传》唯魏氏及七舆大夫与之《正义》。

惠栋《补注》卷一：栋案：服、杜二说皆非也。晋国之法，上大夫二舆二乘，中大夫二舆一乘，下大夫专乘。专乘为一舆，见《韩非子》。文公作三行，景公时改为三军，大夫一，司马三，行为六舆。司马专乘，合七舆之数。后遂以为官名，故襄廿三年《传》云，七舆大夫与栾氏。盖自文公以后始有七舆，献公时止有二行一尉，不得为七舆。七当为五，古五字如七，见王肃《诗传》。遂伪为之。叔坚以下举里丕之党，不必皆在七舆之数，杜以七人为七舆，则左右行又何说与？

爰田　僖十五年，晋于是乎作爰田。

注：分公田之税应入公者，爰之于所赏之众。

正义：服虔、孔晁皆云：爰，易也。赏众以田，易其疆畔。杜言爰之于所赏之众，则亦以爰为易，谓旧入公者，今改易与所赏之众。

惠栋《补注》卷一：服虔曰：爰，易也。赏众以田，易其疆畔。栋谓爰田者，犹哀公之用田赋也。下文作州兵者，犹成公之作丘甲也。《外传》爰作辕。贾逵曰：辕，车也。以田出车赋。《说文》曰：爰，籀文以为车辕字。《春秋左传》多古字古言，故以爰为辕。服训爰为易，易田之法，本是周制，何言作也？《汉书·地理志》曰：秦孝公用商君，制辕田，岂亦赏众以田邪？《外传》所云赏众，是一时之事。爰田州兵，是当日田制兵制改易之始，故特书之。其后文公作执秩而官制又变，晋之所以强者，未必不由乎此。然其后六卿分晋而晋先亡。君子于是知旧章之不可易也。

马宗琏《补注》卷一：《汉书·食货志》云：民爰上田夫百亩，中田夫二百亩，下田夫三百亩，岁耕种者为不易上田，休一岁者为一易中田，休二岁者为再易下田，休三岁更耕之，自爰其处。琏案：周制三年易田，自是美恶相均，无贫富不均之患。晋自武公得国之后，授田之制不均，或有得不易上田者，不复以中下之田相易。今晋惠欲加惠于国人，或于平昔易田之外，别加厚焉。服虔云：爰，易也。赏众以田，易其疆畔。所谓易其疆畔者，正是分别其一易再易之田界以施恩于国人也。若如贾逵以田出车赋之解，晋惠当去国之时，民心未定，岂复更张田法以惊扰愚民邪？且与下文惠之至也不贯。以子慎之说为优矣。

櫜鞬　僖二十三年，若不获命，其左执鞭弭，右属櫜鞬以与君周旋。

注：櫜以受箭，鞬以受弓。

正义：《诗》云，载櫜弓矢，则弓矢所藏俱名櫜也。昭元年《传》，伍举请垂櫜而入，注云示无弓，则櫜亦受弓之物。《方言》云，弓藏谓之鞬。此櫜鞬二物，必一弓一矢，以鞬是受弓，故云櫜以受箭，因对文而分之耳。孔晁云：马鞭及弓，分在两手，欲辟右带櫜鞬，故云左执。

眉按：《国语·齐语》，诸侯之使，垂櫜而入，韦昭解：櫜，弢也。与《说文》弢弓衣同。《晋语》櫜鞬则解云：櫜矢房，鞬弓弢也。盖櫜鞬为藏弓矢器，单言之，櫜亦可作弓衣解，并举时，则有櫜受箭鞬受弓之分耳。

驷介　僖二十八年，驷介百乘。

注：驷介，四马被甲。

眉按：襄二十三年《传》，烛庸之越驷乘。注：四人共乘殿车也。昭二十年，及公宫，鸿骈雠驷乘于公，注：鸿骈复就公乘，一车四人。又宣二年，文马百驷，注：画马为文四百匹。是马四匹为驷，亦马四匹之数字也。

彤弓、玈弓　僖二十八年，彤弓一，彤矢百，玈弓矢千。

注：彤，赤弓。玈，黑弓。弓一矢百，则矢千弓十矣。诸侯赐弓

矢，然后专征伐。

眉按：文四年《传》，卫宁武子曰：诸侯敌王所忾而献其功，王于是乎赐之彤弓一，彤矢百，玈弓矢千，以觉报宴。即杜注所本。又襄八年，宾将出，武子赋《彤弓》。注："《彤弓》，天子赐有功诸侯之诗，欲使晋君继文之业，复受彤弓于王。"宣子曰：城濮之役，我先君文公献功于衡雍，受彤弓于襄王，以为子孙藏。匄也，先君守官之嗣也，敢不承命！君子以为知礼。注："《彤弓》之义，义在晋君，故范匄受之，所谓知礼。"

大旆 僖二十八年，亡大旆之左旃。

注：大旆，旗名。系旒曰旆，通帛曰旃。

正义：《释天》云：缁广充幅，长寻曰旒，继旒曰旆，则旆是旗之尾也。今别名大旆，则此旆有异于常，故以大旆为旗名。通帛为旜，《周礼·司常》文也。郑玄云：通帛谓大赤，从周正色，无饰。《释天》云：因章曰旃。孙炎曰：因其缯色以为旗章不画之是也。谓之左旃，盖是左军所建者。此亦于事难明，不可强说。

行李、行理 僖三十年，行李之往来，共其乏困。

注：行李，使人。

正义：襄八年《传》云：一介行李。杜云：行李，行人也。昭十三年《传》云：行理之命。杜云：行理，使人。李、理字异，为注则同，都不解理字。《周语》：行理以节逆之。贾逵云：理，吏也。小行人也。孔晁注《周语》，其本亦作李字。注云：行李，行人之官也。然则两字通用，本多作理，训之为吏，故为行人、使人也。

墨衰绖 僖三十三年，子墨衰绖。

注：晋文公未葬，故襄公称子，以凶服从戎，故墨之。

遂墨以葬文公，晋于是始墨。

注：后遂常以为俗，记礼所由变。

眉按：墨亦假以为不絜之称，即贪也。昭十四年，叔向曰：己恶而掠美为昏，贪以败官为墨，杀人不忌为贼。《夏书》曰：昏墨贼，杀，皋陶之刑也。注：墨，不絜之称。

质要　文六年，由质要。

注：由，用。质要，券契也。

正义：《周礼·小宰》，以官府之八成经邦治：四曰听称职以傅别，六曰听取予以书契，七曰听卖买以质剂。郑众云：称质，谓贷予也。傅别，谓券书也。听讼责者以券书决之。傅，傅著约束于文书也。别，别为两，两家各得一也。郑玄云，傅别，谓为大手书于一札中字别之书契，谓出予受入之凡要也。质剂，谓两书一札，同而别之，长曰质，短曰剂。傅别、质剂，皆今之券书也。事异其名耳。如彼礼文，知质要是契券也。

夫己氏　文公十四年，齐公子元，不顺懿公之为政也，终不曰公，曰夫己氏。音扶纪。

注：犹言某甲。

正义：斥懿公之名也。刘云：甲、己俱是名，故云犹言某甲。

焦循《左传补疏》卷二：循按：《汉书·石奋传》云：奋长子建，次甲，次乙，次庆。师古曰：史失其名，故云甲乙耳，非其名。《三国志》注引《魏略》：许攸与太祖戏，至呼小字曰某甲，是则作史者讳言，不便述攸所呼而讳言为某甲。商人既立，公子元不能直斥其名，又不肯称之为公，故以夫己氏称之耳。齐桓之子六人，并见僖十七年：为武孟，即公子无亏；为公子元，即惠公；为公子昭，即孝公；为公子潘，即昭公；为商人，即懿公；为公子雍。以元称商人为夫己氏，己于甲乙之次为第六，盖商大行六，故以己称之。商人弑舍，以元为兄而让之，盖是时诸兄惟元在。然则传叙公子雍于商人后何也？传之序，不必以长幼。先武孟，以其先立也。次惠公，以长惠姬少惠姬连类而及也。次孝公昭公懿公，则以立之先后为次也。雍不立，故后于五人。雍别无所见，当是已殁。立孝公时，方畏四公子之徒，四公子，潘、商人、元及雍也。僖二十七年，孝公卒，即立昭公，度必孝无子而昭之年次之也。昭卒而昭之子舍立，商人杀舍而让元，知元之年次于昭而长于商人，而昭公之长于元亦可见。雍不争，可知是时无雍矣。商人幼于雍而居六，即以称夫己氏知之。余始为此说，自疑私臆，及阅曲阜孔巽轩太史《经学卮言》，说夫己氏与余同，录于左以证吾说。《卮言》云：盖桓之六子，商人第六，以甲乙次之而称为己。僖十七年《传》，叙懿公于公子雍之上者，以无亏与惠孝昭懿皆尝为君，而公子雍未得立。又五公子母皆诸侯公子，独雍母为宋大夫华氏女，虽云如夫人者六人，传家叙之，自有贵贱，故雍倒在末耳，非长幼之次。

亚旅　文十五年，请承命于亚旅。

注：亚旅，上大夫也。

正义：《尚书·牧誓》：武王呼群官而誓曰，司徒司马司空亚旅，孔安国云：亚，次也。旅，众也。众大夫其位次卿。成二年《传》，鲁赐晋三帅三命之服，候正亚旅受一命之服。皆卿后即次亚旅，知是上大夫也。

九刑之书　文十八年，季文子使大史克对宣公曰：先君周公作《誓命》曰：毁则为贼，掩贼为藏，窃贿为盗，盗器为奸。主藏之名，赖奸之用，为大凶德，有常无赦，在《九刑》不忘。

注：《誓命》以下，皆《九刑》之书。《九刑》之书，今亡。

正义：昭六年《传》曰：夏有乱政而作《禹刑》，商有乱政而作《汤刑》，周有乱政而作《九刑》，三辟之兴，皆叔世也。叔世谓衰世，世衰民慢，作严刑以督之。称其创制圣王，以为所作之法，夏作《禹刑》，商作《汤刑》，则周作《九刑》，作周公之刑也。此云周公作《誓命》，其事在《九刑》，知自《誓命》以下，皆《九刑》之书所载也。谓之九刑，必其诸法有九，而《九刑》之书今亡，不知九者何谓？服虔云：正刑一议刑八，即引《小司寇》八议，议亲、故、贤、能、功、贵、勤、宾之辟。此八议者载于《司寇》之章，周公已制之矣，后世更作，何所复加？且所议八等之人，就其所犯正刑，议其可赦以否，八者所议，其刑一也，安得谓之八刑？杜知其不可，故不解之。

虑无 宣十二年，前茅虑无。

注：虑无，如今军行前有斥候蹋伏，皆持以绛及白为幡。见骑贼举绛幡，见步贼举白幡，备虑有无也。茅，明也。或曰：时楚以茅为旌识。

正义：《曲礼》曰：前有水则载青旌，前有尘埃则载鸣鸢，前有车骑则载飞鸿，前有士师则载虎皮，前有挚兽则载貔狐。其事与此见贼举幡相似也。

初税亩 《经》宣十有五年，初税亩。

注：公田之法，十取其一，今又履其余亩，复十收其一，故哀公曰，二吾犹不足。遂以为常，故曰初。

眉按：《公羊传》云：古者什一而藉。古者曷为什一而藉？什一者，天下之中正也。多乎什一，大桀小桀，寡乎什一，大貉小貉，什一者，天下之中正也。什一行而颂声作矣。何休《解诂》云：夫饥寒并至，虽尧舜躬化，不能野无寇盗，贫富兼并，虽皋陶制法，不能使强不凌弱，是故圣人制井田之法而口分之。一夫一妇，受田百亩，以养父母妻子，五口为一家，公田十亩，即所谓什一而税也。庐舍二亩半。凡为田一顷十二亩半，八家而九顷，共为一井，故曰井田。庐舍在内，贵人也。公田次之，重公也。私田在外，贱私也。井田之义，一曰无泄地气，二曰无费一家，三曰同风俗，四曰合巧拙，五曰通财货。因井田以为市，故俗语曰市井。种谷不得种一谷，以备灾害。田中不得有树，以妨五谷。环庐舍，种桑荻，杂菜畜。五母鸡，两母豕。瓜果种疆畔。女工蚕织。老者得衣帛焉，得食肉焉。死者得葬焉。多于五口，名曰余夫。余夫以率受田二十五亩。十井共出兵车一乘。司空谨别田之高下善恶，分为三品：上田一岁一垦，中田二岁一垦，下田三岁一垦。肥饶不得独乐，硗埆不得独苦，故三年一换土易居，财均力平，兵车素定，是谓均民力，强国家。在田曰庐，在邑曰里。一里八十户，八家共一巷。中里为校室，选其耆老有高德者名曰父老，其有辩护伉健者为里正，皆受倍田，得乘马。父老比三老孝弟官属，里正比庶人在官之吏。民春夏出田，秋冬入保城郭。田作之时，春，父老及里正旦开门坐塾上，晏出后时者不得出，莫不持樵者不得入。五谷毕入，民皆居宅。里正趋缉绩，男女同巷，相从夜绩，至于夜中，故女功一月得四十五日作。从十月尽正月止，男女有所怨恨，相从而歌，饥者歌其食，劳者歌其事。男年六十，女年五十无子者，官衣食之，使之民间求诗。乡移于邑，邑移于国，国以闻于天子。故王者不出牖户，尽知天下所苦，不下堂而知四方。十月事讫，父老教于校室，八岁者学小学，十五者学大学。其有秀者移于乡学，乡学之秀者移于庠，庠之秀者移于国学。学于小学，诸侯岁贡小学之秀者于天子。学于大学，其有秀者，命曰造士。行同而能偶，别之以射，然后爵之。士以才能进取，君以考功授官。三年耕余一年之畜，九年耕余三年之积，三十年耕有十年之储，虽遇唐尧之水，殷汤之旱，民无近忧，四海之内，莫不乐其业，故曰颂声作矣。又《穀梁传》云：初税亩，初者始也。古者什一藉而不税。初税亩，非正也。古者三百步为里，名曰井田。井田者九百亩，公田居一，私田稼不善则非吏，公田稼不善则非民。初税亩者，非公之去公田而履亩十取一也，以公之与民为已悉矣。古者公田为居，范宁《集解》：八家为居。井灶葱韭尽取焉。盖皆以意为井田之说者。可与《正义》所言参阅。

享宴之别　宣十六年，晋侯使士会平王室。定王享之，原襄公周大夫相礼，殽烝，升殽于俎。武子私问其故，*享当体荐而殽烝，故怪问之。*王闻之，召武子曰：季氏而弗闻乎？王享有体荐，*半解其体而荐之。*宴有折俎，*体解节折，升之于俎，物皆可食，所以示慈惠也。*公诸侯当享，卿当宴，王室之礼也。武子归而讲求典礼以修晋国之法。*传言典礼之废久。*

眉按：成十二年，宾曰：世之治也，诸侯间于天子之事，则相朝也，于是乎有享宴之礼。享以训恭俭，*享有体荐，设几而不倚，爵盈而不饮，肴乾而不食，所以训共俭。*宴以示慈惠，*宴则折俎相与共食。*共俭以行礼，而慈惠以布政。可与此参阅。

又按：《国语·周语中》云：唯是先王之宴礼欲以贻女，余一人敢设饫禘焉。韦昭解：饫半体，禘全体。

丘甲　《经》成元年三月，作丘甲。

注：《周礼》：九夫为井，四井为邑，四邑为丘，丘十六井，出戎马一匹，牛三头。四丘为甸，甸六十四井，出长毂一乘，戎马四匹，牛十二头，甲士三人，步卒七十二人，此甸所赋，今鲁使丘出之，讥重敛，故书。

俞正燮《癸巳类稿》卷二《作丘甲义》：古足兵皆在民间。《费誓》：穀乃甲胄，敿乃干，备乃弓矢，锻乃戈矛，砺乃锋刃，官不与也。《周礼》师田军旅，《族师》简其兵器，《县师》使皆备旗鼓兵器，是皆在民也。《汉书·刑法志》亦言周甸兵车一乘，干戈备具。春秋时有授兵者，盖新作兵器，或急发兵，用在官之人，不发民兵器，如楚授师子。卫懿公时，国人受甲，郑授兵太宫争车，又郑灾授兵登陴，皆非通制，故别言之。秦始皇收天下兵聚之咸阳，销以为钟镭金人十二，亦六国民兵。汉因其法，乃始有家不藏甲，兵器不鬻于市之说，著于《礼记》。又言武王克商，车甲衅而藏之府库，倒载干戈，包之以虎皮，名曰建橐，其实三代人不知此法也。《春秋》成元年作丘甲。《公羊传》云：讥始丘使也。《穀梁传》云：古者有四民，有农民，有工民，甲非人人所能为。丘作甲，非正也，盖备齐亟使成之。《左氏师说》则云：使丘出甸，马四，牛十二，甲士三，徒七十二人之赋。元有李廉者，谓甸出一乘，止出一乘之人，甲车马牛，决非丘甸所出。近顾氏栋高谓其言卓哉！《周礼》不足信而信李廉，又引晋惠公乘小驷，《礼》有官校《书》古文，有归马华山之阳，放生桃林之野，以为官出牛马之证。然则府兵以后，兵各有库，马各归厩，何以官又有武库牧场？不习古制，当知近事，此之不晓，且疑民间无处牧牛马。夫民间牛马，散在私地，惟官牛马以聚而多，宜别筹牧地，顾疑无处牧之，是疑官牛马。其所疑，与所说相反也。

眉按：《穀梁传》丘作甲之解非也。沈彤《春秋左传小疏》卷一《经解》本，下同：成元年《经》作丘甲，周制，甸出兵车一乘，甲士三人，步卒七十二人，将重车者二十五人，是四丘共出三甲也。鲁作丘甲，胡氏谓丘出一甲者，盖三甸而并出十二甲。益旧数三之一也。《穀梁传》云：丘作甲，则倒经之文，而其义遂别，恐不可从。

泠人 成九年，晋侯观于军府，见钟仪问之曰：南冠而絷者谁也？有司对曰：郑人所献楚囚也。使税之，召而吊之，再拜稽首。问其族，对曰：泠人也。

注：泠人，乐官。

正义：《诗·简兮序》云：卫之贤者，仕于泠官。郑玄曰：泠官，乐官也。泠氏世掌乐官而善焉，故后世多号乐官为泠官。

六骖 成十八年，晋悼公即位时。程郑为乘马御，六骖属焉，使训群骖知礼。

注：程郑，荀氏别族。乘马御，乘车之仆也。六骖，六闲之骖。《周礼》，诸侯有六闲马。乘车尚礼容，故训群骖使知礼。

正义：荀氏别族，《世本》有文。《周礼》：齐仆，下大夫，掌驭金路以宾。朝觐、宗遇、飨食，皆乘金路。杜言乘马御乘车之仆，则当彼齐仆也，《晋语》谓之赞仆，当时之官名耳。《周礼》，掌马之官无名骖者。襄二十三年《传》，称丰点为孟氏之御骖，则骖亦御之类。《月令》：季秋，天子乃教田猎，命仆夫七骖。咸驾载旌旗，则骖是主驾之官也。郑玄云：七骖谓趣马主为诸官驾说者也。《周礼》，趣马下士，掌驾说之颁，是骖为主驾之官，驾车以共御者。程郑为乘马御御之责者，故令掌驾之官亦属之。《校人职》云：良马三乘为皂，皂一趣马，趣马下士；三皂为系，系一驭夫，驭夫中士；六系为厩，厩一仆夫，仆夫上士。天子十有二闲，邦国六闲。郑玄云：每厩为一闲，闲有二百一十六匹。如彼计之，每厩有趣马十八人，六闲之骖有一百八人，皆属程郑而使总领之也。戎车贵强力，乘车尚礼容，故训群骖使知礼，令教马进退使合礼法也。

髦 襄四年，鲁于是乎始髦。

注：髦，麻发合结也。遭丧者多，故不能备凶服，髦而已。

正义：髦之形制，《礼》无明文，先世儒者各以意说：郑众以为枲麻与发相半结之；马融以为屈布为巾，高四寸，著于额上；郑玄以为去缅而纷，略杜以郑众为长，故用其说，言麻发合结，亦当麻发半也。于时鲁师大败，遭丧者多，妇人迎子迎夫，不能备具凶服，唯髽而已，同路迎丧，以髽相吊。传言鲁于是始髽者，自此以后，遂以髽为吊服。虽有吉者，亦髽以吊人。

沈彤《小疏》卷一：杜云：髽，麻发合结也。孔云：髽之形制，《礼》无明文，先儒各以意说，郑众以为枲麻与发相半结之，亦当麻发半也。彤谓康成之说，乃注《檀弓记》鲁妇人之髽而吊句，髽之正训也。将斩衰者以麻，将齐衰者以布成服，而布总箭笄，皆所加于髽之上者。髽非无服，髽之名则不以服而得，故亦谓之露纷。至国人迎丧，倥偬之际，或不能尽备布麻而空露其纷，亦事势之所有者；若相吊本不宜髽也，况以麻以布乎？故但云去缅而纷。为此之失礼犹小耳，夫岂不知髽之上本有服哉？《仪礼·丧服》注云：髽，露纷也。用麻自顶而前，交于额上，郤绕纷如著幓头焉。此康成麻髽之制也。若麻发相半而合结，盖不先结发为纷，乃并麻于发而后结为纷，其他亦如幓头之制耳。展布为崇巾，著于额上，此制直始于汉，古者有冠无巾，本《后汉·舆服志》宁有妇人之额而独著巾者？然则三说之得失，皆可知矣。妇人吊服，详见《檀弓记》注。

禘乐　襄十年，宋公享晋侯于楚丘，请以《桑林》。荀罃辞。荀偃、士匄曰：诸侯宋、鲁，于是观礼，鲁有禘乐，宾、祭用之，宋以《桑林》享君，不亦可乎？

注：《桑林》，殷天子之乐名。宋王者后。鲁以周公故，皆用天子礼乐。禘三年大祭，则作四代之乐，别祭群公，则用诸侯乐。

正义：《明堂位》云：季夏六月，以禘礼祀周公于大庙，朱干玉戚，冕而舞《大武》，皮弁素积裼而舞《大夏》。彼禘祭唯用《大武》《大夏》而不言《韶》《濩》，以二十九年鲁为季札舞四代之乐，知四代之乐，鲁皆有之。《明堂位》云：凡四代之服器，鲁兼用之，禘是三年大祭，礼无过者，知禘祭于大庙则作四代之乐也。《礼》唯周公之庙，得用天子之礼，知其别祭群公，则用诸侯之乐。诸侯之乐，谓时王所制之乐《大武》是也。然则禘是礼之大者，群公不得与同，而于宾得同禘者，禘者敬邻国之宾，故得用大祭之乐也。

眉按：杜亦谓禘祀三年丧毕之吉祭，见襄十六年以寡君之未禘祀注。

七姓十二国　襄十一年，亳之盟。七姓十二国之祖。

注：七姓：晋、鲁、卫、郑、曹、滕，姬姓；邾、小邾，曹姓；宋，子姓；齐，姜姓；莒，己音纪或音杞姓；杞，姒姓；薛，任姓。实十三国，言十二误也。

正义：十三国为七姓，《世本·世家》文也。姬即次曹，意及则言，不以大小为次也。实十三国而言十二，服虔云：晋主盟，不自数。知不然者：案定四年，祝佗称践土之盟云：晋重鲁申，于是晋为盟主，自在盟内，何因晋今主盟，乃不自数，故知字误也。刘炫难服虔云：案宣子恐失诸侯，谨慎辞令，告神要人，身不自数，己不在盟，彼叛必速，岂有如此理哉！

丹书　襄二十三年，初斐豹隶也，著于丹书。

注：盖犯罪没为奴，以丹书其罪。

正义：《周礼·司厉职》云：其奴男子入于罪隶，女子入于舂稾。郑玄云：奴从坐而没入县官者，男女同名。杜用郑说，以无正文，故云。盖以斐豹请焚丹书，知以丹书其籍。近世《魏律》缘坐配没为工乐杂户者，皆用赤纸为籍，其卷以铅为轴，此亦古人丹书之遗法。

马宗琏《补注》卷二：著于丹书，《周礼·秋官》司约小约剂书于丹书，郑注：《春秋传》曰：斐豹隶也，著于丹书。今俗语有铁券丹书，岂此旧典之遗言。又请焚丹书，《周礼·司隶》郑司农注：耻为奴，欲焚其籍也。贾疏引之者，证隶为奴。

夏声　襄二十九年，吴公子札来聘，请观于周乐。为之歌《秦》，曰：此之谓夏声。夫能夏则大，大之至也，其周之旧乎！

注：秦本在西戎汧陇之西，秦仲始有车马礼乐，去戎狄之音，而有诸夏之声，故谓之夏声。及襄公佐周平王东迁而受其故地，故曰周之旧。

新旧齐量　昭三年，齐旧四量，豆、区、釜、钟：四升为豆，各自其四以登于釜。注：四豆为区，区斗六升，四区为釜，釜六斗四升。釜十则钟。注：六斛四斗。

陈氏三量，皆登一焉，钟乃大矣。注：以五升为豆，五豆为区，五区为釜，则区二斗，釜八斗，钟八斛。以家量贷，而以公量收之。

谗鼎　昭三年，谗鼎之铭曰：昧旦丕显，后世犹怠。

注：谗，鼎名也。

正义：服虔云：谗鼎，疾谗之鼎，《明堂位》所云崇鼎是也。一云：谗地名，禹铸九鼎于甘谗之地，故曰谗鼎。二者并无案据，其名不可审知，故杜直云鼎名而已。

惠栋《补注》卷四：《韩非子·说林》曰：齐伐鲁，索谗鼎，鲁以其雁往。齐人曰，雁也。鲁人曰，真也。是古鼎之名。已见《困学纪闻》。盖当时鼎已在齐，故晏子述之。

马宗琏《补注》卷三：服虔以谗鼎为《明堂位》崇鼎，惠定宇据《韩非子》齐索鲁谗鼎，谓鼎已在齐，故晏子引之。琏案：《韩非子·说林》曰：鲁以其雁往。齐人曰，雁也。鲁人曰，真也。齐人曰，使乐正子春来，吾将听子。乐正子春，战国时人，是晏子在晋时，齐尚无索鼎之事，安得云鼎已在齐？惠说误矣。《吕览》：齐攻鲁，求岑鼎，鲁载他鼎以往，齐弗信，请柳子季一言以为信，鲁君乃以真岑鼎往。是岑鼎疑即崇鼎。惠若据《吕览》，是谗鼎至晏子时已久在齐矣，不应援《韩非》说为证。孟子可使高于岑楼，赵岐注：岑楼，山之锐岭者。《尔雅》：山小而高，岑。《方言》曰：岑，高也。《明堂位》崇坫，郑注：崇，高也。是岑崇皆高大之意，故崇鼎亦谓之岑鼎。服虔解崇鼎即谗鼎，正宜据《吕览》解之。惠定宇犹误沿王伯厚之说。

眉按：王应麟谓谗鼎之铭，服氏注疾谗之鼎，《明堂位》所云崇鼎是也。一云：谗，地名。禹铸九鼎于甘谗之地，故曰谗鼎。《正义》谓二说无据。愚考《韩子·说林》曰：齐伐鲁，索谗鼎，鲁以其赝往，齐人曰赝也，鲁人曰真也。齐人曰：使乐正子春来，吾将听子。《新序·节士篇》《吕氏春秋·季秋纪·审己篇》皆曰岑鼎。二字音相近。然则谗鼎，鲁鼎也。《明堂位》鲁有崇鼎，服虔注不为无据。见《困学纪闻》卷六。

丘赋　昭四年，郑子产作丘赋。

注：丘，十六井，当出马一匹，牛三头。今子产别赋其田如鲁之田赋，田赋在哀十一年。

沈彤《小疏》卷一：服虔以为一丘之田，出一马三牛，复古法。彤谓既云作，则非复古，况又国人谤其为虿尾，浑罕议其作法于贪乎？但杜解如鲁之田赋，则病民已甚，子产安得自谓为善，而引礼义不愆之诗？盖其赋视古法稍加以济国用，若鲁丘甲之类耳。

惠栋《补注》卷五：服虔曰：作丘赋者，此一丘之田，出一马三牛，复古法耳。丘赋之法，不行久矣，今子产复修古法，民以为贪，故谤之。子惠子曰：《春秋》作丘赋，当从服说；作丘甲，当从《穀梁》说。下引《诗》礼义不愆，何恤于人言，若依杜注，加赋病民，何不愆之有？服注是也。

眉按：可参阅沈氏《小疏》卷一成元年作丘甲说及马宗琏《补注》卷三赋谓兵赋说。又礼义之不愆兮，何恤人之言兮，见《荀子·正名篇》所引逸《诗》。

刑鼎　昭六年三月，郑人铸刑书。

注：铸刑书于鼎，以为国之常法。

叔向使诒子产书曰：民知争端矣！将弃礼而征于书。锥刀之末，将尽争之。终子之世，郑其败乎！

昭二十九年冬，晋赵鞅、荀寅帅师城汝滨，遂赋晋国一鼓铁以铸刑鼎，著范宣子所为刑书焉。仲尼曰：晋其亡乎！民在鼎矣，何以尊贵？贵何业之守？贵贱无序，何以为国？

惠栋《补注》卷六：服虔曰：鼓，量名也。《曲礼》曰：献米者操量鼓，取晋国一鼓铁以铸之。《礼记音义·隐义》曰：东海乐浪人，呼容十二石者为鼓以量米。王肃曰：三十斤谓之钧，钧四谓之石，石四谓之鼓，与隐义合。顾氏云：盖用四百八十斤铁。

眉按：叔向仲尼之惧，正足以征当时公布刑书之进步意义。

仆臣台　昭七年，芋尹无宇曰：天有十日，甲至癸。人有十等，略故王臣公，公臣大夫，大夫臣士，士臣皂，皂臣舆，舆臣隶，隶臣僚，僚臣仆，仆臣台。

《癸巳类稿》卷二《仆臣台义》：十等俱就王公言之，为在官者。大夫臣士，如《周官》其长率所属能臣之大夫，与士汎列，亦同朝不相臣也。皂者，《赵策》所云补黑衣之队，卫士无爵而有员额者，非今皂役也。士则卫士之长。舆则众也，谓卫士无爵又无员额者。隶则罪人，《周官》所谓入于罪隶，汉之城旦舂输作。僚，劳也，入罪隶而任劳者，其分益下，若今充当苦差。仆则三代奴戮，今罪人为奴矣。谓之台者，罪人为奴，又逃亡，复获之，则为陪台。自皂以下，得相役使，故曰臣曰等也。昭六年，楚弃疾誓云：不用命者，君子废，小人降。是隶僚仆台，以次而降。知台是仆亡复获者，无宇云：无所执逃臣，逃而舍之，是无陪台也。知陪台是指言第十等台者，以无宇指陈十等，意主必执此逃仆以为台，始有十等数也。服虔谓皂造事，舆众佐皂，隶属于吏，僚供劳事，仆竖主藏，台下给征召，事分职别，何谓相臣乎？

灵姑銔　昭十年，公卜使王黑以灵姑銔率吉，请断三尺焉而用之。

注：灵姑銔，公旗名，断三尺，不敢与君同。

焦循《春秋左传补疏》卷五：循按《考工记·舆人》疏引此《传》注云：断三尺至于较。大夫旗至较。按《礼纬》：诸侯旗齐轸，大夫齐较。轸至较五尺五寸。断三尺得至较者，盖天子与其臣乘重较之车，诸侯之车不重较，故有三尺之较也。

八索九丘　昭十二年，是能读《三坟》《五典》《八索》《九丘》。

注：皆古书名。

正义：孔安国《尚书序》云：八卦之说，谓之《八索》，求其义也。九州之志，谓之《九丘》。丘，聚也，言九州所有，土地所生，风气所宜，皆聚此书也。贾逵云：《八索》，八王之法，《九丘》，九州亡国之戒。余略此诸家者，各以意言无正验，杜所不信，故云皆古书名。

眉按：索，法也。亦见定四年皆启以商政，疆以周索注。

无射　昭二十一年春，天王将铸无射。

注：周景王也。无射，钟名。律中无射。

正义：此无射之钟在王城铸之。秦灭周，其钟徙于长安，历汉、魏、晋常在长安。及刘裕灭姚泓，又移于江东，历宋、齐、梁、陈时钟犹在。东魏使魏收聘梁，收作《聘游赋》云：珍是淫器，无射高县是也。及开皇九年平陈，又迁于西京，置太常寺，时人悉共见之。至十五年，敕毁之。

眉按：《国语·周语下》：景王二十三年，韦氏解作昭之二十一年。将铸无射而为之大林，单穆公曰：不可！作重币以绝民资，谓铸大钱事又铸大钟以鲜其继，生何以殖？且夫钟不过以动声，若无射有林，耳不及也。夫钟声以为耳也，耳所不及，非钟声也，犹目所不见，不可以为目也云云。此不载大林事。大林，无射之覆也。

象魏　哀三年，季桓子至，御公立于象魏之外。略命藏象魏。

注：象魏，门阙。《周礼》正月，县教令之法于象魏，使万民观之，故谓其书为象魏。

正义：《周礼·大宰》云：正月之吉始和，布治于邦国都鄙，乃县治象之法于象魏，使万民观治象，浃日而敛之。

惠栋《补注》卷六：服虔曰：象阙也。法令县之朝，谓其书为象魏。案象魏，六官所县之象，如治政教刑之类，绘为图象，唐虞所谓画象是也。此说本程大昌。栋案：《风俗通》云：光武中兴以来，五曹诏书题乡亭壁，岁补正多有阙谬。永建中，兖州刺史过翔撰卷别改著版上，一劳而永逸。汉之五曹，犹周之六官。又汉时教令皆奏可施行，尚书掌之，故谓之五曹诏书，亦见《应劭传》。

附录　五十年论文著述简谱

凡已成书别刊或待刊者，皆仅采叙言入之。又余自一九一九年以来所作旧诗，无虑数百首，今但取二六年后与余历史思想有关者，稍加择录，以资互证。

一九二六年，二十八岁。

为友人邵君撰《邵氏七世农隐象赞》云："有士独行，明亡不仕，幅巾教授，绝迹城市。孤忠耿耿厉秋霜，岂容子孙反颜事仇忘深耻！临殁遗言重叮咛，世世为农勿为士！呜呼，世世为农勿为士，子以诏孙孙诏子，屏弃书卷持末耜，书卷易入功名彀，末耜无求能足己。春耕夏耘，香稻云委，一犁烟雨，与仇终始。人但知为勤力稼穑之老农，又岂知为血性义民辟秦而隐此！今日展对七世苦节古须眉，应使二百六十年中衣冠尽愧死！"盖余姚历史中所难得者，特首揭之。

是年冬，孙传芳残师过扰余姚，余与余妻徐飞卿入南山寄居一村名冷湾者，有诗云："层峦叠嶂隔嚣尘，石屋权藏避弋身。偏爱冷湾风雪冷，杖藜扶出跛诗人。"时方病足。又有诗云："行役劳人事，入山意洒然！歊亭微雨里，断磬远溪前。路窄才容马，林深只见烟。孤村堪小住，斗酒过残年。"又诗云："春到孤村碧草齐，闲愁取次入吟题。诗成幸有双知己，山上梅花庑下妻。"

一九二七年，二十九岁。

《次韵呈孙师郑先生》："道术相排众壑趋，抱经心迹自应孤。未妨汉后无三郑，难得江东又一虞！不同先生尊经主张，而独重先生风节。子美成诗空寄托，渊明得酒且欢娱。稀龄预想银蟾夜，万里奉觞或许吾。"

《咏菊》："落落疏疏几瓣金，时因风雨孳秋心。斜阳黄处山如扫，怎得篱边一梦深！"

一九二九年，三十一岁。**客甬上。**

《访冯孟颛先生》："荒乱饥驱但自哀，逢君不觉倦眸开。旧家庭宇燕双至，处士生涯书四堆。故简似留秦世火，残碑多带汉时苔。酸咸我亦殊人好，竟许幽扉数数推。"

《谒戴先生》："世事若棋枰，闲居乐此生。少游乡里愿，司马弟兄情。种菜辟幽圃，编书烧短檠。是翁真达者，懒作不平鸣。"《戴先生七十，其孙又于是日庆燕尔之喜》："今夕知何夕，天孙巧织亭。未过灵鹊渡，先拜老人星。皎皎玉双树，溶溶春一庭。应教陶靖节，欢醉引修龄。"

是年编《邵二云先生年谱》成，由金陵大学中国文化研究所印行。序云："乡前辈朱久香先生兰曾撰《邵二云先生年谱》四卷，今其稿已无存者。二云先生经经纬史，习闻阳明、南雷、戢山三先生之绪论，家藏宋元遗书甚富，数百年浙东文献，萃于一身。章实斋氏知之最深，故当先生之殁，太息语人曰：'自斯人不禄，浙东之文献尽矣！'然自先生之殁，去今仅百余年，而其姓名事迹，乃不为学术界所熟闻；其著述亦几与浙东文献同归澌没。使章氏而在，其太息又何如也。云眉惜朱谱之不传，惧乡献之莫征，爰采诸家文集笔记所载与先生有关涉者，分年系缀，辑为是谱；不能分年者，则别其性质，依类附载。虽为例驳杂不纯，而补苴之难，略有可言：先生著述散佚，除《尔雅正义》外，惟遗诗文钞及札记等二三种，而文钞又不载书牍赠序之文，仅有赠张羲年、汪辉祖两序。无以见先生学术思想之蕴寄，友好游从之踪迹，此一难也。先生回翔清署二十余年，不以升降得失撄其梦寐，虽久居辇毂之下，而声华暗淡，无显显矫激可喜之行，足以耸动耳目，播为逸事，此二难也。先生居乡时短，乡之士夫，罕接风采，故梓桑口耳之传，但夸仕宦衣锦之煜燿，不诵在官力学之清芬，此三难也。先生子秉衡、秉华，犹能勉缵家学，并树令誉，后此则旧家乔木，渐就萧疏，手泽俱供覆瓿，遗裔已操微业，庐舍犹是，咨询无由，此四难也。取材之途既隘，裁削之功斯寡，故是谱之辑，举凡先生所作所言，及朋侪之书牍赠诗，不择长篇短语，但可资先生学术之阐发，存先生行谊之梗概者，往往连类而录，靳于割爱，此则冗复琐碎之病所由难免也。盖区区之意，惟期拾吉光之残羽，汇为一编，俾学术界对此声华销歇之大师，略能仿佛于百余年前而接其謦欬，谱例之谨严，所未遑顾。著述浮沉，良不可知，日月逝于上，他时欲于尘封蠹蚀之中，寻此若隐若现之坠绪，吾知其难又不啻倍蓰矣。国中鸿达，进而教之，为之增所未备，俾他时得据以删定，则又区区之所切望者。"

按柳翼谋先生尝为是谱作跋云："采眷群书，编次一先生之年谱不难，难在得若人之学术思想独到之处，辨章扬榷，有以推见至隐，史公所谓好学深思，心知其意，亦浙东史学家所独擅。胝沫是编，南江精神为不死矣！"当时未及刊入，补录于此，以志追歉。又王重民先生有是谱介绍文，并言是谱余所据之《南江文钞》为嘉庆本，其在北京之道光本，先生虽尝见之，而以未由再见，无以报余为恨。余初据《文钞》，列二云先生授编修于乾隆三十九年，先生则钞寄乾隆三十八年七月十一日、四十年四月二十八日谕内阁文二通，谓宜列于四十年，余检《清实录》果然，即改正之，至今犹镌感于心焉。事载《中华图书馆协会会报》第八卷第六期。又是谱德文《东方学报》新卷第九卷第五期，亦有 Ebuhard 介绍文。

一九三〇年，三十二岁。

《铙戴先生》："宾客图书共一龛，寒灯夜半续高谈。江山历落秋无奈，耆旧萧条老不堪！自祭有文同五柳，家传何物只双柑。只今我欲过安道，月落扁舟泪满含。"

一九三一年，三十三岁。客南京。

录诗五首：《金陵道上》："海边穷饿客，破帽走京华。白损怀中纸，黄余脚底沙。野容怜土著，高屋认官衙。一事提防苦，风驰显者车。"《玄武湖》："泛泛木兰船，娟娟秋可怜。月烘千树影，人浸一湖烟。薄醉因风解，清愁与水连。前朝城堞在，回首总茫然！"《题企南翁见赠燕子矶图》："蜿蜿观音山，忽挺一峰悍。金陵古形胜，悬此千丈岸！大江流不尽，六朝等暮旦。乃有奇燕子，长与波涛捍。胡叟爱攀扪，芒屦无所惮。相随盘仄隥，深入春烟漫。林杪屹孤亭，跻之凌浩瀚。俯阚森欲动，始觉踏羽翰。须臾风雨至，气象纷以判。苍茫低徊际，如闻兴亡叹。是真通灵石，造化经斲锻。未知何年岁，已看人沙换。吾生苦尘鞿，快游聊追玩。胡叟重前诺，为我舒遒腕。尺幅摄远景，惆怅对几案。终负高秋约，万方又多难！"《题守拙翁柴门扶杖图》："百欲为人君，道术岂堤埭。落落守拙翁，独居谢尘秽。柴门望远山，名势淡于黛。白云瀚以起，无心自更代。北郭多酸枣，西陂盛菰菜。一饱更倚徙，夕阳迟鸦背。"《观友人诗稿书后》："薄官何足久羁身，三尺长髯半似银。独客不辞冲大漠，穷秋无赖作骚人。心摧断瓦兵戎地，泪滴荒丘血性民。一炷寒灯风雨厉，江山终古此吟呻。"又《赠翼谋先生诗》，有"一曝缥囊传百宋，双烧绛烛品三吴"句。

是年撰《古今伪书考补证》一书成，亦由金陵大学中国文化研究所印行。序云："姚首源氏谓辨伪是读书第一义；然有不可不注意者：粗梨橘柚，味相反而皆调于口，伪伪而知其所以伪，伪固有真之用也。辨伪者但欲求真伪之各得其用；非欲举伪书而一一践之踏之，烧之灼之，以尽绝其根株而后快。明乎此而后知辨伪者之非有恶于伪也。抑伪有巧拙而辨有难易。丑人捧心而矉其里，里之人能笑之，此伪之拙而易辨者；淄渑之合，易牙尝而知之，他人不能也，此伪之巧而难辨者。伪巧而难辨，则有真之而伪，伪之而真者矣。然辨者之心，则固以求真为鹄；辨之术有未至焉耳，吾又从而辨之，非欲以罪辨者，辨其所未至也。明乎此而后知辨辨伪者之亦非有恶于辨伪也。姚氏之《古今伪书考》，一浅薄之辨伪书也。寻厥大概，无非抄撮《通考》《诸子辨》《笔丛》等所言，排比成书。分类舛驳，取舍随意；而叱辱之加，又往往不准于情理之所安。盖详核逊宋、胡，而武断则过之，此不足以服作伪者之心也。近人顾惕生氏因就姚氏之所考而重考之，欲以匡救姚氏之失而为其诤友。余读其书，亦颇有独到之见，而惩噎废食，盛气叫嚣，其武断之态度，乃复与姚氏同。则以水济水，亦何足以服姚氏之心哉！夫姚书之操术诚疏矣，然伪书如毛，逐代傅益，使吾辈胸中而犹横梗一竺古护前之观念则已；苟其无也，则且病姚氏失出之多于失入，而又何忍乎他责！虽然，获盗而不获赃，终无以关盗之口而释道路之疑。使此不及百种之伪书，以列证未备之故，而犹授竺古护前者以抵蹠之间，此则吾辈之耻，所当助姚氏以张目者，《补证》之作，盖秉斯恉。虽然，姚氏辨伪者也；顾氏辨辨伪者也，非所谓竺古护前之徒也。真伪愈辨而愈著：姚氏伪之，顾氏真之，云眉又从而伪之。求真而已，非求胜也。真其所真，伪其所伪，使真伪各得其用，此吾辈读书应有之态度，亦所以为来者辟一读书之坦途也。其真之而非真，伪之而非伪，则术之未至，云眉不以罪姚、顾，人亦岂以罪云眉哉！抑是非之公，具在人心，苟准诸情理而未安，则虽以《古文尚书》之伪，经阎、惠诸君之侦查判决，已成如山之铁案者，亦不难继毛氏而重申冤词，况《补证》之程多力分，引其绪而不能竟其委者哉！云眉虽助姚氏以张目乎？然非其佐也。诚更得诤友如顾氏者而毅色呵斥之，纠其纰缪而扶其颠踬，则云眉将怡受而无忤；学术公器，真伪固不必定于吾也。呜呼！鼓怒浪于平流，震惊飙于静树，微特不敢，抑亦不能。必谓为钩铒群艺，哗众取宠，则无所逃罪。今请略述《补证》之内容：姚、顾二《考》，皆截用他文数语以就己说。本书则略师《经义考》，列他文于前，缀己说于后；他文多全录，非过长者不敢删节，恐以取舍戾原意也。其中如唐擘黄先生之辨《尹文子》，马夷初先生之辨《列子》，皆以其文过长，割裂入篇，引为缺恨。先录清人及近人辨伪之文；不足则以《四库提要》继之；又不足始下鄙意以补之：其断自清人者，承姚书而避繁复也。下鄙意时，则不以此为限。先他文而后及《四库提要》者，以《提要》易于检阅也。《提要》十之一，鄙说十之三，而他文亦仅十之六，则以辨伪之文，既少专篇，作者囿于闻见，又不能广搜而博征也。凡不待补不必补者不补，《古文尚书》《孔氏传》，不待补者也。《古三坟书》《麻衣正易心法》《易乾凿度》《天禄阁外史》《心书》《续葬书》《拨沙经》《家礼仪节》等，或猥琐无讥，或望名知伪，此不必补者也。若《韵书》偶称沈约，《手泽》改署《志林》，既与伪书异科，亦在不补之列。本书编次仍依姚书，然多有与姚说参差者，别表附后以便省览。又本书之成，得助于吾友冯孟颙、陈伯瀛二先生者不少，并于此谨致谢忱！"

附钱玄同先生《重论经今古文学问题》："今人吕思勉氏不信姚际恒之说，其《经子解题》中说：'《孝经》一书，无甚精义。姚际恒以为伪书。然其书在汉时实有传授，且《吕览》即已引之，则姚说未当。此书虽无甚精义，而汉儒顾颇重之者，汉时社会，宗法尚严，视孝甚重，此书文简义浅，人人可通，故用以教不能深造之人，如后汉令期门羽林之士通《孝经》章句是也。'黄云眉氏《古今伪书考补证》驳之，说：'后汉荀慈明对策，有"汉制使天下诵《孝经》"之语，《后汉书》本传。而汉代诸帝又始以"孝"为谥，可知《孝经》之产生必与汉代最有关。思勉既知汉代之重视《孝经》，而犹以《吕览》有《孝经》语，《孝行览》言孝，与《孝经》有相同处。又《先识览·察微篇》引《孝经》曰：高而不危，所以长守贵也；满而不溢，所以长守富也；

富贵不离其身，然后能保其社稷而和其民人。信为先秦之书，未免不充其类。黄震亦以《吕览》有引，信《孝经》为古书。汪中《经义知新记》同。《吕览》亦不可全靠；且高诱注《孝行览》，亦引《孝经》语，则《察微篇》所引《孝经》，安知非高诱之注而误入正文耶？'案：黄氏此论甚精。至吕氏所云'其书在汉时实有传授'，则更不足据信。"载一九三二年北京大学《国学季刊》第三卷第二号。又一九三三年北京图书馆《读书月刊》第二卷第六号，有是书介绍文。

一九三二年，三十四岁。

录诗六首：《读史志感》，存十之二："分宜专君久，老作无告民。当其炙手日，夥颐稀世珍！嘉定见阄李，倾蓄以赎身。当其谢饷日，懿戚又何贫！饕餮怪豨腹，旦夕且肥人。家国方殷事，依然金谷春。""人情于富厚，不学而俱欲。相什便卑下，千役万则仆。史迁岂好货，此语由深触！素封恣华腴，实以府怨毒。朱公散其金，贫疏俱敦笃。哀哉垄断徒，罔利无厌足！"《友人邵君示所作旧梦痕》："如水年华不倒流，一编琐屑记从头。分明知是无痕梦，犹遣闲毫苦苦留。"《促友人归里》："一尊遥属海之边，皂帽新周客里年。为报江南春正好，杂花盈树草粘天。"《玄鹤》："矫矫一玄鹤，四顾若有省。虬枝颤未已，长空没秋影。"《偶作》："已无寸土著烟犁，华子冈头月自欹。尘眼几经东海改，浪身谁管北山移。可怜马粪关官计，空盼猪肝当士仪。斫地高歌君莫笑，从来僵卧足忘饥。"

撰《李卓吾事实辨正》一文，付《金陵学报》二卷一期发表。内容分五节：一、辨在官削发之诬；二、辨讲学会男女之诬；三、辨游四方以干权贵之诬；四、与耿定向交恶始末；五、结论。结论略谓："假道学褒衣大冠，堂堂巍巍，以孔子为彼等衣食富贵之坚城，日夜诵孔子之言以欺人曰：是孔子之所是也，是孔子之所非也。人以其为孔子之是非而不敢是非之，彼等亦久而忘其为欺人之是非，肆然以孔子之继承者自居矣。而卓吾独尽去依傍，自出胸臆，不特斥彼等之是非为异于孔子之是非，且昌言个人有是非，不必以孔子之是非为是非。夫但斥彼等之是非异于孔子，则孔子不复生，将谁以质孔子之是非乎？彼等犹可忍也；若并其所藉口之孔子而是非之，使彼等衣食富贵之坚城，有因是而崩陷之虞，是诚彼等所不可忍矣。于是不问卓吾之所以是非果有异于孔子，亦不问其异于孔子者果为何等是非，日夜皇皇，奔走相告，以谋抵抗前此未有之劲敌，而其抵抗之唯一手段，即为卓吾人格之污蔑。彼等以为人格既被污蔑，则学说必为人所唾弃而不能自存，此舍难取易，避实就虚之法也。"云云。最后谓："吾故为辨正其事实如上，而复赘此以为本篇结论：一以见卓吾之被诬，实非出于上述一二人之捏造，乃由多数仇视卓吾者附和影响而致此；一以见儒家思想定于一尊之时，先民旧说，往往为依草附木者利禄之资，而新学说之产生，亦往往被此辈摧折无余，而复窃其名曰卫道，卫道者愈多，而学术之推进愈缓矣。吾草此文，不能不致慨于今日之中国学术界，犹有不少三百年前之卫道人也！"

一九三三年，三十五岁。客苏州。

《游沧浪亭》："怪石疏林雨正乾，入吴第一此凭阑。何人也识荒寒趣，借作高秋画本看。""犹是虚亭明水边，孤吟寄傲妒前贤。而今风月俱抬价，百倍当年四万钱。"苏子美买其地仅四万钱，故欧阳公有"清风明月本无价，可惜只卖四万钱"之句。

是年，影印《四库全书》罕传本议起，余撰《从主编者指纪昀意图上估计〈四库全书〉之价值》一文，寄《北平图书馆馆刊》七卷五号发表，略示余对此举未能赞同之故。

一九三四年，三十六岁。

《再游沧浪亭和欧阳公韵》："欧公已和沧浪吟，今我复赋沧浪篇：沧浪有主不可见，沧浪亭景何宛然！轩户之间光影合，前竹后水相回环。我爱子美记中语，重来覆按有余妍。老树著花迎旧客，春鸟踏枝

争啾喧。似说斯亭无恙在，八百年事皆寒烟。八百年事本琐琐，谁
为江山留胜缘。登亭历历数遗迹，始知灵魄通诗仙。湖州长史贤辅
婿，以才置身琳琅边。学士如墙观落笔，纷纷良玉倾蓝田。偶然秋爽
发豪兴，红裳高会酒清涟。岂知群小久相伺，白简蒙参故纸钱。扁舟
南游避豺虎，江山青眼独见怜。为留孙家一片土，供君筑亭揽吴天。
从此幅巾寄歌啸，钓者何羡鱼藏渊。不惜平生飞动意，都付春风换醉
眠。胜地得人人得地，遗芬余韵恍当年。区区穷达安足计，斯亭终古
以君传！"

陈石遗先生衍《诗话续编》，采余诗于卷六中，称余为全谢山、
邵二云一流人，殊愧其言！

时章太炎先生在苏州讲学，余撰《读〈广论语骈枝·微子篇〉》
一文质之，由《金陵学报》四卷二期发表，盖以章先生信《庄子·盗
跖篇》盗跖与柳下惠为兄弟之说，遂有柳下惠三黜不去鲁之误解也。
《盗跖篇》本伪托，即非伪托，而其说乃寓言，亦岂容据作史实？此
不待辨而可知者。

一九三五年，三十七岁。

《次友人无题韵并以解之》："无尽奇葩妙笔枝，高名换得是淹迟。
岂知历落嵚崎意，并作芊绵悱恻词。酒力乱翻浑不任，琴心微度更难
支。书生绮事遭天罚，敢向黄衫苦诉痴。""一曲阑干一柳枝，依依碧
处步回迟。古今自续苍茫恨，儿女平添缺陷词。燕子飞来风乍定，桃
花引去水多支。示君玉玦君休怯，慧剑如霜好映痴！"

是年，撰《重印〈玉台新咏〉引言》："《玉台新咏》十卷，陈
徐陵孝穆在梁时所编梁以前之诗歌选集也。孝穆与庾信齐名，篇章绮
丽，世号徐庾体。《陈书》本传称：其文颇变旧体，缉裁巧密，多有
新意。每一文出手，好事者已传写成诵，遂被之华彝，家藏其本。今
其集存者仅十卷，然披览残余，琬琰盈目，姚氏之言，不我欺也。以
其所作，参其所选，缀锦聚采，别具心眼。寻厥指归，孝穆固欲假彼

众制，标的方来，非苟焉掇拾而已者。刘肃《大唐新语》曰：梁简文为太子时，好作艳诗，境内化之。晚年欲改作，追之不及，乃令徐陵为《玉台集》以大其体，则此书之端，盖有慨夫当时作风之颓下，而欲有所纠正之，刘氏之言，是其证矣。《四库提要》以为此书虽皆绮罗脂粉之词，而去古未远，犹有讲于温柔敦厚之遗，未可概以淫艳斥之，最为有见。然城中好广眉，四方且半额，风习所趋，流衍漫瀚，一二人推之而有余，千万人輓之而不足。简文孝穆推之于前，而复欲輓之于后，斯亦昧于顺逆之势矣，安在其能药当时淫艳之病乎？且一文体行之既久，必有一文体乘其敝而夺其席，孝穆亦无事过虑，而欲有以药之也。魏徵《隋书·经籍志·集部叙》曰：永嘉以后，玄风既扇，辞多平淡，文寡风力，降及江东，不胜其弊，梁简文之在东宫，亦好篇什，清辞巧制，止乎衽席之间，雕琢蔓藻，思及闺闱之内，后生好事，递相放习，朝野纷纷，号为宫体，流宕不已，讫于丧亡。其《文学传叙》曰：梁自大同之后，雅道沦丧，渐乖典则，争驰新巧，简文、湘东，启其淫放，徐陵、庾信，分路扬镳，其意浅而繁，其文匿而彩，词尚轻险，情多哀思，格以延陵之听，盖亦亡国之音乎！徵之罪简文、徐、庾，可谓深矣。后之论徐庾者，众口附和，末为洗刷。故或谓《玉台》一书，虽不能药当时淫艳之病，而补过救失之心，未始不足减孝穆靡嫚一代之诟谤。夫文学演变，实有其自然之涂径，萧梁文体之形成，孝穆虽为推之之一人，然非风习所趋，孝穆亦何能为力，以是为孝穆罪，孝穆固不任也。反之，而谓此书之动机为出于补过救失，足以见谅于后人，后人或谅孝穆，孝穆亦必不自谅也。要之就书论书，《新咏》之价值，固自有在，治文学史者，欲考校齐梁以前作品之异同得失，而补正《文选》诸书之阙误，则此书要为最古，亦最足依据。盖此书所选八百七十章，其入《昭明选》者仅六十有九，而曹植《弃妇诗》、庾信《七夕诗》，皆为本集所不载。《文选·古诗十九首》，枚乘诗居其八，而没其姓名，其他古诗作者之时代姓名，为诸书所不载或淆乱者，亦复不一而足，脱无斯选，则后人溯述文学源流，得毋颠倒错缪，而古人几许佳什，不久与其骨同朽乎？此所以卷帙虽寡，其在文学史上之权威，实较糅杂伪制之《文选》，有过之无不及也。"

一九三六年，三十八岁。

撰《清代纂修官书草率之一例 ——〈康熙字典〉引书证误》，及《续蔡氏〈人表考校补〉》二文，并发表于《金陵学报》六卷二期。《康熙字典》一书，与《佩文韵府》《渊鉴类函》等皆疵累百出，而《字典》为通究群籍之钤键，与《韵府》《类函》等仅供词人藻饰之用者异趣，决不当以寡陋充员，草率将事，滋惑学者。然颁行百余年，学者皆以钦定为嫌，且惩《字贯》之祸，终不敢轻议一字。洎宣宗道光七年重刊是书，始命王引之等加以校正，凡四载而得其引书之误二千五百八十八条。余为一书局分编《辞林》一稿，亦尝抽校是书，裁十之三四，复于王氏所举外，得其引书之误约五六百条，其属于形义音切之误者，概俟另考。乃知王氏之摘发，殆犹未及其半耳。本文仅就余所摘发而尤纰缪者，分为：一、篇名与书名误称之例；二、所引书失原文面目之例，内举：与他文混淆、与注文混淆、注误为正文、疏误为注文，及误断、误改、误节、误增等八病，以告国人。庶几隳偶像之庄严，移视听于朝夕。并可见以《字典》纂修之草率，推而证清代其他官书纂修之草率，必非枉屈矣。

又长札与友人夏君论改修《宋史》诸家经过，夏君为发表于《文澜学报》二卷一期。又于《大公报·图书副刊》一百二十九期，发表《辨宋祁〈汉书〉校语之伪》。

一九三七年，三十九岁。

录诗九首：《邀企南翁重游燕子矶》："五年风月滞苏州，待约山灵续旧游。水落林疏图样异，与翁驴背拓高秋。"《二云楼成，落以长句》："江湖蓬转百忧侵，小筑栖巢卸客襟。尘垢半生余秃笔，文章终古薄黄金。聊翻老屋三间瓦，恰借邻园数亩阴。随分暂为容膝计，闭门真似入山深。""纸窗灯火著苏髯，荒率称身趣自恬。寒士宁望居广厦，春风也爱到穷檐。寻常几榻堪闲坐，破碎图书好乱拈。待向墙隈栽柳树，旁人漫欲比陶潜。""斜阳易发淡欢愉，占尽城南景物区。细草丛残传野史，宽袍落拓接乡儒。本无实学供时用，那得清流被世呼。珍重楼颜应额手，二云不在拟双芙。""咫尺层轩烟水凄，邵二云先生所居号面水层轩，语出杜诗。缩名成字解离迷。敢期绝业同前辈，能识孤怀有拙妻。庑下方归相慰藉，阃边乍立又提撕。横胸一片峥嵘意，肯逐飞花作软泥。"按是楼为飞卿发愿所造，以备余归来读书者，楼名为余所定。《谢友人王君撰书楼联》："二妙飞来眼乍明，感君相勖不胜情。古香深处贫夫妇，寂寞校书待太平。"《题画》："艇子来何处，拨向苏堤去。杨柳绿年年，游人似飞絮。""不出太湖外，那识太湖大？任他晓日高，一网无余赖。"《和友人咏柳》："齐殿方看张绪少，沈园已拟放翁衰。人间离合寻常事，谢尽青青却为谁？"

是年，又客南京。年底，南京沦陷，余避寇至和州，作五古一首寄慨，中有"百里烟尘暗，千家骨肉枯。衣冠迁赵宋，草木走秦符"等句。《与友人刘君小饮》："得息尘埃道路劳，故人风义薄云高。荒斋稳卧双绳榻，冷市徐行一缊袍。无补艰难空涕泪，纵全性命亦毫毛。霜天感取相宽意，为向江头把蟹螯。"《在刘君村居度岁》："乾坤逼仄一村宽，谁使劳生逐转丸。报我平安空纸笔，看人团聚自杯盘。文章不遇真心眼，患难惟依古胆肝。今夕对君终似梦，寒家灯火隔千峦。"《是夕降雪，又作一绝》："如此江山如此身，可怜四十作遗民。不知今夜他乡雪，飞著愁颠定几人？"

一九三八年，四十岁。

录诗六首：《书恨》："东风无赖柳花妍，故国艰难又一年。马上幽并羞妇女，舟中李郭泣神仙。颓城血肉碧春草，窜客须眉黄暮烟。只有忙忙南去燕，犹思寻觅旧堂前。"《寄飞卿》："茧足荒山此小休，树头又见挂银钩。月圆月缺终为客，江北江南各在楼。长夜及须愁遣送，故园犹得梦停留。知君未暇伤飘泊，望里中原亦缟裘。"《归途过茅山，用钟伯敬韵》："胡马从东来，衣冠飒以替。山水俱蒙垢，何心敦宿契。春中过勾曲，一峰当初霁。仙翠落疲襟，冥想忽焉厉。岂被陶通明，尚在窈窕际，吾欲从之游，百感随形蜕。伫足望白云，冉冉洞门闭。"《故乡对月》："海气黄俱尽，清光下树端，不堪秋破碎，还对月团圞。壮士随鹰隼，高楼谢绮纨。越王风烈在，肝胆好相剸。"《有恸》："半世磨人墨一丘，书生孤愤竟无休。可怜适越资章甫，误信文章到白头。"《诸老叹》："往昔风流继已难，不堪重到倚危阑。此身只合化蝴蝶，何地犹能栖凤鸾！三月荒亭秋末感，十年异域客中颜。死生大矣谁相证，浊酒频倾屡旧欢。"

一九四〇年，四十二岁。

《悼友人王君》："吾友多憔悴，惟君老更穷。平生绳尺里，一别鼓鼙中。对榻春羁雨，归棺晚阻风。相期愧范式，杯酒酹飘蓬。"

一九四一年，四十三岁。

是年，故乡沦陷，避居海上，卖应酬文字如寿序墓志之类度日，并开始撰《明史考证》一书，藉减南冠之恨。

一九四四年，四十六岁。

《题友人杨君梅花幅》："风雪一凭阑，知君泪屡弹。江天何太窄，驿路不胜寒。岁月无春久，衣冠作客难。孤标真豁意，僵卧起袁安。"《谢杨君以梅花幅见赠》："摄取黄昏暗里香，寒毫万里一枝将。春风不到江南北，敢认罗浮是故乡。"《哭殷先生》："万水千山老入都，可堪家国两崎岖。有心正识韩公子，同气偏羞莽大夫。一管秋霜奸不尽，半庐春雨道非孤。哭公何用挥寒泪，但问雄师克敌无。"

一九四五年，四十七岁。

录诗五首：《送朱先生归里》："十年重听雨潇潇，胡马骄嘶恍昨朝。仲子竟须为蚓饮，龚生宁免作薰烧！寒菘烂粥留佳客，软帽孤筇过小桥。怀抱而今良不恶，故山正遣白云邀。""衰来绛乞鉴湖居，贺监当年计本疏。兄弟早栽三径菊，儿孙分校一巢书。羞称素望承江表，罕许玄言托古初。欲识此中真学力，何时请益筑耕庐。"《赠杜叟》："沸天弦管不知晨，昨日征衣泪尚新。一例枯槐温短梦，白头愁煞有心人。""万里归舟满夕阳，萧萧城郭似他乡，只今赢得盲翁鼓，说尽当年杜季良。"《孙先生惠诗稿赋谢》："送春归后人孤独，闭门终日无剥啄。为读佳著引佳酿，一读一杯一叹服！但闻佩玉响玎玱，又似层岩激飞瀑。佩玉飞瀑杂然生，中有哀音潜往复。怪怪奇奇数十年，世变沧桑看烂熟。嬉笑怒骂非徒尔，雍门之琴渐离筑。越缦居士是公师，倚病观书拄饥腹。流水桃花圣解多，彩管寒灯时时秃。斯人总悲憔悴死，公亦萧骚似晚竹。残衫破帽绝周旋，自抱遗经自歌哭。长安米贵居大难，老鬻诗文继饘粥。达官显宦觊千秋，厚币卑词赚尺幅。使者在门公曰嘻！盗贼余赃污我簏！黄金百镒掷门外，我醉欲眠毋再渎。公以璿宝视风节，而人弃此若朽木。公以粪土视权势，而人对此争匍匐。人之陷溺国其殄，岂但群谋讥覆悚。嗟彼仓皇南渡客，又张余胆事鹿逐。新都烟雨旧京尘，一样寥落忍举目！无以报公愧琼瑶，聊寄伤心泪一掬！"又《题郑公遗像》，有"瓠子歌中征贾让，梅花纸上隐金农"句。

一九四六年，四十八岁。

《次友人缪君韵》："伯伦病酒土为形，岂识人间有眼青！劫后风光原草草，羁余篋笥更星星。林荒不与鸥争腐，水远还教犊避腥。甚欲访君中秘地，时长图书馆。高谈十日送秋零。"《读兰絮草书后》："一泓秋水拟风神，管底幽芬更绝伦。不与人间春梦事，前身原是屈灵均。""兰因絮果是邪非，冰雪聪明悟入微。当日若教黄九见，早将绮语作禅机。"《题绥德州知州邹嶙乾隆进士殉葬砚》："春风相伴十三科，白首知州泪渍多。不为系情留地下，怕教重被子孙磨。"

一九四七年，四十九岁。

《寿徐君》："岭南词客海之滨，花下传吟不老身。孺子何妨隐在市，玉台乃与骚为邻。百年眷属方中候，三月风光恰好辰。笑指阶前斑舞列，君家代有石麒麟。"《书友人类稿后》："已喜文章似酒醇，更从眉宇见天真。君家合住乌衣巷，此日能逢白帽人。六代粉残仍作梦，西湖烟瘦不成春。孤灯埋罢忧时草，飞盖门前迹又陈。"见海上书画买卖，赋七古一首志感，有"相如未惯亲涤器，提管回顾寒灯碧。破砚欲乾腕欲断，能事乃尔受促迫！"及"正味本难辨，蒯蒩终甘带。真鉴久寂寥，谁赏牝牡外！君不见几家纨裤与少艾，门前鸣鸣车腾骞。又不见三五耆宿垂帽似老丐，抱轴归来风雨大"等句。又《走笔示息翁》，有"翁已毕婚嫁，矫首白云深。吾思归著书，剖析千载心。但待筲鼓歇，纵浪乐余阴。翁泛不系舟，我听无弦琴"等句。息翁姓俞，余长女毓芳之舅也。

一九四八年，五十岁。

录诗五首：《轫金先生》："眉公去后可怜春，石遗老人寓居苏州胭脂巷，余尝与先生赴老人约饮，老人期许甚厚。七七变起，老人归侯官原籍卒，余则流离十年，大荒厥业，今日哭先生，又当重哭老人已。到此莺花尽作尘。诸老萧条成异代，太湖浩森失斯人！帐前弟子粲彝鼎，杯外文章森甲鳞。夜半明灯观鬼谷，知音沈感独沾巾。"先生有《天放楼集》行世，余著《古今伪书考补证》时，尝评及先生论鬼谷文，先生不以为忤，伟抱冲襟，实深钦敬。《次女毓菲，病故诸暨学舍，权厝苧萝山下，接讯痛极，诗以续哭》："片纸传来报汝亡，孤灯骤暗读书堂。叔鸾五女如秋雁，一夜寒空叫断行！""苧萝山下月轮孤，欲返霜棺阻路途。落木无边戎马满，羁魂应化可怜乌。"《题画》："一童牵线戏木偶，一童凝神蹲而视。世间多少宰官身，进退如公不由己。"又《题画》："枝头久已歇芳华，蝴蝶何缘兴尚赊？莫道一池春藻绿，能将微力托飞花。"

古文物偶录：屬羌编钟之年代，为近年学术界聚讼不决之公案。是钟出土于洛阳城东金村附近太仓地方韩君墓中，已见著录者有十四枚，铭长六十一字者有五枚，只铭屬氏之钟四字者有九枚，除加拿大首都一博物馆藏有长铭短铭者各一枚外，其余俱原藏刘氏善斋。然不幸于一九三六年，为日本住友氏以三万元之代价购去矣。为是钟铭文作考释者有郭沫若等六人，国外则有高本汉氏。是钟之长铭六十一字者，今参合诸氏考释录于此云云。屬羌钟之制作年代，当在周威烈王二十二年。上节录杨宽文，原文载一九四六年《中央日报》十月二十三日《文物周刊》。邾公钘钟制作之年代，丁山考之云：钟铭陆鼀之孙邾公钘作禾钟，用敬恤盟祀，旗年釁寿，用乐我嘉宾，及我正卿，扬君需，君以万年。陆鼀之为陆终，亦即祝融，已成定说，无待辞费。邾公名钘，《说文》未著，旧或释钘，或释钲，未能定于一是，作钟之邾公，遂亦不能决为春秋时何君。以字形论，释钘为允，钘即勒之别构矣。《说文》：勒，马头落衔也。从革力声。勒即金文所恒见之攸勒也。□伯□殷铭则又作鉴勒。攸勒本革属，而攸字可从金作鉴，勒本从革，亦自可从金作钘。更证诸《鸿范》云：金曰从革。是知钘确为勒之古文或体，如攸勒，《毛诗》可作肇革也。则邾公钘，后世自可误为邾公革或邾子革。哀八年《左传》，邾子无道，吴子使太宰子余讨之，使诸大夫奉太子革为政。又廿年《传》，夏四月，邾隐公自齐奔越曰，吴为无道，执父立子，越人归之。太子革奔越。《正义》云：革为邾君十余年，仍称太子者，承其父归之下，故系父言之。不系父言，革之为政，即为邾君，故其作钟也，得迳称邾公。钟铭曰：扬君需，君以万年。君当为邾隐公。是《左传》所谓太子革，当据钟铭改为邾公钘。此钟之作，盖在春秋末叶鲁哀公十年至廿二年之间，越将沼吴时也。上文见一九四七年《中央日报·文物周刊》。眉按顾颉刚氏《读春秋邾国彝铭因论邾之盛衰》一文，谓邾在春秋时为三等小国，而传世彝器之多，在今山东省内，仅次齐鲁，其确可定为春秋时器者凡六件，则邾公牼编钟四器，及邾公华钟益公钟是也。邾公牼编钟四器，铭文最多者四十七字，即上海市立博物馆所藏之器也云云。载同年八月六日《中央日报·文物周刊》，可参阅。又毛公鼎之出土，轰传一时。铭文长至五百字左右。郭沫若氏谓为周宣王时代之作品。陈小松有《释毛公鼎"取𤙲卅孚"》一短文，与顾氏文同日发表于《中央日报·文物周刊》。上海市博物馆所陈列之城虢仲簠，为吴恪斋大澂旧藏中之名铜器。《恪斋尺牍》甲戌冬贻王懿荣书云：仲秋道出凤翔，以十金得一破敦，乃虢仲城虢时所作。其地又为西虢故地。此生平第一快事！足见恪斋之重视此簠。铭文作城虢仲作旅𣪘。考古虢国有三：一在春秋时郑国境内，隐公元年《左传》云：制，岩邑也。虢叔死焉。制在今河南汜水县西北，即虎牢关。一为晋所灭，在今河南陕县附近。一为秦所灭，在今陕西宝鸡县东。旧说，文王弟虢仲封于西虢，即宝鸡地。后东迁上阳，即陕县地。其旧国称为小虢。虎牢之虢，为文王虢叔封邑，称东虢。按：僖五年《左传》宫之奇谏虞公曰：虢仲虢叔，王季之穆也。为文王卿士，勋在王室，藏于盟府。是虢仲虢叔皆为晋所灭。虢国之祖，与泰伯虞仲，皆为虞国之祖。同旧日虢叔封于东虢之说，当由制岩邑虢叔死焉之文而来，实则隐元年之虢叔，非文王弟之虢叔。《国语·郑语》：虢叔恃势。韦昭注：此虢叔，虢仲之后。虢国东迁或有之，而虢之旧国称为小虢，仍有问题。《史记·秦本纪》：武公十一年灭小虢。张守节《正义》又云：小虢，羌之别种。岂虢国东迁后，其旧地为羌戎所据？抑小虢为另一国，与姬姓之国无涉？俱未可知。又虎牢之虢，其由来亦不甚可考。或为虞虢之虢支庶所建之国。本器之城虢，定在陕西，此从出土之地点可以证明。上为冯友梅文，见一九四六年《中央日报》十月二十七日《文物周刊》。保圣寺之唐塑寺，在苏州角直镇，距昆山水程约三十华里。据明归有光《保圣寺安隐堂记》，寺创于唐大中年间。宋熙宁六年，僧惟吉重修，中经元明两代丧乱变迁，至清咸丰十年大殿毁，同治间复重建。民国初年，寺院大部倾圮，顾颉刚氏见其中罗汉塑像，面貌衣装，生动有致，认为出唐杨惠之手迹，后见范成大《吴郡志》，始知此种塑像，非杨氏创作，但神光闪耀，并不减其艺术价值。经由蔡子民氏诸人，请于江苏省政府议定保存计划，成立唐塑古物馆委员会，聘江小鹣氏设计，将未毁之罗汉九尊及残存塑壁安置其中。日人大村西崖渡海东来，曾撰《塑壁残影》一书行世。略古物馆建筑仿宫殿式，馆外右方空地置一巨钟，旁无款识，左为舍利塔，稍有损坏，尚能窥其石质花纹图案之精美。入门即见塑壁，基台高约六尺，横及三丈，上置罗汉九尊。右下一尊作俯视状，右侧两罗汉作谈笑状，右侧上一尊作仰望状，正中一尊端坐，左中一尊，袒胸闲坐，左侧上一尊作推手怒残视状，缺惜壁上飞龙已全毁，左下一尊作俯视状，左上一尊侧坐云云。上为许士骐文，见一九四六年《中央日报》十一月六日《艺术》。汉代木尺：熊庵《文物随笔·汉代木尺》云：斯坦因在敦煌西古城边汉代屯戍堡遗址，尝发现二木尺，同时又发现第一二世纪木简，可证二木尺，当是后汉之物。一尺，上分十寸，合〇·九寸，或二二·九公厘。另一尺为一木杖，上刻尺度，其长与前尺完全一致。此外斯坦因又发现丝织品二残片，一片上印有戳记，横幅两边完好，其广幅原为一九·七寸五十公分。另一片长一二·二五寸，一端不全，上印有文字任城国亢父缣一匹，幅广二尺二寸，长四丈，重二十五两，直钱六百一十八。考任城国建于后汉章帝元和元年，公元八四年，亢父是其属县，在今山东济宁，汉时以产绢缯著名。若以出土之汉木尺二二·九公厘为一寸，则二尺二寸之等值，为五〇·三八公分。一九·八三寸，与上述另一缣片之实际广幅完全相合。自洛阳金村古墓之铜尺出土，以及用商鞅量校验之结果，知战国时代之尺度为二三〇公厘，再用新嘉量来校验，知新莽之尺度，仍与战国之尺度相同。后汉之尺度，得此二木尺之尺度，与用汉莽残片校验之结果，知仍与新莽之尺度相等。见一九四七年《中央日报》一月五日《文物周刊》。又周代彩色陶器陶片，在长安近郊发现。一九四六年四月《申报》中央社西安廿二日电：西北大学教授王子云氏，近在长安近郊从事考古研究工作，于城南少陵原西北亭广约数亩之灰土层中，掘得精致之红黑陶器及彩陶片甚多。由各器物制作之体范考证，断为古杜伯国遗址所在。按杜伯乃唐尧陶唐氏之后裔，周称唐杜，成王灭唐，迁封杜伯国。迄今原址犹有杜城镇。一般人仅在长安得见秦汉唐代古物，今此发现则可追溯三代以前华夏民族原始文化之遗迹。现王氏正拟商同西大历史系从事大规模之发掘工作云。殷墟商鼎，一九四六年十一月《中央日报》南京七日电：河南安阳殷墟出土之商鼎，现已由豫运抵南京中央博物馆保存。鼎为铜质长方形，重数千斤。高三尺二寸，长三尺四寸，宽二尺二寸。双耳四足，以埋土中久，全身作绿色。一耳至今尚埋土中，其另一耳已与鼎身分离。鼎外部四周有虬龙花纹，内面刻有阴文古文"后妻戊"三字，形体甲骨文。眉按：是月十七日《中央日报·文物周刊》有张凤《安阳武官村出土方鼎铭文考释》一文，妻作每，每借作母。

一九四九年，五十一岁。

《咏鹧鸪先生澄泥砚，次友人韵》："头可断，志不夺，先生儒者行律兀。白云庄上灯火荧，诸老呼酒庆复活。从此身为无土兰，独往独来非故山。山中荒荒白日白，抵死仍漱粼粼石，穷市卖艺帽檐低，谁识包身肝胆赤！可怜帝王随飞花，先生遗物出海涯。石函文字埋寒芒，失彼得此增咨嗟！米颠能评古好砚，曾夸斯砚是极选。百年泥澄汾河底，蛟龙护之停斗战。吁悲夫！山塞遥遥接瀛洲，君臣雨泣天风秋，往事如梦忍回头！忍回头！望故浦，胡马又来牧吾土。革囊十重何须藏，会当草檄振义鼓！"

《读友人题沈云英手册感赋》："蛾眉自昔见铮铮，史笔无端作重轻。漫把勋名归石砫，不知大义凛云英！""残墨寥寥足古薰，兴亡哀思更纷纭。料应怕入梅村手，三百年来始遇君。"

一九五一年，五十三岁。是年一月，由华东教育部介绍来山东大学任中文系教授，不久转入历史系直至今日。

录诗六首：《青岛杂诗》存十之六：《中山路》："峰峦尚可带云删，多少新陈俯仰间。十里华街平若水，前身谁识是青山。"《观产业馆及水族馆》："今人能发古人蒙，山海移来五亩宫。始信平生双眼窄，撑肠万卷一冬烘。"《观满坡避暑旧筑》："山林无改主人非，凉馆重重夕照微。说到当年余愤涌，吾民蕉萃若曹肥！"《入夏犹寒，草木初青有作》："轻绵欲褪复逡巡，孟夏余寒似仲春。说与黄莺浑不解，江南杨柳已藏人。"《夜归》："穿林秋帽正复斜，步响时惊欲睡鸦。归路不须微月引，满天繁火是山家。"《康氏墓》："昔年曾访旧逋居，金坛西眈镇。此日重停谒墓车。一笑谥公真戆子，草堂冥造大同书。"

一九五四年，五十六岁。
撰《柳宗元文学评价》一文。

一九五五年，五十七岁。
撰《读陈寅恪先生〈论韩愈〉》一文，与陈先生商榷。

一九五六年，五十八岁。
撰《韩愈文学评价》一文。

一九五七年，五十九岁。
上述三文，皆付山东大学所编《文史哲》发表，由山东人民出版社于是年合印出版。

一九五八年，六十岁。
《赠友人顾君》："白发相逢两广文，楼头意气比秋氛。浑忘风雨人皆客，会看车书国亦群。征献不辞搜乱草，采谣还爱踏荒云。马三代后嗟寥寂，珍重先生汲古勤。"

是年十月，山东大学由青岛迁至济南。

一九五九年，六十一岁。

山东人民出版社重印《古今伪书考补证》。余撰《引言》云："余所撰《古今伪书考补证》一书，问世将近三十年，然因是书随出版机构，长期播迁，以致隔绝隐晦，至今日乃不为读者所稔知，而余亦久以已陈之刍狗视之矣。解放以还，学术研究，多方开展，百家喈喈，皆以党所领导社会主义之蕲求为弹力准绳。风气所激，不特新著如林，读者应接不暇；其于我国数千年来先民劳动所积累之大量文献，亦竞思所以董理之，批判吸收之，使之成为今日学术研究领地中不可缺乏之部分。斯诚过去所万不能有之现象，华颠对此，殊感神王！而余之《补证》一书，自惟亦终不当见弃于今日，而以已陈之刍狗视之，盖古籍真伪之辨，犹为今日董理大量文献工作中之首要课题也。古籍真伪之辨，滥觞于唐代，历宋明清而渐呈长川形态，然尚有待于今日之加深加广。《补证》意在巩固姚《考》，范围较狭。先是书而起者，有《古史辨》一书，而目的不纯乎辨古籍真伪；后是书而起者，有《通考》一书，搜辑之勤，良不可没，而取材多非原始，别择断制，亦嫌不足。盖举所有古籍，一一探其源流，穷其所以真伪之故，初非少许人可卒之业，且不能责诸旦夕者。然非所论于学术研究昂进之今日，往昔之所谓难事，今日视之，不犹反掌乎！《补证》谫陋，虽经修订，未改旧观。重印问世，不系于是书区区涓埃之助；诚冀今日治古文献者，因读是书而有鉴于古籍真伪之辨，尚需继续，亟注之意，及时以卒前人未卒之业，使丰富之古籍能正确效其用于今日云尔。"

一九六〇年，六十二岁。

撰《公社颂》云："东作齐兴动晓暾，烟蓑十百俨成屯。田家为政无前例，歌满山头笑满村。""沃隰相连到沃原，青泥万里转耕辕。

武陵渔子何须问，多少桃花洞外源！"

山东人民出版社又以《〈明史〉编纂考略》等文，合印为《史学杂稿订存》出版。序云："余三十以前，泛滥群籍，无所归向；而大段晨夕，皆虚掷于篇什嗜好，蛮吟窃号，片句只字，自和自赏。三十以后，稍涉考证之学，则又以孑居海隅，与四方学人，声闻隔绝，遇有问题，撰布鄙论，卒无一日商榷之雅；而考证对象，亦广及四部，杂然不加别择，随笔漫札，委填箧笥，省记非易，何暇董理。如是者殆十年，不幸寇氛东来，山川变色，余避地寄食，南冠低压，俯仰无赖，始欲借一代之史，殚精其中，束制念虑，强图安帖，余未印行之《明史考证》一书，实造端于是时。而风雨打门，牢愁内迮，不能须臾去，且客馆亦不能获多书，究讨之功，譬之策蹇卫，登峻坂，其难可想。如是者又十年，乃得天宇澄朗，熙春满目，否极泰来，神王气壮，盖余忧患饱经，至今日而始于史学油然有述作之愿焉。婆娑老树，生意重益，非今日社会之优越，孰嘘吸是而孰披拂是哉！山东人民出版社，索余史学旧稿，拟为重刊。余前此未专攻史学，亦未薰沐革命新论，二十年前所尝试而公世者，量少而质下，其不能中今日社会要求之鹄也无疑。特自惟补苴张皇之业，既夙昔所从事，而顽执宿见，盲随权威，又余治学时所常以自惕者，则以今日社会要求衡之，谓为可弃之鸡肋允当，谓为大有迳庭抑非也。因检已刊旧稿之属于史学范围，而与今日史学观点无甚违戾者，加以修订，写付该社。并以余治学历程，弁之卷首，俾读者知余于史学，其止于是者有故，其或尺寸可进于是者亦有故。豪杰之士，虽无文王犹兴，余所谓待文王而后兴者也。伏波据鞍顾盼，以示矍铄，余今日心情，实大类于是。百尔同志，勿吝赐教，余必嗣此而续有请益焉。"

一九六一年，六十三岁。是年国庆节前夕光荣入党。

次日赋诗云："万家歌管沸秋尘，正是微躬献党辰。宿渍好从天汉濯，顽声应被疾雷振。亡羊仆仆惭杨子，覆鹿芒芒笑郑人。十二年前头白感，而今何日不青春！"以表余老年入党之无限欢衷。次年十月二十三日，《大众报》记者朱杰臣同志有记余入党一年之文，可参阅。

一九六二年，六十四岁。

《友人苏君以所题旧藏东坡〈墨妙亭诗〉十七字断碑砚诸诗见示，初作即用〈墨妙亭诗〉原韵，谨再次其韵奉和》："十年远隔郁冈陵，异地相逢兴飞腾。子有好砚宠之甚，连篇健笔超秋鹰。坡公妙句虽零落，漳浦铭辞尚棱棱。清斋列坐对精爽，宾客肺腑恍饮冰。区区一石本非宝，宝物宝人理可凭。国家需才到皓首，千载断碑谁能憎。忆子昔时气锋发，醉墨淋漓满素缯。知子得此增吟癖，松花江畔屡登登。白帽幼安风度旧，来向稷下会高朋。髡臾雄辩争颖脱，传写直欲罄剡藤。大道而今如皎日，著书不为别燃灯。磨子好砚抒子说，与子拳拳证服膺。"大道谓马克思列宁主义毛泽东思想也。

一九六五年，六十七岁。

是年九月，以原籍余姚所藏部分旧籍二百四十五种，三千一百三十册，赠余姚梨洲文献馆，及梨洲中学。十月，又以八十金购得朱久香先生所编《舜水、梨洲、南江先生年谱初稿》，各为之跋，续赠梨洲文献馆。跋文录下，以撰文先后为次。

一、《邵南江先生年谱跋》："余慕邵二云先生之为人，颇欲详其治学途径以自策励，读《县志》，知久香先生撰有《南江年谱》四卷，因访之其孙湘生鄂生两先生，并云已失其稿。一九二九年，余服教甬上，不揣鄙陋，拟补撰是谱以弥其恨。遂假冯孟颛先生藏书读之，于是年秋属稿，明年首尾粗具。又明年，余应金陵大学中国文化研究所之聘，出是稿稍加润色，由该所付印问世。然窃冀久香先生之稿犹在人间，未遽泯没也。去年，余旧友姜君来函，谓上虞某氏愿让久香先生三谱遗稿，盖邵谱外，尚有梨洲、舜水两谱，求一得三，为之喜而不寐！遂以八十金易之。展卷乍读，如对前辈典型，令人起敬！然距余撰谱时，已三十五年矣。著述浮沉，不能自主类如此。本年九月，余以故居所薄积之部分古籍数千册，赠之梨洲文献馆，其中亦包括乡前辈著述，今并拟以久香先生之三稿殿之，以三稿之重还合浦，尤邑人之所渴望也。因再读一过，于每稿下赘以管见，志后学之景仰，并与黄蔚亭、梁任公两先生所撰之黄、朱两谱略加比勘，小指毛疵，此非敢轩轾前辈，学术公器，知前辈亦以启予为乐，固不必以步趋率循尺寸，始为桑梓之恭敬也。久香先生所撰《南江年谱》，为三谱中致力最深者，余谱可就正之处颇多，仓卒不能一一而举。而余尤所注意者，则是谱之资料可宝也。余谱引书七十余种，是谱所引不啻减半，然余谱于二云先生之朋游书札，仅据李氏《荀学斋日记》己集，录入段玉裁、王念孙、李尧栋等四通。余依《日记》所录大概录之，俱非全豹。今读是谱所录乾隆间诸老书札，往往首尾不遗，未知久香先生所见，是否即为越缦所见者？忆越缦《日记》中，尝提及久香先生之子肯夫先生赴四川督学事，则此琳琅墨迹，久香先生或得之邵氏，而越缦又假之朱氏者耶？然细检是谱，与《日记》所录书札内容，竟无相同之处又何也？要之两先生所见，其为一为二未可定，而是谱所录，皆为越缦《日记》所未录，斯愈觉其可宝耳。至此可宝之资料，他时或酌附余谱，或别行刊布，俟与邑诸友商榷定之，今固犹未遑也。"

二、《黄梨洲先生年谱跋》："梨洲先生尝自撰年谱，贻门生郑禹梅梁。郑氏家不戒于火，谱稿随之灰烬，而先生身后故庐，又遭一水一火，其副本亦不复存。乾隆间，先生玄孙稚圭先生有志于谱事，惜未及属稿而卒。今行世之《梨洲年谱》，为先生七世孙蔚亭先生所撰。久香先生则后先于两黄先生而力于斯役者。然考蔚亭先生所撰谱，下简称黄谱。属稿于道光乙巳，重订于同治丙寅，付梓于同治癸酉，盖几于三十年而始问世，而谱叙中竟无一语及于是谱。又叙谓今春朱镇夫孝廉过留书种阁恧恳付梓，且愿资助焉。镇夫孝廉忆为久香先生之群从，亦竟无一语及于是谱，滋可怪已。是谱与朱、邵二谱并为未定稿，剪裁润色，厥功犹赊，要其大体，可云与黄谱相伯仲。今黄谱早行世，而是谱乃尘封于坊架间者甚久，显晦抑何殊也！梨洲先生著述宏富，而两谱所见者，或为今日所未见，而今日所见者，尤多两谱所未见。据甬上冯孟颛先生所编《南雷书目》观之，且有两谱及今日皆未见者，遗珠之求，尚有待于来兹，资料之完备，既未能责之两谱，而梨洲当时在政治上之进步思想，何以能突过王、顾，亦惟在今日革命理论指导下，乃得予以阐明与肯定耳。此历史发展观点所系，吾先辈所不能遽解，且不敢质言或昌言者，更不宜责之两谱矣。然使久香、蔚亭两先生今日尚存，骤见梨洲学说所享之崇高评价，亦必为之大慰，以为非初愿所及，则两谱之显晦，又何幸何不幸之足较哉！"

三、《朱舜水先生年谱跋》："舜水先生为明末一异人，梁任公撰年谱为之表襮，《饮冰室合集》。学者皆知之，然吾乡久香先生之早撰是谱，不仅学者皆无闻，纵任公亦未知之，要其所愿，固前后若呼应也。今阅是谱，编次已约略就绪，虽未为定稿，而露篡雪钞之勤，令任公见之，即另撰，亦必加以采掇无疑。第舜水先生未浮海前，韬形晦迹，唯恐不深，以是晚明诸记，罕有载及其行概者，除文集外，取材之隘，是谱苦之，梁谱亦未尝不苦之。所不同者，舜水先生光辉笃实之人格学术，其在异邦所孕育之广远影响，与先生坚贞不屈之民族气节，求之是谱，若隐若现，求之梁谱，则跃然纸上矣。此固由于两人所处之世不同，一犹牵于嫌讳，一可纵笔直抒，而其主因，则由两人识解有较大之距离，不能不使两谱顿殊面貌耳。又是谱失书康熙十二年事，致十三年以下事，俱递迟一年，舜水先生卒于康熙二十一年，而是谱以递迟故，不能不书于二十二年，意前辈属稿时精力已减，留此大罅，迄未自觉，余阅至此，为之不怿者竟日，甚矣学者暮年著述之不易也！"

一九七一年，七十三岁。撰《明史考证》初稿成，约一百六十万言，无序，但以《内容挈要》一文代之云：

一、《明史考证》之目的，虽为《明史》服务，然不专为《明史》

要求服务。致力之中心，在提取《明史》范围内所包含之若干问题，根据《明史》已采用或未采用之可靠资料，作较深入之探讨，俾得进而揭发明代封建统治之真实面貌及其本质，此与累朝旧史考证专为旧史要求服务之目的截然不同，故首篡之。

一、《明史》采用资料，大部分出于《明实录》。徐氏《修史条议》云：诸书有同异者，证之以《实录》，《实录》有疏漏纰缪者，又参考诸书，集诸家以成一是，所谓博而知要也。然旧时代修史，直笔动多扞格，《明史》以民族嫌讳关系，尤难勒为信史。今据徐氏之议，仍引《实录》及诸书原文，与《明史》严加勘覈；除以原文或节文止证《明史》部分出处外，如《实录》之疏漏纰缪，诸书之同异不一者，《明史》已否尽予补订？《实录》及诸书之记载，其出于虚构矫诬者，《明史》是否尽予裁正？以至《实录》及诸书有确凿之记载，《明史》应采用而未采用，或采用而犹未免违舛之类，皆属《考证》检验范围。

一、徐氏《条议》谓成祖为亲隐讳过举，故于三修《太祖实录》时尽去之；又谓此书疏漏舛误，不可枚举；又谓明之《实录》，洪永两朝，最为率略。按：徐议未谛：太祖成祖皆多过举，成祖为亲隐讳，远不如为己隐讳之甚。以虚构嫡出之说，诈兴靖难之师，不得不于洪武《实录》中一再窜改删削，以免与永乐《实录》前后牴牾，遂使两《实录》成为《明实录》中最矫诬之典型，其责固有所归矣。《考证》据太祖著作及诸书有关两帝确凿之记载，于本纪及志传中，随事予以驳诘。其洪永以后诸帝之罪恶尤多者，亦据诸书胪列于本纪及有关志传以彰笔伐。然当与两帝区别观之。两帝在我国历史发展上所起之作用，其可肯定者，须俟专论，此从略。

一、农民起义为推进封建社会历史之主要动力，然其斗争真相，及前仆后继之精神，犹有待于既博且核之专史表襮之，以旧记载之颠倒淆乱，非积刮磨之辛勤，不能率尔依据也。《考证》除李、张二传于旧记载有所裁正外，就明代每次起义领袖姓名，初见于本纪时，为注出其起义始末，分见于《实录》何年何月，分见于《明史》何传，及分见于他书何卷，藉便读者参阅。

一、《明史·天文》《五行》二志，皆不载事应，非事应附会不足载，第恐不应，则反以无徵而怠，失封建统治假权于天之本意耳。故《天文志》仍谓彗孛飞流晕适背抱，乃天之示炯戒，《五行志》所纪灾异，仍动涉虚妄。今《考证》于二志内容皆较略，惟《五行志》如旱潦地震之类，更检地方志择其灾异较重、区域较广、而又不涉虚妄者，随志文补充之，或亦足为掌握自然，改造自然之一助。《历志》考证，则独详历法沿革，徐光启、李之藻等译西人之历法为新法，推算密于《大统》《回回》，对历法贡献颇大。梅文鼎于《历志》之成，有发凡订补之功，而过高估计《周髀》在科学上之价值，必以外邦之科学伟绩，溯源于中土先觉，态度不及徐、李，《考证》当为指出。《地理志》考证，与志之内容要求重点不同，即山川之布列从略，各地之特产从详，其所以详略之说，则著之于志首。

一、《礼乐》《仪卫》《舆服》诸志，《考证》独详于《礼志》，《礼志》又独详于吉礼中世宗之纷纷改作。世宗敢于犯众议，使厥考破大统而称宗祔庙，配享明堂；敢于抑孔子去其王号，杀其笾豆乐舞之数，以示君权无并，尊君必须与尊师区别，志叙訾其前者而美其后者，殆反映后者已符合彼时封建专制主义又有发展之要求欤？然世宗之极端自私，表现于私其父者固突出，表现于私其子私其身者，尤匪夷所思，特与纪传及他志互纠之。至穆宗似能干其父之蛊矣，而无故大阅，费至二百万，神宗未壮即卜葬造定陵，费至八百余万，则军凶二礼中之突出者。神宗剥削残酷不足怪，穆宗名节约，大阅又属讲武事，为驳诘之，以补纪赞考证所未究。

一、《选举志》包括学校、科目、荐举、铨选四项。明代初期，学校科目荐举并重，其后独重科目。而科目高下，乃仅以形式内容并受限制，应试者绝不能自抒见解之八股文为标准。以此而曰甄拔人材，宜黄宗羲有探筹之喻，而万历时吏部铨选创掣签之法，又何足讥乎？《考证》既就志文各项因革得失，加以论列，而科目之败坏人材，前贤诟责甚多，亦择要录之。盖科目窒塞士子思想，统治者正视为入彀之妙术，清代沿袭不改，其阻碍延缓我国社会之发展，亦不可谓非主要原因之一矣。

一、《食货志》集中反映明代统治者以所谓正供及非正供等各项名目，进行频繁而残酷之剥削情况。志文作者大体据《实录》分类纂成，可参阅潘耒《上某总裁书》。而《实录》及《会典》不详明初重科，志文已为详之。至武宗扩立皇庄三十一处，夺民业几近四万顷，不啻以身煽土地兼并之风；世宗惑于焚修，竭库藏疲民力以营建斋宫秘殿；神宗矿税之使，荼毒遍于四方，晚岁辽饷孔亟，而内廷积金如山，叫阍莫应，计臣又为连续加征以恣其欲，遂创前此未有之巨量赋额，盖明代后期百数十年间无限度剥削，固非明初重科所能比拟者，《考证》除世宗营建事，已详《明书·营建志》，足资参阅不赘外，余就尤厉民者，据《实录》及他记载增补之。其与志文有关，而纪传他志已有考证者，亦不复赘。又我国以瓷器之精绝震寰宇，而明代之景德窑，尚无一专史为之嬗述盛衰过程，并予以技术上之科学评价，姑附议于烧造各条考证之末，以俟究心此艺者。

一、《河渠志》之河防漕运海运，《考证》除《实录》外，多引用直接资料，即亲预其役或亲闻见较的者所撰诸书是也。冯世雍《吕梁洪志》，记贡船十总粮船民运白粮船等过洪之夥，与《食货志三》《礼志六》有关各条考证参阅，亦足反映统治者殚东南民业民力之又一剥削情况。

一、《兵志》辑录一代军制差备，然亦有不当有之疏谬处，《考证》为指出之。《考证》于本志，侧重民间勾军赔马之害，稍及枪炮战车，以见当时制造武器之技术水平。

一、《刑法志》为姜宸英所撰。王士禛《古夫于亭杂录》尝称本志能极言明三百年诏狱、廷杖、立枷、东西厂卫、缇骑之害。其文痛切淋漓，不减司马子长。按：明代创此法外之法，刑外之刑，摧折缙绅，销铄士气已甚！姜氏虽为清代文人，握管之际，固宜犹有余恨！然刻画其事，亦未易穷形极相，观姜氏以惨刑酷法，实始太祖，尝于志叙综合述之，今志叙删去不用，则本志在异朝雄主监督之下，必不能无猜嫌之防可知。《考证》为附录原稿论设施一段文以资参阅。至其言太祖采辑官民过犯，条为《大诰》，其目十条云云，则以《会典》撮举《大诰》及《续编》《三编》之目为抄札之目，而姜氏未见《大诰》，误以为《大诰》之目耳。

一、《艺文志》经多人先后撰稿，始主兼收前代，终乃专收明代，以明代文澜阁藏书，修史时散失靡遗，而《文渊阁书目》，又无卷数及撰人姓名，难于取证故也。全祖望颇以艺文断代为病，然四部存亡，无论前代，即一代亦非易稽，故《考证》于志叙中，缕述文渊阁藏书散失过程，以见本志断代之不得已，并以见明代统治阶级之敝屣文献有如是者。

一、诸表除据《实录》及史纪传订其异同误阙外，其学行卓然宜有传者，如《诸王世表三》，唐简王芝城之孙宇浃，五岁目盲，卒成博古专家；《七卿表一》，户部刘玑洁身自远于权阉，而史皆无传，《考证》为指出之。又明末大臣垂涎新朝爵禄者颇多，亦举《七卿表二》姜逢元、商周祚等以示例。

一、《后妃传》马皇后事，本洪武十五年八月《实录》后传。其最后言后微时，尝梦携诸子遇寇一段文，既以证太祖之异于红巾，复以证成祖之宜嗣天位，不足信，传不取之甚是，《考证》为附说其意于传后。又后传言沈万三筑都城，亦不足信。万三事，十九皆虚构也。李淑妃被迫死于太祖病革之际，为明代殉葬之最先者，盖太祖唯帝业之固，无往而不以残忍济其私之一例。于《郭嫔传》《诸王传》，互举英宗罢殉葬以前诸王府及勋戚大臣中殉葬诸例，以见此弊制流毒之广。

一、明代之宗室，生也请名，长也请婚，禄之终身，丧葬予费，《诸王传序》因称之曰：亲亲之谊笃矣！然究其弊，则此二请以乏贿弊而从沈压，有白首未婚，骨朽未名者，而人口日擎，斗粟尺布，末由自存，强则椎埋为奸，亡命不轨，弱则有阄门雉经者。始也敝万民以养宗室，卒也宗室与万民同敝，固势所必至尔。明代使宗室食禄不事事，及其防闲诸王之峻。多设禁例，如出城省墓，请而后许，二王不得相见之类，所以为强干弱枝谋者，无所不用其极。乃若驸马不选衣冠子弟，又必俯首听节制于妳母阉监之老者，合《诸王》《公主》二传以观，明代亲亲之谊，笃乎薄乎？要非尽太祖之初意矣。《考证》就此重点详焉。

一、《明史》列传先后分合之安排，读者多称其颇有斟酌是也。然大体承《明史稿》，而亦往往有《明史》加工之处。《明史稿》出万斯同手，王鸿绪予以窜改，攘为一己之笔削，《啸亭杂录》及陶澍、魏源等皆攻击之亦是也。然若吴人之每得佳传，万氏尝自言其故，《张居正传》之功罪失衡，征之万氏他著亦尔，皆未可尽归咎于王氏者。《考证》主要目的在揭发问题，于诸书文字同异，皆但以余力从事，于《明史稿》亦不例外。今万稿真本固未易获，鄙意假令有二三契好，只以王稿与《明史》作全部详审之校勘，亦治《明史》不可缺之另一专业，跂予望之！

一、徐氏《条议》云：史材之最博者，无如《献征录》《人物考》两书，然皆取之墓志行状、家传郡乘，率多溢美之词，未便据以立传，毋惮旁搜，庶成信史。王鸿绪《史例议上》云：昔人论史，以多采杂说为非，今史传所载，皆有关朝政人品，琐事间或附录，以寓贬褒，非资嘲谑。按：徐议不足于《献征录》等书仅取材于行状墓志之类，而欲旁搜他书，以免有褒无讥之病是也。然就徐议所誉诸书推之，又似裨野之可供引用者甚隘，则与王议不欲多采杂说之意何异？裨野杂说，既少顾忌，其暴露剥削阶级之本质，远过官书，《考证》能采者必采之。行状墓志，从各家文集或他书检得者，《考证》但于传后注明出处，俾读者易于查阅，溢美之词大体雷同，存而不论可也。惟遇有关重要问题，必求核于诸书，其显与诸书违戾者，必辨正之。《献征录》等书，不仅取材范围未广，而行状墓志之类，一经熔铸，其可靠性即不及原文，《考证》引用，尤在志状之下。

一、列传中如王守仁讲学，从游者甚众，杨慎著书甚多，皆前代所罕有。《考证》于《王传》，胪载其从游者之姓名官职，以见守仁致良知说之主观唯心主义，在当时士大夫间流播之广。于《杨传》，胪载其所著百数十种之书名，慎虽博学，而但骛繁富，不求精湛之病。其意识形态方面之进步者，如王廷相敢以理出于气说辟宋儒，史臣讥其乖僻，《考证》为引廷相有关诸文以驳之。附于《耿定向传》之李贽，敢持异同于孔孟正统之学，张问达劾贽一疏，尽情厚诬，余尝撰文辨之，可供参阅。又若谭纶首创宜黄腔，汤显祖尝作曲以协其律，而显祖之声华彪炳，实以玉茗堂诸曲之成功。史臣略于《谭传》可弗论，而以《汤传》亦略之者，盖《文苑传》亦但以诗文为准，或旁及字画，独不取词曲，此史臣之拘虚陋解，《考证》于《汤传》先附论其失，非赘也。诸人皆哲学文学中之表表者，既不入《儒林》《文学》等传，故于各传中缀一二事为专传所阙者如上云。

一、《循吏传》可与他列传参阅之。守令为封建统治者进行剥削最较直接之工具。其任事之久暂，剥削之轻重，皆能对剥削统治起巩固或瓦解之作用。本传内容，必多有地方虚报、官书粉饰处，然明代前期统治之较巩固，与中期以后之日趋瓦解，守令之作用实系焉。观本传嘉隆以来，循吏寥寥数人，亦可推知之。

一、《儒林传》惟王艮一派最进步。黄宗羲《泰州学案叙》，确能披沥彼等叛逆名教之精神魄力。然黄氏仍囿于正统偏见，既以赤手担当予之，又以无有放下时节夺之，不知其予之诚是，其夺之实所以深予之也。此《考证》当指出者。

一、《文苑传》不取词曲，《考证》于《汤显祖传》虽论其失，而本传传文既无著根处，亦不便一一增入，但于《高明传》，确定南戏《琵琶记》为彼所作，并附录胡应麟《西厢》《琵琶》二记各有胜处之评语。至应麟以文之华实，抑扬二记，且谓传不传之所系，则前人对文学之偏见耳。于《李开先传》，附录开先《宝剑》《登坛记》与《琵琶记》之评语，于《徐渭传》，又附录渭《四声猿》与显祖《牡丹亭》之评语，并稍示例而已。余皆从略。《阮大铖传》亦及之者，以见文人无行，才藻直粪土耳。

一、汪由敦《史裁蠡说》云：《文苑》则取其制作可传者，或关系一时风气，如前后七子袁宏道、钟惺之流，略为论列流派，否则不必滥收，未可以钱谦益赵能始之品题据为定论也。按：今《文苑传》无制作可取者，滥收甚多，除关系一时风气前后七子、公安、竟陵外，如北郭十才子、闽中十才子、景泰十才子等，惟高启最杰出，林鸿次之，其余可取者寥寥；而王世贞所与游之前五子，后五子，广五子，续五子，末五子，除前五子即摈谢榛之后七子外，其余二十子，可取者亦寥寥，何以不惮烦而每次必凑五子足之！盖明代文人，自诩才子，互相标榜，殊为恶习，且寖假成为风气，前后七子皆有责焉，而后七子较前七子更突出。王世贞、李攀龙高踞坛坫，声光所及，能呼吸奔走一时，而世贞影响尤久。《考证》为论列之。

一、明人诗文之能立标的、资号召，而具有广泛影响者，前七子以何景明、李梦阳为首：两人诗文初不持同异，其后梦阳主摹仿，景明主创造，各树坚垒不相下，然按其实，景明仍未免踯躅于摹仿，此说为申明于《景明传》。后七子以王世贞、李攀龙为首：其摹仿视前七子为更力，文必西汉，诗必盛唐，非是则诋为宋学，盖前后七子大体归唐学，学唐者必诋宋，而学宋者必诋唐，要皆不自知其为唐宋之优孟衣冠也。此说为申于《攀龙传》。

一、公安、竟陵同称，而惟公安有进步意义。袁宏道之主真、主质、主抒己见，排斥摹仿，鼓吹创造，其辞甚畅，其识胜前后七子远甚。传文不当仅以"主妙悟"三字，括宏道诗文宗旨。又宏道谓诗文不必法古，而古今非可绝缘，其如淡非浓而浓实因于淡之喻，固已默寓今资于古而进于古之理，然仍不能引伸之以发挥今进于古之说，而仅能言古可创造，今亦可创造，古今不当论优劣云云，则时代所限，未可独责之宏道者矣。此说为伸于《宏道传》。

一、明代后妃不能预政，故外戚亦未由凭宠弄权，而宦官之害则突出。宦官，时主之虎狼也，以矿税使最为典型，吸髓饮血，不竭不止。阉党，宦官之鹰犬也，宦官非阉党相助，则与士大夫之斗争不若是烈。阉党之行媚权阉，廉耻荡尽，搏击东林，凶焰弥张，至二李四姓奴而极！然彼辈亦皆所谓士大夫也。佞幸在汉代仅弄臣耳，而明代佞幸，则各类宵人，并承时主之宠眷，其恣虐于民，肆螫于士大夫，又宦官阉党以外之虎狼鹰犬矣。而佞幸中如顾可学朱隆禧之属，以秘术干荣，亦皆所谓士大夫也。呜呼，士大夫！三传《考证》当互参，并与有关志传互参。

一、《宦官传》，郑和使西洋所起之作用，近人多有专文论之者，《考证》仅于冯承钧《星槎胜览校注序》，言永乐五年至七年间别有一次通番之役，《明史》纪传并有脱漏之说，加以审订而已。又《宦官传》有一事为提出者，孝宗籍没李广家，不追究其纳贿簿中之与有名者。或谓以帝嫌于具瞻重位之投鼠忌器，恐未尽然，盖以金银贡于贵戚近习，在缙绅恬焉安之以为常例，而时主对是辈之贪饕厚积，非徒"吾不尔瑕"，甚有视如外库者。孝宗虽差善于诸帝，其纵容贵戚近习之贪饕厚积，犹之诸帝也。今粲粲者既转为所谓天家财富，则不予追究之本意，弗欲使外庭确知其数量耳。由此可见明代之权相权阉，往往不免于籍没，时主之垂涎坞中物，亦其一因矣。

一、《宦官传》又有一重要史料为补入者，万历二十九年七月《实录》载应天巡抚曹时聘一疏，除反映当时以葛贤为首之苏州市民，对封建剥削者已能进行具有纪律之斗争外，其中如"机户出资，机工出力，相依为命，浮食奇民，朝不谋夕，得业则生，失业则死"，及"染坊罢而染工散者数千人，机房罢而织工散者又数千人"等语，与《西台漫记》所记符合，足为当时已出现资本主义萌芽之确证。

一、《史裁蠡说》以旧稿周延儒、温体仁不入《奸臣传》为佚罚，《啸亭杂录》亦以为周、温二相，为戕削国脉之人，乃不入《奸臣传》，而以顾秉谦龌龊辈当之。今《明史》顾秉谦辈已入《阉党传》，周、温皆入《奸臣传》，而《延儒传》未改旧传内容，赵翼《札记》颇有异议。又李绂亦尝与馆臣辨严嵩不可入《奸臣传》，杨椿以力抑杨继盛之反言折之乃止，而马士英之不可入《奸臣传》，近人亦多主之，盖若置其人于《奸臣传》而未称其人之罪恶，后世谁复能淟被之者，故以为失入宁失出耳。而前代之所谓贤奸，由今以观，彼少数人一时人之意见，岂易划此鸿沟！《考证》固弗论，惟马士英能不屈而死，显有民族操守，自宜与严嵩、周延儒区别以观，今录陈垣文于《马士英传》以资重谳。李绂之辨，阮葵生《客话》未举其说，独载杨椿之反言较详，则附录于《杨继盛传》。赵氏虽颇有异议，而仍依违其说，弗录。

一、李自成、张献忠为明季两大支农民军之领袖，其军队组织之发展过程，政权制度之建立过程，近人已有专书之辑，其成败得失之故，亦有专文论之者。《考证》但据吴伟业、彭遵泗等书二十余种，就两传文所记，订其异同，纠其讹谬而已。诸书述农民军事，动多诬笔，此阶级感情所系，不足怪，亦不胜指。《考证》则但取其关系较大者加以驳正，如开封之围，引黄河水灌城，淹没数十万人，乃巡抚高名衡等欲毙自成军者，而白愚《汴围湿襟录》谓灌城出于自成。《献忠传》遣四将军分屠各府州县共杀男女六万万有奇，此极荒唐之数，检毛奇龄《后鉴录》亦同，盖本四路上功疏所杀男女合计之数，而所谓四路上功疏，必绝无常识者所伪托无疑。前者吴书信之，后者彭书尚不敢信，而毛氏信之，皆阶级感情使之耳。然自成行军纪律之严，及自奉之薄，诸书亦不敢掩之，献忠行军纪律之严，今尚有大西驳骑营都督府刘禁约碑文存，可按也。

一、朱彝尊《书土官底簿后》云：《土官底簿》二册，未详撰人姓氏，海盐郑氏藏书也。予在史馆劝立《土司传》，以补前史所未有，毛检讨大可是予言，撰《蛮司合志》，因以是编资其采择焉。按：据此，《土司传》之作，实为彝尊所建议，而毛奇龄之《蛮司合志》，多藉手于《土官底簿》，又可知矣。今《土司传》未必为奇龄所作，《蛮司合志》与《土司传》体例先后亦不尽同，然可供互证处颇多。

一、《土司传》，《考证》为表出者三事：一、四川土司播州宣慰使杨汉英事，详宋濂《杨氏家传》。汉英尝著《明哲要览》九十卷，《桃谿内外集》六十四卷，意汉英文集必多播州可珍视之史料，然瞿九思《万历武功录·杨应龙列传》，已谓其书世不传，此可惜也！一、云南土司武定土知府凤英事，详录劝州摩崖汉文，另一汉文，则详商胜至凤英一百三十年间土知府之受命袭位朝贡封赏等情况，及英一生之主要事迹，当为英晚年所刻，皆足补史文之未备。另一磨崖彝文，其主要内容，则土知府之家庭盛衰也。盖皆为研究云南古代彝族之宝贵史料而今尚存者，此可幸也！一、贵州土司水西宣慰使霭翠死，妻奢香代袭，能承太祖旨，开赤水乌撒道以通乌蒙，立龙场九驿，于是贵州东北通蜀之道不复梗，吴国伦诗所谓"君不见蜀道之辟五丁神，犍为万卒迷无津，帐中坐叱山川走，谁道奢香一妇人"是也。此又土司树功久远之足述者也。

一、《外国传》：明代中国与朝鲜之关系最密切，两国《实录》具存，可资互参。与安南之关系，以所见彼国彼时之史料甚少，仅能据中国记载，校订史文同异，而对非正义诸战役，必审其罪责所归，不为统治者讳焉。与鞑靼、瓦剌之关系亦然。日本则所谓倭寇之患，官私记载颇多，近人已有专书述之，《考证》从略；惟指出郑晓文集屡论闽浙大官豪族为之耳目，《世宗实录》亦言内地奸商之勾倭，由于余姚谢氏之胁迫云。

一、明代外国史，非本传所得详，亦不必详。其国名古今异称者，如蒙古，可参阅洪钧《元史译文证补》，王国维《鞑靼考》《萌古考》；如吕宋为西班牙所据，满剌加为荷兰所据，澳门为葡萄牙所据，本传皆误指为佛郎机。其他国名异译，国界误记者，往往而是。丁谦《明史外国传地理考证》，多所画一订正之，近人亦颇有治本传者。然如天方国司马仪墓一语，以为校对人误改"仪司马"为"司马仪"，仪司马即阿拉伯人之祖亦思美尔，疑非。《天方典礼》有依师玛依之名，当为司马仪或亦思美尔之异译，司马仪乃脱一首音耳。

一、《明史》旧有《考证》已散失，王颂蔚所辑列传部分名曰《明史考证攟逸》者，今已附《明史》印行。其书质量较差，无论翰苑中人类多不学，而官史考证，动涉嫌讳，未许博引诸书，内容又必选庸庸无过者，即其病也。然既积众手之劳，要足为彼此裒益之助，其可取者录之，谬误者纠之，斯固后起之责，而新旧考证方法方向之不同，亦藉以对比焉。乃若旧考证部分撰者，竟不知前代表上于朝之书，可用"经进"字冠书名，欲改"经进小鸣集"为"宾竹小鸣集"，不知明初讳"诛"为"废"，而以朱升子同坐事废为未死，甚至冒本纪为《实录》，私测臆断，辄表意见，可谓陋妄已极！《考证》特为抉摘之，俾勿以是辈草恶之涸，使仅存之旧《考证》蒙垢愈厉。

附志：

《明史考证》初稿成，余作一绝示飞卿谢相助云："季野史裁宁可议，新朝曲笔不容挠。著书空愧名山业，万卷勤搜谢子劳。"余撰《考证》时，历史系领导派罗仑相助数年，飞卿则始终系其事。故云。飞卿答之云："千秋文献赖提扶，君岂无心献此躯！多少盛年好精力，可怜仆仆为饥驱！"指旧中国长期为生活奔走事。"白头相与检重厨，夜半灯孤身不孤。二百万言包括他稿衰后笔，非关名利亦雄夫！"

一九七二年，七十四岁。

撰《黄宾虹先生之山水画与其诗》一文：黄宾虹名质，字仆存。世居安徽歙县黄山之麓。以画山水名家，诗亦清隽有余味。录其自题山水画七绝五首以见一斑。一九一三年自题山水一帧云："一声两声松子落，一片两片枫叶飞。夕阳在山新月出，道人相伴一僧归。"二〇年又题一帧云："水影山光翠荡磨，春风波上起渔歌。疏疏烟柳笼南岸，好著轻舟一钓蓑。"二二年又题一帧云："树色模糊薜荔平，人家只隔水冷冷。白云不解尨崧去，远却峰峦一半青。"二八年秋又题一帧云："江亭冻雨却余炎，叠彩山前侧帽檐。杂树丹黄新酝酿，分将秋色上毫尖。"三二年三月与张泽张爰谢觐虞同游周浦顾氏园观桃花，回沪后作《周浦纪游》七绝十六首，其中二首云："响喧万瓦雨经过，晁采烘窗淑气和。春到园林催早起，花枝啼梦鸟声多。""川津曲曲发兰挠，省记仙源路未遥。数片桃花春水上，蓬莱清浅不通潮。"由是以诗索画者颇多，而顺德黄节晦闻踪迹尤近，一九一○年，南社创立之次年，即有《自题兼葭图寄宾虹索画》诗云："愁入兼葭不可寻，闭门谁识溯洄深？江湖一往成回首，风雨当前独敛襟。遗世尚多今日意，怀人空有百年心。凭君为写伤秋句，应与鸣条和独吟。"次年有《报宾虹寄画》诗云："青山忽飞来，置我几席间。如何所思人，梦寐空往还。苍波澹将夕，木叶秋渐阑。孤松郁奇姿，远峰修秃鬟。知非貌云林，意复高荆关。万事托笔端，于世真闲闲。迩来我为诗，视子尤辛艰。朝叩少陵扉，夕抗昌黎颜。念枯无微喟，意拙宁多删。一艺恐无成，区区同所叹！"一八年，香山苏圆瑛曼殊病殁上海广慈医院，节与宾虹于是年六月同视曼殊殡作诗云："一棺江舍未经时，冒暑来寻或有知。已负死生元伯语，所哀尘露步兵诗。尺书病革犹相问，晚岁楼居不可期。只有茫茫忧患意，乱蝉斜照共衔悲。"至五三年，宾虹年已九十，绍兴马浮一浮祝以手书七古一章："黄山白岳多异人，就中黄翁尤绝伦。能辨神禹邃古文，怀瑾握瑜发奇温，下视甲骨犹鸡豚。忽然嘘气同细缊，为我幻出西海门，瑶池西望鸾鹤群。媵以歌诗若饮醇，助我卧游清心魂。云为驭兮风为轮，下穷月窟上天根。桃唐嬗宋焉可论。"云云。历览所投众制，此诗可谓殿后劲军矣。窃以为论黄氏之艺若诗若其寿，虽媲美衡山，何多让焉。而昔人言摩诘诗中有画，画中有诗，亦不啻为黄氏写照。然余未接黄氏光霁，亦未读其宏著，兹所称引，皆得之友人裘柱常顾飞默飞伉俪。盖柱常正撰黄氏年谱，而默飞工诗擅画，为亲承黄氏衣钵之高足，且尝以所作山水一帧饷飞卿者。

又有一年过九十始卒之老人安丘张介礼，字公制，镈民其号也。

居青岛甚久。好诗，著有《铸民诗存》《奇觚集》。亦录十首于此：《癸丑八月，自济南东归唁李新宪于里门，时新宪以父丧卧病》："家国正多难，相逢一怆魂！入门惊乍见，握手更无言。老桂前庭槁，寒灯四壁昏。鬓须差未改，离乱且重沦。"《将东归，留别历下诸友，甲寅春作》："三年何事此羁迟，欲唱骊歌意转悲。幸以不才全本性，愧无清议补当时。鼠肝虫臂吾何与，蚯蚓龙蛇后岂知。为答洛阳亲友问，青袍赢得鬓如丝。"《泺社初成感赋》："白雪楼空木叶凋，秋来园柳亦魂消。渔阳不作沧溟往，都付愁吟与寂寥！"《移居漫成》："男儿不上凌烟阁，便入山林亦足豪。城市埋头惭仲蔚，门前无地长蓬蒿。"《晚秋感怀》："夙有陆沈痛，还深木落悲：河山终不改，须鬓已先衰。兰冈春前蕊，菊荣霜后枝。微琴填海愿，白首以相期。"《与乡人谈灾况》："见说地瓜叶，年荒可疗饥。更将瓜蔓萃，杂以豆糜炊。弥望连乡县，哀鸣待岁时。诛求犹未已，孰与念流离！"《无题》："歌管声中入鼓鼙，缠头艳曲动心脾。只知物物皆阿堵，何谓沉沉尽夥颐！人自怀清尊寡妇，官应相贵到群儿。华筵一著鸡千跖，讵识街头有饿饥。"《海上漫兴》："海上秋风起，乡园路已迷。薄云时有日，小雨不成泥。高蔓树相引，初桐楼欲齐。物情闲始见，便拟老幽栖。"《春寒》："春仲开重闰，寒深不见青。天初回暖意，人似获奇珍。顿觉风力软，还惊物态新。十年犹苦战，何日息吾民！"《伤逝》："昔于海上饯君别，岁月滔滔去不回。知乏弹冠贡公喜，谁怜投阁子云才！化枭黄鹄难高举，嗜鼠文鸱且见猜。纵信此心最清净，追思往事有余哀！"

一九七五年，七十七岁。

余蓄有近人乌程周庆云《梦坡室藏金》拓印一书十二大册，拟不复分册分类，但顺次录部分器名及庆云、邹安等考释文为《续古文物偶录》一稿，俾读史者得参证焉。嗣以既有专书，不必再存此稿，遂中止。

是年，撰《读〈左氏传〉札记》。

后 记

　　余与云眉相伴，阅六十载之久，悉知云眉自幼有志于学，博览群籍，广及四部。三十而后治考证辨伪之学，尤以毕生心血用于《明史考证》。云眉素日之读书札记，数十年来，积百余篇之多，除已出版之《史学杂稿订存》外，多所散佚，存者十之一二，云眉因致力于《明史考证》，无暇董理。《明史考证》脱稿后，稍事编订，辑为《史学杂稿续存》。凡二十万言，涉及音韵、训诂、考证、版本目录以至读史札记之类。今承山东大学历史系领导与云眉生前友好关切，岁之八月由云眉之学生潘群同志相助整理，复经卢振华教授审阅，斯稿始得齐鲁书社出版。飞卿未亡，感铭在心，因为之记。尚祈读者不吝匡正。

徐飞卿

公元一九七八年十一月廿日跋

于济南、时年七十有七岁